本研究得到武汉大学 2020 年度"自主科研项目"的出版资助，谨致谢忱

《对蹠人》系列民族志之五

知 识 人

朱炳祥 著

中国社会科学出版社

图书在版编目（CIP）数据

知识人／朱炳祥著 . —北京：中国社会科学出版社，2021.11
（《对蹠人》系列民族志）
ISBN 978 - 7 - 5203 - 8238 - 0

Ⅰ. ①知… Ⅱ. ①朱… Ⅲ. ①人才成长—研究 Ⅳ. ①C961

中国版本图书馆 CIP 数据核字（2021）第 062720 号

出 版 人	赵剑英
责任编辑	程春雨　田　文
责任校对	张爱华
责任印制	王　超

出　　版	中国社会科学出版社
社　　址	北京鼓楼西大街甲 158 号
邮　　编	100720
网　　址	http://www.csspw.cn
发 行 部	010 - 84083685
门 市 部	010 - 84029450
经　　销	新华书店及其他书店

印　　刷	北京君升印刷有限公司
装　　订	廊坊市广阳区广增装订厂
版　　次	2021 年 11 月第 1 版
印　　次	2021 年 11 月第 1 次印刷

开　　本	710×1000　1/16
印　　张	18.25
插　　页	2
字　　数	272 千字
定　　价	98.00 元

凡购买中国社会科学出版社图书，如有质量问题请与本社营销中心联系调换
电话：010 - 84083683
版权所有　侵权必究

前　言

本书是《对蹠人》系列民族志之五。本书的"知识人"的概念与常用的"知识分子"概念等义，之所以不用后者而采用前者，是因为受到葛兰西的启迪。葛兰西说："所有的人都是知识分子，但并非所有的人在社会中都具有知识分子的职能。"① 我们通常用的"知识分子"的概念内涵可以区分为广义和狭义两个方面。就广义而言，是指所有具有知识的人。凡人从他诞生的那一刻起，就沐浴在"知识"的阳光下，漂浮在"知识"的海洋中，因此可以说"所有的人都是知识分子"。但是，文人们却对"知识分子"这个概念进行了独占，一般仅指受过高等教育、现在从事教育事业、科学研究事业以及在一些专业岗位上工作的知识分子，这仅是一种狭义的概念。本民族志舍弃了"知识分子"的概念而用"知识人"的概念，其主要意图在于希望打破广义和狭义之间的意义壁垒，矫正在某些人的观念中出于一种毫无理由的傲慢与偏见对于精英文化和大众文化、知识分子和非知识分子的不恰当的区分。在本研究中，虽然我们的主要研究对象仍然是狭义的"知识人"，但我们将狭义内涵置于广义内涵的背景之上，或者说将广义"知识人"作为一个参照物或一面镜子，来照鉴狭义"知识人"的各种实践逻辑。

本民族志可以看作是继《自我的解释》（《对蹠人》系列民族志之三）的续篇：在《自我的解释》中，我只叙述了个体的"自我"；而在本民族志中，我将叙述群体的"自我"。我所思考和要回答的是

---

① ［意］安东尼奥·葛兰西：《狱中札记》，曹雷雨等译，中国社会科学出版社2000年版，第4页。

三个相互关联的问题：知识人从哪里来？知识人是什么？知识人要到哪里去？这三个问题形成了《知识人》三个主题："生长的逻辑""存在的逻辑"和"追寻的逻辑"。由于初稿写完之后篇幅太长，无法被一部书稿所容纳，故而只好分为上、中、下三编分别出版。这次出版的是《知识人》的上编。

本编共有四个田野材料，包含一位父亲对孩子成长的记录、一位中学生的学习生活日记、一位女大学生的情感日记和一位博士生的专业化训练自述，这些材料是我自20世纪80年代至今在不同的时间段收集得来的。在本民族志中，我直接呈现他们的原始日记或讲述，进而分析展示知识人之所以成为知识人的历时性过程，并在此基础上构建知识人的"生长的逻辑"。[1]

---

[1] 遵照人类学研究常用的匿名规则，本民族志的人名全部是化名。

目　　录

第一章　研究主体陈述 …………………………………………（1）
　　第一节　研究的困惑 ………………………………………（1）
　　第二节　作为"问题"的"知识人" ……………………（11）

第二章　天工开智 ………………………………………………（24）
　　引言　一位父亲对孩子成长的记录 ……………………（24）
　　第一节　"天上的月亮像船一样" ………………………（25）
　　第二节　"我长大了一定要当科学家和书法家" ………（33）
　　第三节　生长的初始逻辑 …………………………………（45）
　　第四节　"我对相对论产生了怀疑"：延伸阅读 ………（55）

第三章　文化的规训 ……………………………………………（69）
　　引言　一位中学生的学习生活日记 ……………………（69）
　　第一节　"只要一只脚踩下去，另一只脚就会跟着" …（69）
　　第二节　"我们是在父母和老师的怀抱中长大的娃娃" …（88）
　　第三节　生长的早期逻辑 …………………………………（100）
　　第四节　"你的误区"：延伸阅读 ………………………（105）

第四章　"突兀地出现" ………………………………………（126）
　　引言　一位女大学生的情感日记 ………………………（126）
　　第一节　"刘言—袁民—茅" ……………………………（127）
　　第二节　"袁民—刘言—茅" ……………………………（163）

第三节　"袁民—茅—刘言" ………………………… (184)
　　第四节　生长的中期逻辑 …………………………… (202)

第五章　蝉变 ………………………………………………… (208)
　　引言　一位博士生的专业化训练自述 ………………… (208)
　　第一节　"种豆得瓜"：一次田野工作的自我磨砺 ……… (208)
　　第二节　"让文本变成一个真正的世界"：一篇学术
　　　　　　论文的自我训练 ………………………………… (228)
　　第三节　"为什么是人类学呢？"：个体情性与人类学
　　　　　　关联的自我解释 ………………………………… (241)
　　第四节　生长的后期逻辑 …………………………… (254)

第六章　知识人的"教"和"育" ………………………… (260)
　　第一节　生长的"逻辑"与生成的"类型" ……………… (260)
　　第二节　教育的合法化问题：利奥塔的质询 ………… (265)
　　第三节　"开始"与"重新开始" ………………………… (269)
　　第四节　"自然的教育"再释义 ………………………… (274)

参考文献 ……………………………………………………… (282)

第一章 研究主体陈述

列维-斯特劳斯曾经说过:"我只有自己投身水中才能测出水深。"① 就《知识人》(上、中、下三编)的问题意识而言,来源于我自1987年以来30多年的高校教师生活中对于"知识人"的"群体自我"的生长过程、存在状态、学术追求等问题的思考。

第一节 研究的困惑

我在相当长的时间内,思想处于多重困惑与焦虑乃至苦痛之中,因为我对自己的研究工作产生了严重的怀疑,并且滋漫出一种放弃学术研究的强烈念头,以至于我自1995年开始系统的田野工作以来——包括2000年在周城白族村做了一年的田野工作——直至2018年,在20多年的时间内并未出版一部民族志作品。

第一种困惑来源于对研究目的的怀疑。一般说来,研究的目的与意义在于追求真理,祛除谬误,可是,真理与谬误被现代和后现代哲学家搅得界限不明。利奥塔认为,在马克思那里,真理和错误之间的区别是明显的,但自尼采和维特根斯坦之后,真理难以捉摸,真理成为语言游戏。当前社会文化生活和实践的表面性、碎片化和多元性,使认知、表达和获得"真理"的方式已经过时了,我们迷失于如何判断合法性的高低,迷失于如何得到超然的真理之中。鲍德里亚认为,现代文化已经进入了消费主义时代,与马克思主义的生产时代相

---

① [法]列维-斯特劳斯:《忧郁的热带》,王志明译,生活·读书·新知三联书店2000年版,第543页。

反，原本商品的使用价值在于满足基本需求，现在商品的价值却来自它的象征意义和所激起的想象。于是影像变成了现实，我们在与现实无关的幻影下过着虚假的生活，我们处于无意义状态。福柯认为，我们根据符号交换来生活，不可能直接接触现实，故而在认识论上，真理从来都在人类所及范围之外。"真实"是在特定话语中并被特定话语建构的意义，不存在客观的知识。于是，我们无法找到通往现实之路，只有从一个符号到另一个符号的循环模仿，话语成为"权力—知识"的宝座。正是在"权力—知识"中，人要成为他自己，就要以特定方式了解自身和世界，就要以特定的方式创造自身和世界，就要否认其他创造自身和世界的方式。① 这么说来，我们还有出路吗？海涅临死前担心那些无知的人们会恣意地砍伐他诗篇的"桂树丛林"并在那里种植土豆，担心他们将扯下他的诗页来包起他们的花生米；事实上，20 世纪以图像的超量繁殖为特征的现代文化工业恰好可以理解为土豆的种植业和花生米的包装业。既然这样，研究还有必要吗？一个满怀诚意的研究者是否还有必要去做一名现代文化工业的产品制造者？

再有，研究者的研究目的是不是很自私？民族志者是否仅仅为了个人的职业、名誉、声望而进行研究？或者最多只是为了一个他自己所属的小群体进行研究？格尔兹说，"民族志是一种想象的事业"，民族志者是在一个为讲台、黑板和研讨会所环绕的世界中撰写其报告，正是这个世界制造了人类学家，给予他们从事这类工作的许可。② "田野工作或其他学术研究，其正当性不在对集体的贡献，而是远为自私的个人成长。"③ 于是，在知识分子的著作中，他们总是企图建立自我的权威，打破权力的口号总是重新成为权力的工具。以德里达为例，他的解构主义表面上看来挣脱了所有的结构和正统、逻各斯中

---

① ［英］奈杰尔·拉波特、乔安娜·奥弗林：《社会文化人类学的关键概念》，鲍雯妍、张亚辉译，华夏出版社 2005 年版，第 256—258 页。
② ［美］克利福德·格尔兹：《论著与生活》，方静文、黄剑波译，中国人民大学出版社 2013 年版，第 182 页。
③ ［英］奈吉尔·巴利：《天真的人类学家》，何颖怡译，广西师范大学出版社 2011 年版，第 6 页。

心主义等等，但他自己却对于拥有信徒和跟随者很感兴趣——并且建立了一个学派。"他们出奇地以欧洲为中心。他们只对欧洲感兴趣——真正说来甚至不是欧洲中心，而是法国中心。"① 于是，以解构主义著称的德里达，最后奇迹般地完成了自我中心主义的"建构"。

还有，知识分子创造了技术，而技术是什么呢？一切过程的可逆性与无时间性，是机械技术的基本原则，这一原则同生存的基本原则、同生命每瞬间的一次性是相对立的。我们的生活方式导致地球上的自然资源以其他时代需千百年才能达到的速度和规模耗竭，我们留下的技术废墟将给未来千百年造成负担。"现代的世界是一个无时间性的、后历史的、可逆的世界。相反，个体生命是与可逆性的规定完全相反的。战胜空间与时间的局限性是现代工程的关键。从这点看，现代的确取得了巨大成功。但是，人的生命时间是不能被战胜的。战胜空间也被夸张了，人的流动性被估计过高。空间局限性虽然被克服了，但是，这个克服耗去了大量时间与金钱。社会与职业的流动性提高了，但这种'流动性'耗去了我们的精力、剥夺了心灵的安宁。"② 有些学者甚至认为：我们现在的研究似乎迷失在无意义的琐碎的细节之中，有些最有成就的批评家只不过制造了一个卖弄他们技能的行业，并且他们从未思考过他们的那些技艺只是作为一种手段而为他们的目的服务。他们"所提供的材料因此是为了辩护的目标而设计的，而不是作为对于纯粹学术的贡献而存在的"③。

第二种困惑来源于对研究客观性的怀疑。客观性问题对于民族志者来说，是最直接与最现实的问题。然而，只要我们针对某事来提问，就已经表明存在一个预设性的主题，也已经预设了某种立场，并预设了所问与所答内容之间的关系，甚至也已经预设了某种结论。研究者们借着客观性的理想，却逐渐演化为彼此竞争的困境。而一旦对

---

① ［美］爱德华·W. 萨义德：《知识分子论》，单德兴译，生活·读书·新知三联书店 2002 年版，第 124 页。
② ［德］彼得·科斯洛夫斯基：《后现代文化》，毛怡红译，中央编译出版社 1999 年版，第 102—103 页。
③ ［英］保尔·汤普逊：《过去的声音——口述史》，覃方明等译，辽宁教育出版社 2000 年版，第 66 页。

于什么构成客观现实的共识已经消失，没有了君王，人人就可以随自己的意见行事。萨义德举出第二次世界大战时期美国的一些知识分子的例证，说他们"对于客观性的任何相似意见耗损得仅似一块遮羞布，甚至经常连遮羞布还不如。在战时，客观性必须服从于'我们的'真理，也就是相对于法西斯式德国的美国的真理；在承平之时，则作为每个不同竞争团体和每个学派的客观真理"①。所有的都是一种看法，并没有真正的事实存在。例如，历史到底是进化的，还是退化的；如果是进化的，那么历史到底是"飞跃地"发展的，还是只是逐步渐变？对这些问题的辩论，其实只是历史学者的不同见解，历史本身并没有这些问题存在。但是，这种看法之间的辩论的理论意义按照葛兰西的看法则在于，它标志着这样一个"逻辑的"点，在这一点上，每一种世界观都向适合于它的道德方向转移。这时候直观变成了行动，每一种哲学都变成依存于它的政治活动。换句话说，它是这样一个点，世界观、直观、哲学在这里变成"现实的"。所有的空洞的、务虚的争辩，最后都变成了现实的。因此，从世界观过渡到实际活动，既可以是通过指导实践的方式进行，也可以通过这些世界观、这些理论的极为空洞的辩论进行。各种学派之间的争辩，并非观点正确与错误之辩——在这一方面永远没有任何标准答案，而是为了各种利益服务，这种利益或许是个体的名利、地位、荣誉，或许是集团的某种功利。

第三种困惑来源于对叙事的原罪的认知。对于"叙事的原罪"，《对蹠人》第一卷已有所述及。叙事不同于事物或事实，二者具有不同的性质。叙事用的是符号，符号连接的仅仅是概念和音响形象，而事物或事实具有物理性特征。但叙事总是粘附着事实或事物，并对其进行歪曲性的干扰。这就是叙事的第一桩"原罪"：叙事所用的词语、模式与实际存在是完全不一样的。表现"真实事物的理论"是一种"罪行"。② 然而，只要知识人这个群体由于社会分工而存在，他们总要

---

① ［美］爱德华·W. 萨义德：《知识分子论》，单德兴译，生活·读书·新知三联书店 2002 年版，第 77—78 页。
② ［美］乔治·瑞泽尔：《后现代社会理论》，谢立中等译，华夏出版社 2003 年版，第 5 页。

进行表述，总要进行叙事。于此，叙事方式只不过是一种神话，这种神话把不能与它们所讲述的故事相容的那些维度或细节统统加以删除。任何叙述都支持某些视角，排斥另一些视角。当你努力想使本来不连贯的事情变得连贯起来时，歪曲也就发生了。所有的人的表述包括理论表述都是对世界的歪曲，社会生活是不可言说的，当我们对其言说时，主观也就进入了。维特根斯坦说，视野是有颜色的，跟眼睛有关，利奥塔进一步说："视野不但与眼睛而且还与灵魂有关。"① 对于民族志研究来说，民族志者的主体性的渗入而使他们无法追索到真正的人类学事实，我们对别的文化进行人类学研究，是在用我们自己的不规范的理论资源为其命名。于是，研究工作"因为很少能用关于过去的事实数据证伪或证实，因此只能依赖于其内生的论辩力量来寻求支持"②。例如格尔兹，他在论及斗鸡等问题上，只是"通过提供结合背景的资料把暧昧的事情（如斗鸡）明了化"③，这对于所谓真理的把握，客观性的获得，距离太远。人类是符号的动物，我们要表达所接触的事物与事实，都只能通过符号表达，我们必须通过符号与事物接触，故而索绪尔抛开所指物，胡塞尔将事物悬置。我们是用"表达无法表达的事物的语言"在说话，使我们能够对于外部世界保持一种关系。但"事实"与"叙事"之间的关系不是"隐喻"关系，而是"转喻"关系。它们之间不具有"相似性"而只具有"相关性"。同一个事物或事实，可以有不同的叙事。晨星与暮星都是叙述的同一颗星星，即金星。人类学研究中的著名例证是雷德菲尔德与刘易斯对同一个墨西哥泰普斯特朗村的研究却带回了不同的结论。④

叙事的第二桩原罪是"变名为实"。"变名为实"是沃尔夫提出

---

① [法]让-弗朗索瓦·利奥塔等：《后现代主义》，赵一凡等译，社会科学文献出版社1999年版，第22页。
② [挪威]弗雷德里克·巴特等：《人类学的四大传统》，高丙中等译，商务印书馆2008年版，第14页。
③ [美]克利福德·格尔兹：《地方性知识》，王海龙等译，中央编译出版社2000年版，第205页。
④ [美]罗伯特·F.墨菲：《文化与社会人类学引论》，王卓君等译，商务印书馆1991年版，第279页。

的一个重要观点，他认为"'民族'、'社会'和'文化'等概念只指名部分，其危险在于有可能变名为实。"[①]"变名为实"的后果在于它是一种逆向的运动：叙事将事物与事实变成了文化符号，现在反过来，文化符号逆向地变成了事物或事实，并且显示出巨大的力量。例如 1902 年麦金德在英国皇家地理学会发表文章，提出"世界岛"的概念，说地球由两部分构成：欧洲、亚洲、非洲，这是世界岛，是中心；美洲、澳洲、日本、不列颠群岛，是边缘。而地球的心脏地区则是中东，谁控制了中东地区就控制了世界岛，也就控制了世界。这个理论假设了两大海洋强权国家英国和美国的地缘政治噩梦，因为一旦德国和俄国控制了东欧，将是两大强国主宰世界的前奏。一般认为，麦金德理论是导致两次世界大战的原因之一，这并不是因为他的理论符合客观事实的发展，而正是他的理论"导引"甚至是"诱引"了客观事实的发展。另一个"变名为实"的例证是亨廷顿在 1993 年出版的《文明的冲突》。该书中将"西方"(the West) 与"其他"(the Rest) 对立起来，他把世界划分为七种或八种文明形式，其中主要是基督教、伊斯兰教和儒家三种文明，这从原书封面就可以看出：以十字架代表欧美，新月代表伊斯兰世界，太极图代表儒家文化。亨廷顿强调的是文明之间的冲突，呼吁欧美尤其是美国维持各方面的既有优势和既得利益。无疑，亨廷顿的文明冲突理论并非如他为自己辩护的"我唤起人们对文明冲突的危险性的注意，将有助于促进整个世界上'文明的对话'"[②]，反而是助长了世界冲突。一些发达国家特别是美国的一些政治家以此为指导来制定对外政策，乃至在二战以后一度缓和的世界局势人为地变得紧张与危险。

存在着如此多重困惑，我的研究工作还有意义吗？我的研究是否仅是在汗牛充栋已经快要被压垮的图书馆书架上再增加一本书的重量而已？培根曾告诫说："从许多书籍和许多制造品看来，心和手所产

[①] [美]埃里克·沃尔夫：《欧洲与没有历史的人民》，赵丙祥等译，上海人民出版社 2006 年版，第 7 页。
[②] [美]塞缪尔·亨廷顿：《文化的冲突与世界秩序的重建》，周琪等译，新华出版社 2002 年版，中文版作者序言第 3 页。

出的东西是很多了。但所有这些花样乃是出于少数已知事物的精化和引申,而无关于原理的数目。"[1]"假如有人又从作坊转入图书馆而惊异于所见书籍门类之浩繁,那么只须请他把它们的实质和内容仔细检查一下,他的惊异一定就会调转方向。因为,他……反要惊异于那直到现在还盘踞并占有人心的一些题目是何等地贫乏。"[2] 现代世界充斥着各式各样批量复制的标准化图像,这些图像语言使人失去了私语和默然会心的机会。在"写作"成为一种"制作"已经蔚然成风的时代,我还要去凑这种热闹吗?

然而,就这样放弃研究,我又心有不甘,我的"不甘"到底是为什么呢?诚然,如果说人类学者的研究,仅仅出于自身的职业、名利、地位的需要,那么这种研究的确是应该被取消。但是,许多典型的人类学者并不止步于此,或许从根本上说他们就是一群彻底的"杞人忧天"者。请允许我引述这个故事的原文,《列子·天瑞篇》载:

> 杞国有人,忧天地崩坠,身亡所寄,废寝食者。又有忧彼之所忧者,因往晓之,曰:"天,积气耳,亡处亡气。若屈伸呼吸,终日在天中行止,奈何忧崩坠乎?"其人曰:"天果积气,日月星宿不当坠邪?"晓之者曰:"日月星宿,亦积气中之有光耀者,只使坠,亦不能有所中伤。"其人曰:"奈地坏何?"晓者曰:"地积块耳,充塞四虚,亡处亡块。若躇步跐蹈,终日在地上行止,奈何忧其坏?"其人舍然大喜,晓之者亦舍然大喜。长庐子闻而笑之曰:"虹霓也,云雾也,风雨也,四时也,此积气之成乎天者也。山岳也,河海也,金石也,火木也,此积形之成乎地者也。知积气也,知积块也,奚谓不坏?夫天地,空中之一细物,有中之最巨者。难终难穷,此固然矣;难测难识,此固然矣。忧其坏者,诚为大远;言其不坏者,亦为未是。天地不得不坏,则会归于坏。遇其坏时,奚为不忧哉?"子列子闻而笑曰:"言天地坏者亦谬,言天地不坏者亦谬。坏与不坏,吾所不能知也。虽

---

[1] [英]培根:《新工具》,许宝骙译,商务印书馆1984年版,第9页。
[2] [英]培根:《新工具》,许宝骙译,商务印书馆1984年版,第64页。

然，彼一也，此一也。故生不知死，死不知生；来不知去，去不知来。坏与不坏，吾何容心哉？"

寓言中的四个人尽管他们的出发点、对待问题的态度与解释不同，却都是长远问题的思考者。我们从这里所得到的启发是：对于"忧天地崩坏"的那一群人，到底都是"庸人自扰"还是"目光高远"？近处的问题需要考虑，远处的问题也需要考虑，或者说更需要考虑。在个体之上，还有更大的群体如地域社会、民族、国家；而在地域社会、民族、国家之上，还有最大的群体即"人类"。局部的群体利益需要考虑，但是最大的群体人类的共同利益更需要考虑。如果人类学者都具有"忧天"的意识，将研究的意义定位在对人类前途终极关怀的问题上，我们或许可以消除对于研究目的的怀疑态度。

更重要的是，"做研究的目的，是为了建造一个模型"[1]，研究者在研究中所发现的问题，本身就包含着对于社会改造的责任。"发现"就意味着"创造"。"发现"对于"创造"来说，既是可能性，也是现实性，且在二者之间具有生动的互动关系：先在现实性中看出可能性，进而由可能性通过实践达至现实性。我们在这里举出一个古代知识人的研究例证来说明学者的研究对于社会改造的能动性意义。这就是《隆中对》的例证。作为知识人、也同样是研究者的诸葛亮，当他提出"三分天下"的看法时，并不是基于当时"实际的现实"，而是基于"可能的现实"。当时的刘备对天下局势缺乏战略头脑的判断，而仅仅空有大志且到处碰壁，整个全局也并没有出现"三分天下"的态势，而正是诸葛亮的对于天下态势研究发现了这种"可能性"，其后刘备依据这种可能性进行了实践性努力，建立荆州和益州根据地，后来果真促成了"三国鼎立"局面的形成。当然，诸葛亮作为当时著名的知识分子，他的研究中"发现"的新问题也是以"前论"作为基础。"三分天下"的研究结论只有在"二分天下"的"前论"的基础上才能成立，才算得上一个"新发现"。但这个问题

---

[1] [法] 列维-斯特劳斯：《忧郁的热带》，王志明译，生活·读书·新知三联书店2000年版，第58页。

往往被人们忽略了。那么，是谁最先提出"二分天下"的呢？是鲁肃。这是《三国志·吴书·鲁肃传》中所记载的他在第一次见到孙权时提出来的进见谋略，这一谋略与《隆中对》极为相似："昔高帝区区欲尊义帝而不获者，以项羽为害也。今之曹操，犹昔项羽，将军何由得为桓文乎？肃窃料之，汉室不可复兴，曹操不可卒除。为将军计，惟有鼎足江东，以观天下之衅。……剿除黄祖，进伐刘表，竟长江所极，据而有之，然后建号帝王以图天下，此高祖之业也。"此段对话说明："二分天下"论是鲁肃的伟大"发现"，它是孙权能够据守江东的理论依据。再进一步说，"二分天下"论也只有在"一统天下"的"前论"基础上才能成立，鲁肃是在承认"汉室不可复兴，曹操不可卒除"的前提下提出"二分天下"论的。这个"一统论"的提出者和实践者当然就是曹操。因此，可以认为，《三国演义》中最具战略头脑的是三个知识人：北方曹操、江东鲁肃和荆蜀诸葛亮。曹操煮酒论英雄，鲁肃同榻答孙权，孔明隆中对刘备，他们分别就"天下"的分统时势发现了三种不同的应对时局的战略，最后就造成了三国鼎立之"实"。这就是说，"发现"的创造力不仅在于看到隐蔽在深处的存在，而且"发现了什么"就意味着"创造着什么"。人类学学科有着高远的目标，人类学者理应将追求理想社会的构建以及改造现实社会作为自己的学术使命，为这一使命而工作使研究变得具有意义和价值。

那么，研究的主观性又怎样解决呢？有没有破局的方式？我们可以对研究的主观性采取一种"以毒攻毒"的反思态度，明确告诉读者民族志是在怎样的场景下获得材料的，又是在怎样的主观条件下写出来的，告诉读者"戴着方帽坐在方方正正的屋子里四平八稳地思考"的理性主义并不存在，我们自己的思考方式本身是直接与社会事务相关的。而且，我们还可以进一步说明"用思想所被置的立场去思索思想是怎样被思考的"[①] 也是社会化的行为。只要我们抛弃了自我中心主义的态度，"客观性"在作品中就不会得到绝对主义的期许。

---

① [美]克利福德·格尔兹：《地方性知识》，王海龙等译，中央编译出版社2000年版，第204页。

不过，我们在已经承认"研究的主观性"和"对研究反思的主观性"的前提之下，也不是要完全丢弃"客观性"的概念。到底还有没有"本体论事实"呢？我在摩哈苴彝族村和周城白族村的田野工作中，找到了一种肯定性的回答。对于民族志而言，只要破除了经典民族志者以作者叙事为主的民族志构建模式而转换为多重主体叙事的方式就可以获得客观性。在这里，"第一主体叙事"（当地人叙事）虽然是一种主观性的叙事；但是当它被"第二主体"（民族志者）"裸呈"于民族志之中的时候，它就成为一种具有客观性的田野材料。"第二主体叙事"是对第一主体叙事材料的解释与理解，它同样是具有主观性的叙事；但是对于"第三主体"（读者与评论家）而言，这种"主观性的解释与理解"同样是客观性的存在。这样在民族志的"三重主体叙事"模式中，客观性和主观性是并存的，并且是可以进行区分的。在这里，客观性显示为蒯因意义上的"对本体论事实的许诺"。

而对于"叙事"的原罪，可以用"元叙事"进行救赎与限定。我们可以列出一个"事—叙事—元叙事"的关系式。① "事"是指呈现在当地人视野下和讲述中的"事物""事件""事实""故事"等，而不是指民族志者通过参与观察与访谈所得到的所谓"异文化"材料；"叙事"是指民族志者对于当地人直接陈述材料的解读；"元叙事"是对"叙事的自我审视"，指的是民族志者在对当地人直接呈现的材料进行解读与创构的同时，暴露其个人条件及解读过程，这些个人条件包括研究主体的立场、观点、方法、个人情性、个人经历、研究场景、偶然性事件等方面，其目的在于对解读进行条件的限定。"叙事"与"元叙事"达到一种"建构—解构""肯定—否定"的平衡。不过我们这里特别强调的是，我们坚决拒斥德里达式的"解构他者"为了"建构自我"的写作目的，我们所谓"解构"是在破除他者话语霸权的同时，也破除自我话语霸权，亦即具有"时日曷丧？予及汝皆亡"② 的"学术自戕"意识。

---

① 参阅拙文《事·叙事·元叙事："主体民族志"叙事的本体论考察》，《民族研究》2018年第2期。
② 《尚书·汤誓》。

总之，在长期的学术困惑、苦闷、焦虑及沉思中，我获得了一些思想收获，它使我重新激发起研究的动力与志趣，并进而确定了包括本卷在内的《对蹠人》系列民族志诸卷的主题。

第二节 作为"问题"的"知识人"

本卷《知识人》的问题意识正是产生于在上述苦闷与焦虑的困境中对作为知识人个体的"我"的状态以及作为知识人群体的"我们"的状态的思考：世界上这么多知识人，他们是怎样的一个"存在"状态？又为什么是这样的状态？他们孜孜以求"追寻"着什么？又为什么要这样做？他们又是怎样"生长"出来的？生长过程又有着怎样的逻辑？对这些问题的研究成为《知识人》的主要内容。

为使本研究具有某种意义上的学术承续性，我们选择几位知识分子研究的代表性学者的观点作为本研究诸问题的先导。

首先，我们关注的是法国哲学家班达的观点。班达是一个理想主义者，他在《知识分子的背叛》一书中，从理想主义的视角去认识与评述知识分子。他的论述坚持抽象的普遍价值，对"时代"的概念非常淡漠。班达心目中理想的知识分子，他们的活动本质上不追求实践的目的，只希望在艺术的、科学的或形而上学沉思的活动中获得快乐。"我的王国不是这个世界"[①]，这句话代表了他们共同的心声。然而，自文艺复兴以来，特别是第一次世界大战期间，民族国家和阶级斗争等意识形态的作祟导致了一系列伤亡惨重的战争，其中许多知识分子起了推波助澜的作用，对这一现象班达称之为"知识分子的背叛"，即知识分子假借种族主义、民族主义和阶级斗争背叛了知识分子的价值理想。

班达认为，19世纪上半叶是一个城市化、世俗化的时代，也是一个和平、秩序与繁荣的时代，人们对未来充满了乐观。但19世纪

[①] ［法］朱利安·班达：《知识分子的背叛》，佘碧平译，上海人民出版社2017年版，第136页。

下半叶人类社会进入了政治的时代，种族激情、阶级激情、民族激情都是政治激情的表现，而且这些激情被组织化、合理化、普遍化。知识分子给这些激情披上"符合进化的方向"的道德外衣和"是对各种事实严格考察的结果"的科学外衣。政治激情的本质是群体摄取或者保有世俗利益的意志和群体自觉特殊与众不同的意志。前者是为了世俗利益，这些世俗利益包括领土、物质福利、优势的政治权利等等；后者是为了赢得自尊，个人总是希望自己所属的阶级、民族和种族更为强大。[①] 而20世纪更是一个极端年代，在进步的表象下，不同种族、民族和阶级矛盾在日益加深。无论是德国的民族主义，法国的君主主义还是苏维埃主义都是以某个群体利益作为价值标准，提倡集体主义价值，而不是全人类的普遍价值。其中德国崛起对原有世界格局的冲击，使民族主义成为最主要的潮流。一些知识分子有着强烈的民族主义情绪，强调自我民族的高度认同和文化优越性，主张一种进化的道德、时代的道德、行动的道德或者现实的道德。这种民族自豪感肇始于德国知识分子，费希特、黑格尔皆认为日耳曼民族是最高贵的民族，并将自己民族的胜利看成是历史发展的最高结果。在法国巴黎，斯莫拉斯等人同样极力鼓吹民族主义的仇外情绪，认为知识分子的责任就是使自己的国家强大。[②]

这一切都与班达信奉的观念不符。在班达看来，知识分子提供的价值应该是静态的、无私的和理性的，欧洲文化的主流价值一直是普遍主义和本质主义，即"在永恒的和超尘脱俗的人们心目中的善的概念"。这一主流价值将人类看成是一个整体，坚持绝对的、永恒的道德善。民族主义的价值属于特殊主义，就像费希特那样，认为道德的内容是变化的。民族主义者对其他民族不感兴趣，他只对自己共同体的特殊价值情有独钟。班达主张理性的本质就是坚决的"在变化中引

[①] ［法］朱利安·班达：《知识分子的背叛》，佘碧平译，上海人民出版社2017年版，第127—129页。

[②] ［法］朱利安·班达：《知识分子的背叛》，佘碧平译，上海人民出版社2017年版，第3页。

入确定性"①，这是班达的一个重要观念。确定性便是永恒统一的价值。如果没有人类的普遍价值，世上就没有善恶是非可言。不同民族必然各是其所是，各非其所非，最后只能认同强权就是公理，以暴力和战争来解决问题。所以说民族主义总是天然的反对人道主义。为了抵抗各种特殊主义、集体主义的价值观，班达强调个人主义的价值观。个人主义与普遍价值之间的关系构成了班达关于知识分子的概念，那就是个人主义者往往信奉普遍价值，而集体主义则往往与特殊价值相关联，因此他所强调的个人主义也即是普遍主义，认为它代表了苏格拉底以来所有思想家的主张。但这种道德观在世纪之交被颠覆，因为民族主义、君主主义都将组织化原则提升到价值的高度，坚持由群体利益作为行为的唯一评判。于是，当时许多杰出的知识分子都陷入盲目的爱国主义，在第一次世界大战中支持各自国家的政府。对于这种"知识分子的背叛"，班达予以激烈的鞭挞。他认为，促使知识分子改变的主要原因是文人介入政治活动的欲望，并不断地为政治激情提供精神食粮。这些知识分子为了名利双收，通过与资产阶级联合而日益接受了资产阶级的身份及其虚荣心，并且为其效劳，他们的古代文化知识和精神操守下降。②

对于班达的观点，批评者认为，班达的理想主义使他对真理、正义和权利的阐释失去了历史与现实的参考点与基础。艾略特在《朱利安·班达的理想主义》一文中批评班达"在杀鸡的时候没有注意到各个骨关节，其中大部分的骨头都被砍掉了"。班达坚持知识分子应该摆脱阶级的、种族的、民主的和政党的激情，"意味着思想和实践之间的完全分离，这是无法想象的。它会导致一种浪漫主义的离群索居"。③

如果说班达认为知识分子应该是一个理想的化身，推崇的是"理

---

① ［法］朱利安·班达：《知识分子的背叛》，佘碧平译，上海人民出版社2017年版，第9页。
② ［法］朱利安·班达：《知识分子的背叛》，佘碧平译，上海人民出版社2017年版，第230页。
③ ［美］T. S. 艾略特：《朱利安·班达的理想主义》，载［法］朱利安·班达：《知识分子的背叛》，佘碧平译，上海人民出版社2017年版，第283—290页。

想"知识分子的类型；那么，意大利思想家葛兰西则认为知识分子应该是一个为"现实"而工作的类型。在《狱中札记》中，葛兰西认为知识分子从来都不是自足和独立的社会阶层，而是其他社会集团在已形成过程中"有机地"制造出来的知识群体。"每个社会集团都有一个或多个知识分子阶层"，这些阶层附着于阶级、集团，它与阶级、集团是有机结合的而不是分离的，因而，这些知识分子区别于"传统的"知识分子，他们是阶级和集团的"有机的"知识分子。他区别两类知识分子的基本方法在于，不是"在知识分子活动的本质上去寻求区别的标准"，而是"从关系体系的整体中去寻找（区别的标准）"。[①] 知识分子在经济和政治上总是依附于某个社会集团，表达那个社会集团的意识形态和利益。任何走向统治地位的社会集团，都需要培养自己的有机知识分子，建立起自己的文化霸权。

对于"知识分子"的概念内涵，葛兰西是从"职能"的角度去定义的。他说："当我们在知识分子和非知识分子之间进行区分的时候，实际上所指的仅仅是知识分子职业范畴的直接社会功能，即考虑的是他们特定的职业活动是趋向于智力工作还是趋向于肌肉—神经的劳动。这就意味着，尽管我们可以说知识分子，却不可以说非知识分子，因为非知识分子并不存在。……能够将各种形式的智力参与排除在外的人类活动是不存在的：作为制造者的人不能和作为思想者的人分开。"[②] 他对哲学家这一知识群体的界定就是一个典型例证。"人人都是哲学家"，是葛兰西的一个概念。他认为每个人都具有"自发哲学"，并在"一般日常语言与语法学的区别，常识和健全的知识的区别，民间宗教和精英宗教的区别"等问题上对其界限和特征加以界定。在人们所说的语言中都包含有一种特定的世界观，这种世界观是由每个人从其进入这个意识的世界之时起，就自动陷入的许多社会集团之一所强加的。换句话说，他们服从于某种由外部环境机械强加的

---

① ［意］安东尼奥·葛兰西：《狱中札记》，曹雷雨等译，中国社会科学出版社2000年版，第1—3页。
② ［意］安东尼奥·葛兰西：《狱中札记》，曹雷雨等译，中国社会科学出版社2000年版，第4页。

世界观。① 但他同时也认为，说每个人都是哲学家和专业哲学家是有区别的。"人类的大多数，就他们都从事着实际活动，而在他们的实际活动中又都暗含着一种世界观、一种哲学这一点而言，都是哲学家。通常理解的哲学史，就是哲学家的哲学史，是人民中的特定阶级为改变、纠正或完善存在于任何特定时代的世界观，从而也改变和这些世界观一起的行动准则，换言之，为改变整个实践活动而采取的尝试和意识形态上的创造精神的历史。"② "职业的专门的哲学家，不仅以更大的逻辑严密性、更大的融贯一致性、更多的系统感进行思考，而且他了解全部思想的来龙去脉。换句话说，他能够说明直到他自己的时代为止的思想的发展，他处在这样的位置即能够在问题经过先前一切解决它的尝试所达到的态势中去考察问题。"③

葛兰西关于知识分子概念与班达的知识分子概念的一个最大的区别在于，班达认为知识分子是具有独立人格的个体，而葛兰西认为知识分子从属于一定的社会文化集团，他们并没有独立性，他们的思想只能是社会文化所赋予他们的思想。葛兰西这种看法的哲学的依据是在批判"内在论"的基础上建立起来的。他认为，一般内在论哲学的最大缺陷之一在于，他们不能在上层和底层之间、普通人和知识分子之间建立起一种意识形态上的一致性。只有在知识分子有机地成为那些群众的有机知识分子，只有在知识分子把群众在其实践活动中提出的问题研究和整理成融贯一致的原则的时候，他们才和群众组成为一个文化的和社会的集团。同普通人相接触，并且确实在这种接触中发现他所研究和解决的问题的源泉，经过这种接触，哲学才会清洗掉自己身上个人性质的知识分子要素而变成为生命。但是有一个问题不能回避，就是哲学家都具有独特的个性，对此，葛兰西作了如下的解释：个别哲学家的历史个性也是由存在于他和他企图改变的文化环境

---

① ［意］安东尼奥·葛兰西：《狱中札记》，曹雷雨等译，中国社会科学出版社2000年版，第232—233页。
② ［意］安东尼奥·葛兰西：《狱中札记》，曹雷雨等译，中国社会科学出版社2000年版，第256页。
③ ［意］安东尼奥·葛兰西：《狱中札记》，曹雷雨等译，中国社会科学出版社2000年版，第259页。

之间的能动关系所赋予的。环境就是他的教师,这种环境反作用于哲学家,并把一种不断的自我批评过程加之于他。① 这样,葛兰西辩来辩去,看起来也在讲所谓的"能动性",讲人与环境的辩证关系,强调"这些关系都被看成是能动的并处于运动中",实际上他的基本点仍然是单向的文化决定论,即个人意识、个性特征依然来自于文化环境。他说:"确定这种活动的源泉的是个人的意识——这种个人认识、希望、仰慕、创造,而且他并不认为自己是孤立无援的,而在由他人和由物的世界提供给他的可能性方面,他是富有的。"② 这就等于说,个人的"认识、希望、仰慕、创造"只能从"富有的"外在文化环境中来,于此,"能动"关系就被丢弃了。

与班达和葛兰西不同,萨义德则将知识分子置于社会文化集团之"内"与社会文化集团之"外"的边缘地带,主张知识分子应坚持独立性而不崇拜依附权威。在萨义德的话语体系中,"边缘人"是一个重要的概念,显示了他对于知识分子所处地位与状态的看法。关于知识分子是什么,萨义德说:"根据我的定义,知识分子既不是调解者,也不是建立共识者,而是这样一个人:他或她全身投注于批评意识,不愿接受简单的处方、现成的陈词滥调,或迎合讨好、与人方便地肯定权势者或传统者的说法或做法。不只是被动地不愿意,而是主动地愿意在公众场合这么说。"③ 他在"瑞思系列演讲"的主题就是:知识分子的公共角色是局外人、业余者、搅扰现状的人。④ 一些欧洲知识分子主张,在帝国主义和法西斯主义的冲突中,应该总是选择帝国主义。萨义德的观点是:既拒绝法西斯主义又拒绝帝国主义。

既然知识分子是一个局外人,那么他就应该成为一位行者,并且

---

① [意]安东尼奥·葛兰西:《狱中札记》,曹雷雨等译,中国社会科学出版社2000年版,第262页。
② [意]安东尼奥·葛兰西:《狱中札记》,曹雷雨等译,中国社会科学出版社2000年版,第266页。
③ [美]爱德华·W. 萨义德:《知识分子论》,单德兴译,生活·读书·新知三联书店2002年版,第25页。
④ [美]爱德华·W. 萨义德:《知识分子论》,单德兴译,生活·读书·新知三联书店2002年版,第2页。

是孤行者。他讨论过"旅行的理论"。"周游各国"就是了解全世界各种不同的社会文化,然后有所比较、有所鉴别。萨义德认为在孤行的途中,无权无势的个人见证事物的悲惨状态,绝不是一种单调乏味的活动。搜寻另类的材料,发掘埋藏的文件,唤回已经被遗忘的各类历史,这包含了一种戏剧感和起义感。既没有职位要守护,又没有地盘要巩固、防卫的知识分子,具有某种特质:自我嘲讽多于自吹自擂,直言坦率多于吞吞吐吐。这的的确确是一种寂寞的处境,但是总比凑在一起漠然处世的状况要好。

这种边缘上的孤行就是一种"流亡"。流亡者处于一种中间状态:既非完全与新环境合一,也未完全与旧环境分离,而是处于若即若离的困境。对于具有特殊身份和特殊经历的萨义德来说,流亡不仅是指身体的流亡,更是指心灵的流亡。即使身处于美国社会的知识群体之中,甚至一辈子完全是这个社会中的知识分子一员,他也区分出所谓的"圈内人"和"圈外人":一边是完全属于那个社会的人,在其中飞黄腾达,而没有感受到强烈的不合或异议,这些人可称为"诺诺之人";另一边则是"谔谔之人",这些人与社会不合,因此就特权、权势和荣耀而言,他们是圈外人和流亡者,永远处于不能完全适应的状态,总是觉得仿佛处于当地人居住的亲切熟悉的世界之外。"流亡就是无休无止,东奔西走,一直未能定下来。……永远无法完全抵达,永远无法与新家或新情境合而为一。"① 流亡的乐趣之一就是惊奇、任何事情都不视为理所当然、学习凑合着应付让大多数人迷惑和恐惧的不安稳状况。知识分子基本关切的是知识的自由。知识分子犹如遭遇海难的人,学着如何与土地生活,而不是靠土地生活;不像鲁滨逊那样把殖民自己所在的小岛当成目标,而像马可·波罗那样一直怀有惊奇感,一直是个旅行者、过客,而不是寄生者、征服者或掠夺者。②

流亡者是"无根的人物",但流亡对于智识而言,却有着三个有

---

① [美]爱德华·W. 萨义德:《知识分子论》,单德兴译,生活·读书·新知三联书店2002年版,第48页。
② [美]爱德华·W. 萨义德:《知识分子论》,单德兴译,生活·读书·新知三联书店2002年版,第54页。

利之处。第一，因为流亡者同时以抛在背后的事物以及此时此地的实况这两种方式来看事情，所以有着双重视角，从不以孤立的方式来看事情。新国度的一情一景必然引他联想到旧国度的一情一景，就知识上而言，这意味着一种观念或经验总是对照着另一种观念或经验，因而使得二者有时以新颖不可预测的方式出现。从这种并置中，得到更好甚至更普遍的有关如何思考的看法。第二，流亡不止看到事物的现状，而且能看出它的前因。这种知识立场的伟大原型是18世纪的意大利维柯。维柯的伟大发现就是：了解社会现实的适当方式，就是把它当成由源点产生的一个过程，而这个源点总是可以置于极卑微的环境。这是历史的观点。第三，对于知识分子来说，流离失所意味着从寻常生涯中解放出来，他的所作所为必须是自创的，依自己的模式来做事。这种奇异的、不定的历程，其中蕴含着生机勃勃的、无休无止的自我发现，它迥异于我们今天所谓的固定职业生涯。因此，对于那种适应现状，唯唯诺诺，安然定居的知识分子而言，流亡是一种模式，具有新的思维方式，面对阻碍却依然去想象、探索。流亡总是能离开权威走向边缘，在边缘你可以看到一些事物。边缘的状态，使人解放出来，不再总是小心翼翼行事，害怕搅乱计划，担心同一集团的成员不悦。"知识分子若要像真正的流亡者那样具有边缘性，不被驯化，就得要有不同于寻常的回应：回应的对象是旅人过客，而不是有权有势者；是暂时的、有风险的事，而不是习以为常的事；是创新、实验，而不是以威权方式所赋予的现状。流亡的知识分子回应的不是惯常的逻辑，而是大胆无畏；代表着改变、前进，而不是故步自封。"[1]

萨义德对教育所达到的"专业化"进行了深刻反思，他认为今天对于知识分子特别的威胁来自于"专业态度"（也可称为职业态度）。所谓"专业"就是把自己身为知识分子的工作当成为稻粱谋，一眼盯着时钟，一眼留意着什么才是适当专业的行径——不破坏团体、不逾越公认的范式或限制，促销自己，尤其是使自己有市场性，从而失

---

[1] [美]爱德华·W. 萨义德：《知识分子论》，单德兴译，生活·读书·新知三联书店2002年版，第57页。

去了知识分子的自由意志。[1] 萨义德推崇萨特提倡人能自由选择命运。萨特在被社会包围、劝诱、围困、威吓，要求成为这样或那样时，他无视这一切。他所想的和做的是首先应该成为具有个性的知识分子。"他1964年拒领诺贝尔奖，正是根据自己的原则行事。"[2] 在批判专业化的基础上，萨义德主张用业余性来对抗专业态度。所谓业余性就是不为利益和奖赏所动，只是为了喜爱和不可抹煞的兴趣，而这些喜爱与兴趣在于更远大的景象，越过界限和障碍达成联系，拒绝被某个专长所束缚，不顾一个行业的限制，而喜好众多的观念和价值。"业余化"就是强调知识分子是孤行者，摆脱社会文化模式的束缚，按照个人的情性与禀赋行事。他描述他自己时说："我的个性和禀赋偏好孤独。我可以跟人应对，但不擅与群众相处，一直与人打交道这种事是我做不来的。"[3]

然而，萨义德所描述的"局外人""业余者""流亡者"的美妙境界是不容易做到的，他自己就是一个局内人，是美国大学的一名教授。他自己也感到在"知识分子面对的是大众社会，还是局内人、专家、小圈子、专业人士"的选择中，处于两难境地，经常感到一种内与外的矛盾角色。他说："在强调知识分子的局外人角色时，我心目中所想的是：社会权威铺天盖地而来的强有力网络——媒体、政府、集团等等——挤压、排除了达成任何改变的机会，使得个人在面对这种情况时经常感到实在无能为力。执意不隶属于这些权威，在许多方面是无法促成直接改变的，而且可悲的是，甚至经常被贬抑到目击者的角色，来见证这些恐怖，否则就无人记录。"[4] 萨义德的双重身份

---

[1] ［美］爱德华·W. 萨义德：《知识分子论》，单德兴译，生活·读书·新知三联书店2002年版，第65页。
[2] ［美］爱德华·W. 萨义德：《知识分子论》，单德兴译，生活·读书·新知三联书店2002年版，第66页。
[3] ［美］爱德华·W. 萨义德：《知识分子论》，单德兴译，生活·读书·新知三联书店2002年版，第106页。
[4] ［美］爱德华·W. 萨义德：《知识分子论》，单德兴译，生活·读书·新知三联书店2002年版，第7页。

使得《东方学》①的批评在相当程度上成为一种自我批评：一方面，他"将谴责和批评应用于所有的西方人（包括人类学家）对于异文化的描述之上。他特别地攻击使西方作者处于主动地位、使他们描述的对象处于被动地位的修辞学手段"；另一方面，他"也是一个占据着统治地位的文化中的一名特权知识分子"。②可见，萨义德是一个"局内的局外人"，同时又是一个"局外的局内人"。

以上，班达、葛兰西和萨义德形成了三维论述态势：班达在"外"，葛兰西在"内"，萨义德居于内外之间的"边缘"。而美国学者雅各比在《最后的知识分子：学院时代的美国文化》中则从新的立场出发，朝着另一个方向开辟了第四个研究维度。他将批判的矛头整个地刺向作为群体的当代知识分子，指出在现代社会中，"非学院的知识分子"已经完全消失，取代的是一整群怯懦的、满口术语的大学教授，而社会上没有人很重视这些人的意见。雅各比用语犀利，一针见血。在他的心目中，大学普及的时代为公众读者写作的"最后的知识分子"已经不存在了，他们已经被高科技知识分子、顾问和教授这些人所取代了。当然，这些高科技知识分子、顾问和教授之类"也许很有能力，他们的能力可能超过那些知识分子，但他们决不能丰富我们的公共生活。这些年轻的知识分子几乎全部生活都在校园里，他们直接面对专业同行，而别人既不知道他们，也无法接近他们。"③知识分子统统进入校园，这种改变造成了公共文化的贫困。在雅各比愤激的话语中，他甚至将这些掌握高科技知识的人才、顾问和大学教授都不放入"知识分子"的范围。他所谓的"最后的知识分子"，指的是20世纪60年代的知识分子（20世纪40年代出生），这是最后的公众知识分子；此后出生的这些教授、高科技人才、顾问应该属于另一类人，至少已经不再是公众知识分子了。

---

① [美] 爱德华·W. 萨义德：《东方学》，王宇根译，生活·读书·新知三联书店1999年版。
② [美] 马尔库斯、费彻尔：《作为文化批评的人类学》，王铭铭、蓝达居译，生活·读书·新知三联书店1998年版，第17—18页。
③ [美] 拉塞尔·雅各比：《最后的知识分子》，洪洁译，江苏人民出版社2006年版，作者前言第4页。

雅各比强调消逝的那一代知识分子和新出现的这一代知识分子存在着巨大的差异。老一代知识分子的写作能诱发人们的兴趣和讨论，这说明有公众在。年轻的知识分子再也不需要广大的公众了，他们置身于某些学科领域中，同事就是他们的听众，专题讨论和专业性期刊就是他们的媒体，校园就是他们的家，除了校园就找不到别的去处。他们的工作、晋级以及薪水都依赖于专家们的评估，这种依赖对他们谈论的课题和使用的语言毫无疑问要产生相当的影响。一个著名的社会学家或艺术史家的著名是相对于同行而言的，其他人并不知道他。知识分子既然成了学院派人士，就没有必要在公共刊物上写文章了。"一个知识分子把所有的生活都仅仅局限于出版——截稿日期、篇幅、稿费这些烦琐的日常工作上，最终肯定是冲淡而不是加强了智力劳作的意义。……在知识分子的生活被重新塑造的同时，知识分子的精神也被重铸了。"[①] 学院派的生活既是局限，又是堕落。大学的规则成为法定的规则，这些规则并未鼓励一种坚强的独立意志，而是迎合、取媚流行趣味，向商业卑躬屈膝。因为心浮气躁，他们对所写的东西并不精打细磨。学院派知识分子不珍视深入浅出或文笔优美的写作，这倒并不是因为他们对此不屑一顾，而是这几乎算不了什么。出版发表要比怎么写重要得多。[②]

做一个知识分子就得成为一个教授，他们走不出学校，结果他们的写作就缺少对公众的影响。公众看不见他们，他们也看不见公众。这是知识分子身份和自我认同的彻底革新。写作与评论变成了职业，而非呼吁。雅各比认为这些人并不是幻想的破灭，因为他们连幻想都没有了。于是，并没有年轻的一代知识分子，只有 18 岁到 28 岁的人。大学里的教授，几乎一律都在一种甜蜜的空虚愚妄中寻求自身的安全和稳定。他们绝不是有勇气的思想观念的代言人，也不是思想观念自由传播的倡导者，他们是所有人中最谨慎最胆小的。在大学里要

---

① [美] 拉塞尔·雅各比：《最后的知识分子》，洪洁译，江苏人民出版社 2006 年版，第 12—13 页。
② [美] 拉塞尔·雅各比：《最后的知识分子》，洪洁译，江苏人民出版社 2006 年版，第 15 页。

想成功，聪慧与贡献都不重要，重要的是从众和"关系"。博士学位体制构成学术成就最具决定性的因素，索引越来越被兜售为了解某个领域内有影响力的一些学者的科学方法。这是对名声做"量化的研究"，他衡量的不是成果的质量，而是影响力和关系。于是形成了如下的局面："布一张大网，尽可能多地建立相互关系，不要让自己孤立于主流之外。不仅仅是做脚注，紧密结合别人的贡献来设计自己的科研都会很有好处。你引用别人，别人也会引用你。大家都从相互奉承的关系中得到好处。"[1] 他们有时似乎口中也会高叫着"创新创新"，但这只是他们获得地位的一种手段。学者们宁愿相互对话也不愿意去接触社会实际。无穷无尽的专题讨论和刊物，填补了时光的空白。

在猛烈地批判当代知识分子群体的同时，雅各比也在反思自我：知识分子已经变了质，"我"在其中是否也变了质？他表明了自己的心迹："我研究'消逝'的一代，事实上也在探讨我这一代人。当我对学术成就提出质疑时，我也在检讨我朋友的及我自己的著述。……我决不想把自己假扮成一个不同凡响的人。我对消逝的知识分子的批判也是一种自我批判。然而我还是要补充一点，我不是一个完全的学术圈内的人。十几年里，我已经游走于七所大学并且涉猎了好几门学科。我不止一次地想做一个自由撰稿人。"[2] 雅各比既承认自己是属于新一代知识分子群体的一员，又把自己不看作"学术圈"的人，他以在"学术圈"内为耻辱，而且说明自己的真实意愿是"想做一个自由撰稿人"。这是一位有着清醒的并且具有自戕意识的知识分子的自白。

上述几位哲学家和思想家的观点，被我借来作为一个引子，启迪我的反思意识：既然在时代的变迁中，"知识人"已经成为一个"问题"，那么，我们当下的研究应该如何面对这个"问题"？进一步说，

---

[1] ［美］拉塞尔·雅各比：《最后的知识分子》，洪洁译，江苏人民出版社2006年版，第162页。

[2] ［美］拉塞尔·雅各比：《最后的知识分子》，洪洁译，江苏人民出版社2006年版，作者前言第6—7页。

知识人之所以被称为知识人，是因为拥有"知识"，那么我们现在所说的当下各种社会文化"知识"是否也已经成为一个"问题"？再进一步说，社会通过"教育"的路径，采取各种方式，利用建立起来的各种制度，从一个人的孩提时代起，就开始对其灌输各项文化"知识"，这种"教育"是否同样成为一个"问题"？几个方面的问题，恰好与我从事教育工作数十年中所遭遇的个人经历、所累积的田野材料、所思考的学术问题相吻合，强烈地激发了我探索知识人"生长的逻辑""存在的逻辑"以及"追寻的逻辑"的愿望。

第二章 天工开智

引言 一位父亲对孩子成长的记录

  长期以来，我除了在异文化中做田野工作获得许多材料外，平时随性随习并无目的也累积了各种各类庞杂材料，这些材料的性质与主旨杂然纷陈，没有固定指向。但奇异的是，这些凭个人情性与兴趣在本文化中所累积与聚集起来的田野材料，往往是过了几十年以后才派上用场，它们现在被我用作写作《对蹠人》系列民族志所需要的基本材料，实践"民族志是一种人志"的学术理念。本章的田野材料，是我在20世纪80年代获得的。当时我正在研读皮亚杰的发生认识论，为加深对理论的认识，我从所熟悉的幼儿园老师和中小学老师那里收集了一些孩童与少年思维特征的资料，大多是父母对于孩子碎片式的日记以及孩童自己用钢笔、铅笔或彩笔的乱笔涂鸦，也有少量的稍大一点的孩子或少年自己写的日记。本章这个1977年底出生的名叫"小晨"的孩子的日记，就是其中的一份。这份田野材料分为三个部分。第一部分是小晨的父亲记录小晨童蒙时期的语言与行事，时间为1981年11月21日至1982年11月20日；第二部分是这位父亲对小晨小学一年级的记事，但他的主要生活并非在学校，而仍然在家庭之中，时间为1983年9月18日至1984年8月30日。这两个部分的日记数量都不多，每则日记只是草草几笔，而且断断续续，很不连贯。第三部分则是小晨在初中一年级和二年级阶段自己所记的日记，时间为1989年8月27日至1991年8月31日。本章研究知识人生长的初始逻辑，主要材料是小晨日记的第一部分和第二部分。但我将第三部分日记也保留在民族志中作为"延伸阅读"，因为这些日记既可以用于观察小晨在下一个阶段的发展，又与下一章另一位中学生的高中日记在成长阶段上相互衔接，并可用于对不同学生之间的类型比较分析。

第一节 "天上的月亮像船一样"[①]

1981 年

1. 11 月 21 日
今天小晨起床后，见大人不在房间，没有哭，受到表扬。

2. 11 月 22 日
小晨一天之间突然长大起来。晚饭后，给大人盛饭、发糖，越表扬越起劲。他看到我记的这个本子，问道："妈妈，爸爸给我记的好还是不好？"蕙芸[②]说："记的好。""我每天都像今天一样好不好？""好！"

3. 11 月 23 日
晚上小晨在床上玩。他将玩具竹蛇放在被子的一边，自己趴在另一边，先用步枪打，接着又用两只小手枪打。
一会儿又将被子摆成船，将书排成队。

4. 11 月 24 日
小晨早上起床不哭，他让我把这件事记在本子上。

[①] 本节日记共 29 则，时间为 1981 年 11 月 21 日至 1982 年 11 月 20 日，除第 23 则外，都是小晨的父亲所记。

[②] 蕙芸是小晨的母亲。

5. 11月27日

小晨本周在幼儿园被评为"好孩子",胸佩一朵红花回来。前几次都没有评上,老师说他上课爱动。

6. 12月1日

今天学写阿拉伯数字"2",写了5遍,都不成型,要么在开头歪出一笔,要么在结尾又歪出了一笔。

7. 12月2日

今天继续学写"1、2、3"三个阿拉伯数字,共三遍。第一、二遍时,"1""2"两个数字可以看得出来,"3"字变形;第三遍时三个数字都可以看出来。我们笑着为他鼓掌,他笑着说:"你们笑什么呀!"

8. 12月4日

今天看见两个小朋友打着一把伞,他问:"伞"字是不是画一个圆再写一个"丨"?

9. 12月8日

小晨今天吃广柑时说:"广柑两头都有头,橘子只有一头有头。"

10. 12月19日

今天吃晚饭,小晨夹了一块红薯给蕙芸;得了表扬,又去夹菜,又主动去开门。

蕙芸去平台上收衣服,他也去帮忙,说:"我帮妈妈拿这个了。"等到我看了以后,才交给蕙芸。

今天小晨说:"天上的月亮像船一样。"

11. 12月23日

晚上我在读书,小晨在旁边看着,用手指着书上的"小"字和

"人"字,念着。

12. 12月24日

今天我叫他:"小晨,快来吃稀饭。"他眨着眼说:"啊,是吃稀饭?稀饭是'喝'。"

13. 12月29日

今天看电影,小晨看到军犬被武装偷渡的特务打死,他大哭了一场,回来都不高兴。

1982年

14. 1月4日

小晨说,幼儿园新来的老师表扬他坐得好。

15. 1月5日

今天小晨看到河里有倒影,问:"怎么水里有房子?"

"那是倒影。"

"那倒影怎么还亮着灯?"他又问。

16. 1月7日

蕙芸教小晨《幼儿识字》,小晨很用功,已会认"人、口、手、耳、牙、大、小、上、下、甲";并且会背谜语:"两个好朋友,住在山两边,讲话都听见,到老不见面。"

17. 1月8日

小晨继续学习《幼儿识字》,已会认读"山、水、火、木、日、月、土"。

他问:"怎么'火'字像'人'字?"又问:"'土'字去掉一点就是'上'字吧?"看见"田"字,说:"怎么这个字外边是个

'口'字呢?"

18. 5月25日
小晨今天学写毛笔字"山、水、花"。

19. 5月29日
小晨今天学写毛笔字"山、水",比昨天减去了一个字。

20. 6月11日
小晨今天做了三件好事:一是用玩具做了一个大炮和一个火箭发射台,二是把凳子主动地搬到吃饭的屋子里,三是中午一个人到食堂去买土豆。

做了一件坏事:跟着蕙芸出去要吃罐头,没有买就哭,不肯回来。

21. 7月4日
小晨现在会自己编谜语。今天编的是:"天亮不出来,晚上才出来吃害虫。"他说谜底是:青蛙、蛤蟆。

前几天编了两个。一个是:"晴天不打开,屋里不打开,只有下雨才打开。"谜底:伞。另一个是:"住在水里头,出来叶子是卷的,然后慢慢就开了。"谜底是:荷叶。

我对他说:"小晨长大当科学家和书法家。"他说:"我当完科学家就回来跟爸爸学毛笔字。"

22. 7月5日
小晨又编了一个谜语:"里面黑,外面白。"谜底:果蛋皮。

23. 7月6日
幼儿园老师的"儿童情况报告表",见表2-1。

表 2-1　　　　　　　　　　儿童情况报告表

班次	2 班	姓名	小晨	性别	男	年龄	4 岁
生活情况	身长：107 厘米，体重 34 斤。 该儿童独立生活能力强，吃饭不挑食，睡眠较好，讲文明，懂礼貌，比较遵守纪律，性格开朗，活泼大方，能和小朋友友好相处，爱劳动。							
学习情况	该儿童爱学习，能认真听课，完成各科作业，接受能力较强。 语言：能流利朗诵《小白兔过桥》等八首儿歌，会一首绕口令，进展到三幅看图讲述课。愿意为小朋友做好事。 音乐：能用自然的嗓音唱歌，学会了 6 首歌曲，会跳三个舞蹈，会做"小司机"等三个律动。会跳两个邀请舞，爱好文娱活动。 计算：比较熟练地认读 1—9 数字以及这些数的形成，基本上知道这些数以内的相邻数之间的关系，知道这些数的分合。 常识：知道一般植物、家禽、家畜、野兽的外形、特征、生活习性及用途，（知道）公共汽车的外形特征、用途，懂得交通规则。 美工：基本上能用曲、直、斜线组成简单图画，会涂色，会用橡胶泥搓、捏简单的物件。 体育：会做两套体操，学了钻、爬、攀登、投掷等基本动作，喜欢参加游戏。							
对家长希望	希望家长协助我们共同加强纪律性方面的培养。请家长对我们的工作提出宝贵意见。							

24. 7 月 24 日

小晨说："扇子是一个大圆下面一竖。"

今天他编的谜语是："一个天空蓝溜溜，白天黑夜都在那儿。"谜底："天"。

他会讲挑西瓜的故事和小白兔拔萝卜的故事。

25. 8 月 16 日

带小晨回乡下奶奶家。今天跟着奶奶去稻田割稻子。

开头他直接用手拔，拔不动。我教他使用镰刀，他先是一根一根地割，后来每次抓两根。

26. 8 月 17 日

奶奶打稻时我与小晨帮助背草，每次他背两个，我背 8 个。休息时他又拿毛巾给每个人擦汗。

下午，小晨又跟着姑姑和我到河滩上去割草。不知什么时候，他被一只不大的螃蟹夹了手，叫起来。我看过去，那只螃蟹还吊挂在他的手指上。

傍晚的时候，小晨从外边回来，拿了一个麦哨吹着。先是在我跟前炫耀，接着去灶房在奶奶跟前显摆，又跑到爷爷跟前吹来吹去。我问他麦哨是哪里来的，他说是别的小朋友教他做的。

小晨说在乡下奶奶家玩的东西很多：抓螺壳、跳格、玩沙袋……

27. 9月11日

今天他编的谜语是："像船又像香蕉，挂在天上不落下来。"谜底：月亮。

28. 9月30日

今天小晨表现很好：一是帮助我擦窗户，后来又主动擦柜子和桌子，而且擦得很干净；二是帮助蕙芸收被子；三是帮我端盘子。为了鼓励他，晚上放了一个鞭炮"直升机"。

29. 11月20日

小晨今天问："为什么大海里的水是咸的？""里面有盐。""那盐是谁放进去的？"

又问："人为什么会做梦？"奶奶近日从乡下来，他跟奶奶说："今天你不要做梦，让我做梦。"

小晨又说："世界上最厉害的是螃蟹。"

昨天小晨问奶奶："爸爸写信给谁？"奶奶说："给爷爷。"小晨说："那我在幼儿园算术100分有没有写在上面？"

在这一年中，小晨的父亲共记了28篇关于小晨的日记，加上幼儿园老师的"儿童情况报告表"，一共29篇，其基本内容可以归结为"劳动""游戏"和"文字知识学习"三个主题。

第一主题是劳动。劳动是人与自然界接触的最初的实践形式，它成为人生第一要义。小晨的劳动有三种形式。第一种形式是在奶奶家参加农事劳动。日记 25 记载小晨"跟着奶奶去稻田割稻子"，日记 26 记载他"跟着姑姑和我到河滩上去割草"，"帮助背草，每次他背两个"。这些农事劳动都是小晨主动参与的。第二种形式是家务劳动，小晨也显示出一种主动性。日记 2 记载小晨"给大人盛饭、发糖"；日记 20 记载小晨"把凳子主动地搬到吃饭的屋子里"，"一个人到食堂去买土豆"；日记 28 记载小晨擦窗户，主动擦柜子和桌子，帮助收被子、端盘子。第三种形式是在幼儿园参加劳动。日记 23 记有幼儿园老师对小晨"爱劳动"的评语。

作为实践活动的"劳动"是儿童早期一种重要的"活动"。在小晨父亲的日记中，劳动的记载占的比例并不大，主要的原因有两个：第一，从他的父亲的整个思想倾向来看，他所重视的是智力教育与德行教育，希望将自己的孩子培养成"科学家和书法家"的双料人才；劳动并不是他的关注点，只有当劳动与品德具有关联时他才有所记录。第二，小晨生活在城市中，只有回乡村奶奶家才有机会参加与大自然直接接触的劳动。而对于家务劳动，一个三四岁的孩子的参与只是象征性的，城市家长不会分配他们更多的工作。然而，即使在这种环境之下，只要有劳动的机会，小晨都是积极的，主动的。综合小晨在乡村、幼儿园和家庭中的表现来看，他是一个热爱劳动的孩子。

第二主题是游戏。这是儿童的另一种重要的"活动"。游戏是一种快乐的活动。日记 3 记载小晨先用玩具步枪、接着用玩具小手枪打"竹蛇"。小晨有乡村生活的经历，蛇在他的心目中肯定是一种可怕的动物，在生活中遭遇这种动物，他会选择逃离。而在游戏中，他可以用步枪和小手枪制服这种动物，主体的价值得到象征性的显示，他在游戏的创造性想象中也获得愉悦。"将被子摆成船，将书排成队"，也同样是他的惬意的想象性创造。日记 20 还记述了他"用玩具做了一个大炮和一个火箭发射台"，更是一种创造性乐趣。特别是日记 26 记载小晨与他的乡村小朋友制作了麦哨玩具，他不但自己享受这种快乐，而且将快乐传递给他人：先是在父亲面前炫耀，接着在奶奶跟前显摆，然后又去爷爷那里吹奏。可以想象，在自然天地中无论是制作还是吹奏麦哨的场景都是极美妙的：暮春季节，几个孩童走在麦地的田埂上，蚕豆花香扑鼻，麦苗拔节秀穗。他们躲开大人们的视线，一齐跳到麦地里，每个人折断一根已经秀穗的麦秆，从中截出一节，麦哨便做成了。吹一吹，便发出清脆悦耳的声音。如果那边也有几个孩子同样吹起麦哨，哨声此起彼伏，那是何等景象！小晨既从这种学习制作中得到友谊与欢愉，又从他自己吹出的哨音与他的小伙伴们吹出的哨声的互相呼应中得到快乐。

不过，小晨童年的游戏在日记中并不多，原因与劳动记载较少相类似。对于他的父亲来说，这种游戏并不重要，只是偶尔看到孩子的可爱好玩，才好奇地记载下来。据小晨自己说在奶奶家玩的游戏还有抓螺壳、跳格、玩沙袋等等，一定更有趣味，可惜没有详细记载。显而易见，与劳动一样，游戏也是小晨孩童时期最喜爱的活动。

第三主题是文字形式的知识学习。这是小晨的父亲运用笔墨最多的部分，也是小晨父亲的期望所在，是他为儿子记日记的目的。在有文字的社会中，文字对于儿童的训练是一个极为重要的方面，知识学习的最重要内容就是文字学习。日记 6 中记述小晨学写阿拉伯数字"2"，写了 5 遍都不成型。从他的父亲"要么在开头歪出一笔，要么在结尾又歪出了一笔"的表述看，这位父亲已经相当不满意。第二天他又让小晨重新写，而且增加为"1、2、3"三个数字。小晨迫于压力也只能按照他父亲的要求认真写。

从"1、2、3"为最初出发点，这种文字训练不断地进行下去，而且越来越繁杂。日记 16 记载小晨母亲教他《幼儿识字》，他已会认读"人、口、手、耳、牙、大、小、上、下、甲"等字；日记 17 又记载小晨已会认读"山、水、火、木、日、月、土"等字。日记 18 和日记 19 则记载小晨的父亲要他学写毛笔字，一开头就是三个复杂的字：山、水、花。这对于小晨来说绝对是一种折磨，他也肯定无法写好，于是第二天才减去了一个"花"字。在这种强制性的文字符号的学习与训练中，小晨也掌握了某些规律，例如他已经能够对字形作出一些简单的比较与区分：日记 17 中，小晨发现"火"字像

"人"字,"土"字去掉一点就是"上"字,"田"字外边是个"口"字。在一些基本训练之后,小晨就按照学得的知识去推理,开始创造文字和自编谜语。日记 8 小晨问"'伞'字是不是画一个圆再写一个'丨'",日记 21 记载小晨自编了谜底为"青蛙""伞""荷叶"三则谜语,日记 22、24、27 分别记载了小晨自编了谜底为"果蛋皮""天"和"月亮"的谜语。不仅如此,他开始比较各种事物的同异,如日记 10 中他说:"天上的月亮像船一样。"他又开始对一些问题作出判断,如日记 29 中他说:"世界上最厉害的是螃蟹。"他还开始追问一些奇妙的问题,如日记 15 中他问:"倒影怎么还亮着灯?"日记 29 问:"为什么大海里的水是咸的?"当得到"里面有盐"回答时,接着问"盐是谁放进去的?"又问:"人为什么会做梦?"

第二节 "我长大了一定要当科学家和书法家"[①]

1983 年

30. 9 月 18 日
今天给小晨买了两元钱蛋糕。

31. 10 月 6 日
小晨自己一个人下棋。他持黑子,将红子都吃掉了。他对我说:"红的输了。"我问红子是谁,他说:"爸爸的。"
今天蕙芸说带他上街买东西,他拉着蕙芸的衣服立即就要出发,说:"现在就去,现在就去,走呢,走!"

32. 10 月 7 日
学校发了 6 片饼干,小晨全部带回来给大人吃。以往大人让他吃,他就吃了;今天让他吃,他坚决要给大人吃。又说本来发 7 片,

---

① 本节小晨的父亲所记日记共 30 则,时间为 1983 年 9 月 18 日至 1984 年 8 月 30 日。

那人只给了他6片。

33. 11月23日

老师说，有两个孩子比较稳重，凡举手发言，都答对了。其中一个是小晨。

政治考题有一个填空，他填的是"个人可以离开集体"。

34. 11月28日

我让小晨自己把这句话写在这个本子上："我长大了一定要当科学家和书法家。"他写得歪歪扭扭。

35. 12月2日

我问他："从前好还是现在好？"

"现在。将来还要比现在好。"他回答。

"你怎么知道的？"

"我想的。现在是铁桥，奶奶家从前是木头桥，将来用机器人打仗。"

36. 12月7日

老师要求6点起床，他6点20分起床，让家长签成6点，被批评。

37. 12月12日

我写了一个条，让小晨带去交给老师："肖老师，小晨昨天和今天没有得到父母允许，在家偷吃苹果。"

后此条未交老师，作为一次训诫。

38. 12月15日

前天让小晨不要到别人家吃东西，昨天他到同学家，同学的父亲削苹果给他吃，他坚持不吃。问他原因，他说："我爸爸妈妈说，不准在别人家吃东西。"

39. 12月16日

今日，老师让家长交学生放学到家的时间签字，他就跑着回来了，跑得满头大汗。

1984年

40. 1月2日

小晨早上说奶奶家的螃蟹夹人，鱼有刺，鸡的脚是脏的。

今天用"无数"造句。我说："天上有无数颗星星。"他说："晚上，天上有无数颗星星。"

下午小晨又说："夏天到奶奶家去，奶奶家最好。赤脚跑呀，吃西瓜呀，吃冰棒呀。夏天刺毛辣子多。"

41. 1月6日

早上小晨醒了在被窝里做狐狸，用手把脸往上一推，眼角便翘起来，很像狐狸。白天还不停地做。

他写了一篇作文《爸爸》，其中有一段文字说："爸爸小时候很喜欢上自然课。他总是问我最喜欢上什么课，我就毫不犹豫地说：'我最喜欢上自然课。'于是爸爸很高兴。"

42. 1月17日

小晨今天怕写字，说将来不当书法家了。被我骂了一顿，又说还要当科学家和书法家。

明天考数学，今天我和他一起复习。我出了几个题考他，得了92分。他突然哭起来，很委屈的样子。后来等他高兴起来的时候，我问他刚才为什么哭，他不说。又问："是不是因为考得不好？"他摇头。又问："是不是因为扣分太多？"他才说："在学校里，一个大题有10个小题呐，一个小题才0.5分。"

43. 1 月 18 日

小晨今天考数学，其中有一个题："一周上 24 节课，平均每天上几节课？"小晨答 "6 节课。"我们问他一周上几天课，他说 7 天。我说："星期天不休息？"他说"好多时候星期天也上课。"

44. 1 月 20 日

今天小晨第一次要求吃小苹果，蕙芸问他为什么吃小的，他说："你不要管。"

45. 2 月 2 日

今天小晨用小塑料瓶子穿上线，说夏天到奶奶家去经常停电，就出去捉萤火虫，捉了装在罐子里边；捉多点，就亮，像个灯。

46. 2 月 15 日

老师批评小晨字写得不好，可是他的笔盒里有好几支不足一寸长的短铅笔。我把它们拣出来要扔掉，可他又拿回去，说："尖呢。"

小晨嗑瓜子到处吐壳，被批评了，他说："在奶奶家到处都可以吐。"

47. 3 月 14 日

今天我们上班，小晨到邻居家吃饭，回来说："两个菜都有辣椒。后来又端了腌菜，也有辣椒。"

"在别人家吃饭，不管好不好，都要谢谢人家。"蕙芸说。

"我没说。"小晨回答。

"你有没有说菜不好吃？"

"我也没说。"

48. 3 月 23 日

小晨经常不吃饱，等着吃零食。

无论是毛笔字还是铅笔字，小晨的字从来没有写好过，不知道批评他多少次。今天班主任老师专门写信给家长，说他成绩不理想，写的字差，老师认不出来。

49. 4 月 14 日

小晨昨天和今天给我刮胡子，刮得很仔细。

50. 6 月 21 日

小晨前几天晚上跟我散步到荷塘边听见青蛙叫，说："青蛙叫了，乡下的小清清现在在捉青蛙。"

51. 6 月 30 日

今天老师没有让小晨参加拔河比赛，他回来哭了，说所有人都参加了，就他没有参加。蕙芸说可能是因为年龄小、个子小、力气小的原因，他说还有比他小的也没有下来。"我在前头，老师从后面走过来，让我下去的。"越说越哭得厉害。

52. 7 月 14 日

小晨昨天洗澡后，自己把衣服洗了。

今天早晨，为和我比赛早起，他五点多钟就坐在沙发上看画报。

《成绩报告表》老师的评语：尊敬老师，热爱劳动，与同学团结友爱，作业及时完成，脑子反应快，课上能积极发表意见。但写字不够认真，希望今后注意克服。

53. 7 月 17 日

小晨今天帮我把背心和衬衣洗了，洗得干干净净。

54. 7 月 18 日

今天让小晨给同事送一件东西，他问："给他做什么？"我说："你给他就行了。"他又问："他问呢？"

55. 7月22日

今天上午我给小晨理发。理了一半，我先去做饭，他就到房间里去照镜子，并用手拎住一绺前额上的头发，说："不好看，不好看。"

56. 8月2日

小晨可以用积木搭出许多东西。我让他把所有能够搭的东西都写出来，他歪歪扭扭写出的竟有50种之多，包括：（1）拖车，（2）飞机，（3）汽车，（4）摩托车，（5）吊车，（6）船，（7）大炮，（8）重机枪，（9）机关枪，（10）手枪，（11）桥，（12）小船，（13）货车，（14）水陆两栖坦克，（15）船带吊车，（16）装甲车，（17）火箭，（18）跷跷板，（19）天平秤，（20）秤，（21）电线杆通电线，（22）房子，（23）电视机，（24）床上躺人，（25）梯上坐人，（26）坦克，（27）三轮车，（28）一个人讲话一个人听，（29）自行车，（30）梯子，（31）冲锋枪，（32）三轮车，（33）简便车，（34）第二种吊车，（35）叉车，（36）潜水艇，（37）第二种火箭，（38）滑翔机，（39）第二种飞机，（40）步枪，（41）节能灯，（42）发报机，（43）第三种飞机，（44）第二种汽车，（45）第三种汽车，（46）第二种大炮，（47）第四种飞机，（48）第二种床，（49）抬货，（50）锤子。①

57. 8月10日

带小晨回奶奶家，下午跟着姑姑提了一个小篮子带了一个小铲子去打猪草。

58. 8月11日

小晨从地里拔了几棵野菜回来，让奶奶炒炒吃。

---

① 在50种事物中，"三轮车"重复了一次，故实际事物为49种。

他又不知从什么地方摘了一把野果子，红红的，问奶奶可以不可以吃。

看到一把铁锹很好奇，他拿了到门口的庄稼地里学着大人的样子乱挖，被我骂了一顿。

59. 8月30日

今天我故意试探小晨："不去上学，天天在家放鞭炮，和小朋友一起玩，你愿意不愿意？"

"不愿意。"他说。

"为什么？"

"没得文化。"

"没得文化要什么紧？"我继续问。

"只好讨饭。"

"谁说的？"我又问。

他回答："你说的！"

小晨第二部分日记共30则，其中有10则左右涉及学校记事，约占三分之一，其余的活动皆在家庭与乡村。劳动与游戏依然是他最喜欢的活动，而到学校里去学习文化知识，对于小晨来说，则是被动的、被迫的，他的心里并不愿意。

劳动的日记共有5则。日记57记载小晨回到乡村奶奶家，下午就跟着姑姑去打猪草；日记58记载小晨拔野菜，又记载他见到一把铁锹，就拿着它到门口的庄稼地里"学着大人的样子乱挖"；日记52记载小晨洗澡后自己洗衣服；日记53记载小晨帮父亲洗衣服；另有日记52一年级学期结束的《成绩报告表》中老师有"热爱劳动"的评语。这些记载继续显示小晨热爱劳动的内质。由于小晨喜欢乡村劳动，故而也由此滋生出热爱乡村、热爱大自然的情感。日记40中小晨说："奶奶家最好。赤脚跑呀，吃西瓜呀，吃冰棒呀。"这表明他对惬意的乡村生活有着美好的记忆。即使"螃蟹夹人，鱼有刺，鸡的脚是脏的"，"夏天刺毛辣子多"，乡村奶奶家的生活也是"最好"

的；因为在那里有爷爷奶奶的庇护，父母的权威不再对他起作用。此时的小晨，有着一种不受束缚的自由，这与他在学校生活形成鲜明对照。当他重回城市后，对于乡村那种自由自在的生活，他充满了无限向往。日记50中小晨在荷塘边听见青蛙叫，就想起了乡村的玩伴小清清的自由；日记46中小晨嗑瓜子到处吐壳被批评时，他用奶奶的权威来压倒父亲，反抗对他的自由的束缚。

关于游戏的记述集中在日记56中，小晨可以用积木拼搭出50种不同的事物。三轮车虽然重复了一次，但它在小晨的思维中被算作一个项，所以我们还是按照50项计算。我们将其分为两个大类。第一类是他在劳动和生活实践中所接触到的那些事物，共31种（见表2-2），第二类是属于他的情性兴趣点的事物，共19种（见表2-3）。

小晨用积木搭建50种事物，是一种"表象思维"。表象是客观对象不在主体面前呈现时在观念中所保持的客观对象的形象，它是基于知觉在头脑中形成的事物的感性形象。人类认识活动有一个特点，就是将客观外界空间上连接在一起的不可分割的纷繁复杂的那些事物，把它分割开来才能进入认识，这些被分割开来的形状为了寻找共同点，就将其变成了圆形、椭圆形、正方形、长方形、三角形、平行四边形、菱形、多边形等各种几何图形。而这些形状是从外部事物来，当然可以被运用到外部事物中去，于是这些形状的积木就可以构建出各种不同的东西。由于记忆中的表象并不精确，只是一种大致的构形，积木只要掌握了某种事物的大致构形，就可以象征性地搭建出这种事物来。小晨思维中的表象首先来源于日常生活中接触到的事物，这在表2-2中得到体现，这31种事物都是小晨在乡村和城市的实际生活中看到过的，运用过的。另一部分表象则并非实际接触的事物，可能是在知识的学习中所接触到的各种图像，这在表2-3中得到体现。其中，"飞机"这一栏有特殊性，既可以放入表2-2，也可以放入表2-3，因为在小晨的生活中可能因为仰望天空而看到这种事物，但是将飞机区别为"飞机""第二种飞机"

表2–2　　　　　　　游戏中的事物分类表（一）

第一层次分类	第二层次分类	第三层次分类	第四层次分类
小晨在劳动和日常活动中所接触到的事物	车	汽车	（3）汽车
			（44）第二种汽车
			（45）第三种汽车
		吊车	（5）吊车
			（34）第二种吊车
			（15）船带吊车
		（1）拖车	
		（4）摩托车	
		（33）简便车	
		（35）叉车	
		（27）三轮车	
		(32)三轮车（重复）	
		（29）自行车	
		（13）货车	
	船	（6）船	
		（12）小船	
	（11）桥		
	秤	（20）秤	
		（19）天平秤	
	床	（24）床上躺人（动态）	
		（48）第二种床	
	（22）房子		
	（23）电视机		
	梯子	（30）梯子	
		（25）梯上坐人（动态）	
	（21）电线杆通电线（动态）		
	（28）一个人讲话一个人听（动态）		
	（18）跷跷板		
	（41）节能灯		
	（50）锤子		
	（49）抬货（动态）		

表 2-3　　　　　　　　游戏中的事物分类表（二）

第一层次	第二层次	第三层次	第四层次
小陈兴趣点上的事物	枪	（8）重机枪	
		（9）机关枪	
		（10）手枪	
		（40）步枪	
		（31）冲锋枪	
	炮	（7）大炮	
		（46）第二种大炮	
	飞机	（2）飞机	
		（39）第二种飞机	
		（43）第三种飞机	
		（47）第四种飞机	
	坦克	（26）坦克	
		（14）水陆两栖坦克	
	火箭	（17）火箭	
		（37）第二种火箭	
	（16）装甲车		
	（42）发报机		
	（36）潜水艇		
	（38）滑翔机		

"第三种飞机""第四种飞机"则并不是源于他的实际生活，更有可能是他在少儿读物中看到的那些不同的飞机图形的记忆。小晨的 50 种事物也显示了表象思维的分类特征。"所谓分类，是指人们把事物、事件以及有关世界的事实划分成类和种，使之各有归属，并确定它们的包含关系或排斥关系的过程。"① 由于此阶段小晨尚未达到准确的

---

① [法]爱弥尔·涂尔干、马塞尔·莫斯：《原始分类》，汲喆译，上海人民出版社 2000 年版，第 4 页。

概念分类的阶段，故而他的表象分类种属关系混乱。虽然不同类别的事物也有所区分，但同一类事物不同的小类却无法在概念上分清而不能命名，故而便用序数"第二种""第三种""第四种"的形式表达。在这种分类形式下，"汽车"的分类为：汽车、第二种汽车、第三种汽车；"吊车"的分类为：吊车、第二种吊车；"大炮"的分类为：大炮、第二种大炮；"飞机"的分类为：飞机、第二种飞机、第三种飞机、第四种飞机；"火箭"的分类为：火箭、第二种火箭。有时不用这种序数的分类方式，而是用所属小类与大类的并列分类方式，如"船"的分类为：船、小船；"坦克"的分类为：坦克、水陆两用坦克；"秤"的分类为：秤、天平秤。再有一种分类方式是上述两种分类混杂使用，如"吊车"的分类为：吊车、第二种吊车、船带吊车。还有一些其他杂乱的分类方式：如将动态的行动与静态的事件同时并列在一起，"梯上坐人"和"梯子"的并列，"床上躺人"和"第二种床"的并列就是例证。小晨的这些分类的内在逻辑很不严格，分类也没有自洽性，分类层次并不统一，有的类分得很粗，有的类分得很细。

由于小晨接受文化知识的灌输总是被动的，因此，在此过程中，总是存在着个性与被强制之间的紧张关系。例如"志向"，这本应出自个体的自发诉求，但他的父亲却替代他立下了"长大了一定要当科学家和书法家"的志向并强迫小晨服从。到了小学一年级的时候，这位父亲又让小晨自己将这句话写到日记本上，希望将自己的外在强迫意志化为小晨的内在自觉要求，可谓用心良苦。小晨虽然不得不顺从，但他心里很不愉快。他既不知道什么是科学家和书法家，也不愿意接受每天练毛笔字的折磨。于是有一天他表达了自己的反抗，说"将来不当书法家了"，可话一出口，立刻被他父亲骂了回去，于是只好"又说还要当科学家和书法家"。这种文化束缚是严格的，有时稍作违反就会受到惩罚，如日记37记载小晨没有得到允许在家里吃了一个苹果，家长视这种行为是"偷"，乃至于威胁要将此事告诉老师。以至于他到了同学家里去，再也不敢吃别人家的苹果。有时他不得不采取一些消极对抗的策略来达到自己的目的，如日记48记载

"小晨经常不吃饱，等着吃零食。"

在社会向着幼童劈头盖脸地进行知识灌输和强制性的文化规训的过程中，柔弱的童心也不得不逐渐接受规章制度的要求以及一些社会文化观念。日记39记载老师让家长交学生放学到家的时间签字，他就跑着回来了，跑得满头大汗。日记36记载老师要求6点起床，他6点20分起床，却要让家长签成6点。日记42记载父亲出数学题考小晨，只因扣分较多，他就哭起来。日记35记载他父亲问他："从前好还是现在好?"他竟然回答出了"现在。将来还要比现在好"的答案，而且他还提供了例证："现在是铁桥"，"从前是木头桥，将来用机器人打仗"。单线进化论的思想分子散布在空气中，连一个儿童都能够呼吸到并接受其影响。日记51又记载，老师没有让小晨参加拔河比赛，他回来哭了，说所有人都参加了，就他没有参加。日记59记载父亲用计对儿子进行试探，故意说让他不要上学，而小晨表示要继续学习"文化"，因为没有文化，"只好讨饭"。日记32记载学校发了6片饼干，他全部带回来给大人吃，以及日记44记载"第一次要求吃小苹果"。这些例证，都表明小晨接受了社会价值观念的说明。

在接受知识教育的过程中，小晨有时会发现知识本身的悖论和谬误，此时，他总要根据自己的理解进行积极的抗争。日记43记载小晨考数学，在回答"一周上24节课，平均每天上几节课"这个问题时，他回答"6节课。"他父亲问他一周上几天课，他说7天，因为星期天老师总是补课，也得算上。① 他的抗争意识在于：每周明明星期天也要上课，为什么答案的预设前提是六天呢？日记33记载他对于政治考题的理解与标准答案不同。"个人不可以离开集体"，这是社会价值观，而他填的是"个人可以离开集体"，他的抗争意识在于：在实际生活中，个人在很多时候是离开集体单独活动的，比方说睡觉、吃饭等私人事务，放学走在路上或者一个人在河边玩耍的时候。这从现实出发的答案为什么不对呢？

---

① 此处，小晨可能将"24"错看成"42"，一周7天，每天6节课，共42节课。

第三节　生长的初始逻辑

我们所说的知识人生长的初始逻辑，指的是在儿童成长过程中知识范畴的最初发生与形成的逻辑。按照皮亚杰认识发生学的原理，这些范畴是在"活动"中分阶段形成的。"活动"是皮亚杰研究儿童认识发生的最基本的出发点，他认为认识起因于主客体之间的相互作用，这种作用发生在主体和客体之间的中途，主客体之间的中介物"从作为身体本身和外界事物之间的接触点开始。……一开始起中介作用的并不是知觉，有如唯理论者太轻率地向经验主义所作的让步那样，而是可塑性要大得多的活动本身"。① 从活动出发，皮亚杰将儿童早期认识的发生（即知识的发生）分为感知—运动水平阶段、前运演阶段、具体运演阶段和形式运演阶段。

感知—运动阶段（一岁至两岁）是儿童智力发展奠定基础的阶段。按照皮亚杰的看法，"这个时期符号机能还没有形成，表象也没有出现，……儿童的行为建立在知觉和运动协调的基础上"。② 感知—运动智力的格局还不是概念，因为它们还不能在思维中被运用，它们之起作用仅限于时间上的和实物上的应用。但是这一阶段已经为儿童各种知识范畴的概念的产生提供了主客体分离的基础。

皮亚杰认为从感知运动阶段到具体运演阶段（七岁至八岁）中间有一个过渡阶段，他将其称为"前运演阶段"。这一阶段正是知识人生长的初始逻辑被奠定的时期。"前运演阶段"又分为两个小的阶段，即"前运演阶段第一水平"（三岁至四岁）和"前运演阶段第二水平"（五岁至六岁）。本民族志中的小晨，他的第一部分日记的时间段符合皮亚杰所说的"前运演阶段的第一水平"；他的第二部分日记的时间段符合"前运演阶段第二水平"。而"具体运演阶段"已经

---

① ［瑞士］让·皮亚杰：《发生认识论原理》，王宪钿等译，商务印书馆1981年版，第22页。
② ［苏］奥布霍娃：《皮亚杰的概念：赞成与反对》，史民德译，商务印书馆1988年版，第53页。

是经历了前运演阶段以后才出现的。"七岁到八岁这个年龄一般地标志着概念性工具的发展的一个决定性的转折点；儿童迄今已对之感到满足的那些内化了或概念化了的活动，由于具有可逆性转换的资格而获得了运演的地位。"① "具体运演阶段"是儿童的知识范畴"已经形成"，而"前运演阶段"是儿童的知识范畴"正在形成"，本研究关注的是知识人"生长的初始逻辑"，即"正在形成"的问题。

小晨的"活动"，在"前运演阶段"有两种基本形式："劳动"与"游戏"。

"劳动"是最符合"身体和外界事物的接触"定义的"活动"。劳动是出自儿童天性的活动，这种活动成为儿童知识的第一来源，这是一种"天工开智"活动。正是在劳动中，一个孩童迈出了一个"知识人"的进程中具有决定性的一步。在劳动中人与自然物直接接触，形成了二者之间的最初关系同时也是最基本的关系。小晨的劳动在日记中被记载下来的包括乡村的农事劳动和城市里的家务劳动。乡村农事劳动有割草、打猪草、摘野果、拔野菜、割稻子、背草、抓螃蟹7个具体项目；家务劳动则有买土豆、搬凳子、擦窗户、洗衣服、盛饭、收衣服、擦桌子、擦柜子、收被子9个具体项目。我们将这16个项目划分为甲、乙两组不同的类型。

"甲组"类型劳动的共同特点是人的身体②直接接触自然界的事物。包括摘野果、拔野菜、抓螃蟹、背草、搬凳子、收衣服、收被子共7个项目。我们以"摘野果"为例来说明这种劳动的结构。摘野果这一类"采集"劳动是人与自然的最初始的关系，它只有两个最基本的劳动要素"人"与"自然物（劳动对象）"。在这种劳动中，人直接用手采摘自然物，人与自然构成了最亲密的关系。它是人类劳动的初始形式，所以第一部诗歌总集《诗经》中就有着无数描写"采集"劳动的优美诗句，成为《诗经》"比兴"手法所运用的最基本意

---

① ［瑞士］让·皮亚杰：《发生认识论原理》，王宪钿等译，商务印书馆1981年版，第38页。

② 在劳动中，手是最主要的，但也包括身体的其他部位如眼看、肩背、腰弯、脚走等动作的配合。

象。如"参差荇菜,左右采之"(《关雎》),"采采卷耳,不盈顷筐"(《卷耳》),"采采芣苢,薄言有之"(《芣苢》),"于以采蘩?于沼于沚"(《采蘩》),"陟彼南山,言采其蕨"(《草虫》),"于以采蘋?南涧之滨"(《采蘋》),等等。

"乙组"类型劳动的共同特点是人的身体使用工具接触自然物,包括割草(镰刀为工具)、打猪草(铲子为工具)、割稻子(镰刀为工具)、买土豆(盆子为工具)、擦窗户(抹布为工具)、洗衣服(洗衣盆为工具)、盛饭(碗为工具)、擦桌子(抹布为工具)、擦柜子(抹布为工具)共9个项目。我们以"割草"这种乡村三四岁的孩童经常从事的农事劳动为例来说明这种劳动的结构。在割草劳动中,虽然增加了人工制造物镰刀,但它只是人的手臂的延长物,人的身体的其他部分依然与自然物直接接触,人与自然同样形成一种亲密的关系。

在上述甲乙两组类型的劳动中,小晨获得了思维内容与思维方式两个方面的知识收获:"一方面是把主体的活动彼此联系在一起的协调,另一方面是与客体之间的相互作用有关的协调。第一类协调在于:把主体的某些活动或这些活动的格局联合起来或分解开来;对它们进行归类、排列顺序,使它们发生相互关系,如此等等。换言之,它们成为逻辑数学结构所依据的一般协调的最初形式。……第二类协调则从运动学或动力学的角度把客体在时空上组织起来,其方式跟使活动具有结构的方式相似;同时,这第二类的协调合在一起就形成下述那些因果性结构的一个起点。"①

关于思维内容的收获,它来源于儿童对客体之间关系的因果性认识。日记58记载"小晨从地里拔了几棵野菜回来,让奶奶炒炒吃",说明他已经获得了这种野菜可以食用的知识;"又不知从什么地方摘了一把野果子,红红的,问奶奶可以不可以吃",说明他对于这种野果还没有获得知识,需要向奶奶询问。日记26记载小晨"被一只不大的螃蟹夹了手,叫起来",说明他在这次劳动中得到了一种教训,

---

① [瑞士]让·皮亚杰:《发生认识论原理》,王宪钿等译,商务印书馆1981年版,第26—27页。

使他获得了螃蟹夹人的认识。这些劳动经验产生了小晨对于客观世界事物之间因果关系的最初步的知识。这种因果关系是由于主体"从运动学或动力学的角度把客体在时空上组织起来"所形成的，它包括两个方面：一方面是诸多客体之间因为主体的某种活动与类比而建立起来的；另一方面，"主体的身体"也是一种"客体"，它与其他与之相关的客体之间也构成了因果关系。这种因果关系就是认识的内容。

关于思维形式的收获，它来源于主体活动之间的关系协调。在小晨的劳动中，甲组劳动其基本结构是"人—自然物（劳动对象）"，这是只有两个要素的结构，两个要素之间的排列结构顺序是固定的。乙组劳动其基本结构是"人—工具—自然物（劳动对象）"，它包含了三个要素，三要素之间的排列结构顺序也是固定的。这两种劳动结构有着共同的特点。第一，结构的起点与终点之间具有直观性或直感性，孩童们总是要等到看见了野果再伸手去摘，看见了野草然后再下镰刀去割。第二，甲组劳动结构的起点与终点之间没有中介，具有直接性；乙组劳动结构起点虽然因通过人创造的工具到达终点而具有间接性，但只是一个中介的转换。故而这两组劳动都具有一种简单性。这种直观性和简单性形成了"直观的思维"[①]的形式。这种活动结构形成一种"图式"。"图式是指动作的结构或组织，这些动作在同样或类似的环境中由于重复而引起迁移或概括。"[②] 图式就是格局（即"动作的结构或组织"），它可以说是认识结构的起点和核心。通过儿童的各种活动，格局就成为各种协同活动，并能建立新的格局和调整原有格局，对外界刺激进行新的同化。格局的这种不断扩展，使得结构愈来愈复杂，最后达成思维逻辑结构。

"游戏"是儿童出自天性的另一种"天工开智"活动类型，它同样具有"身体和外界事物的接触"的特征，只不过在这里的"外界事物"是玩具而不是自然物。日记记载的小晨的游戏主要有"吹麦

[①] [英]玛·博登：《发生认识论创始人——皮亚杰》，胡刚译，湖南人民出版社1988年版，第62页。

[②] [瑞士]让·皮亚杰、英海尔德：《儿童心理学》，吴福元译，商务印书馆1980年版，第5页注释2。

哨""打竹蛇""将被子摆成船,将书排成队"以及用积木搭建各种物体等,这些游戏都是皮亚杰所说的"象征性游戏"。"象征性游戏"是皮亚杰所关注的儿童前运演阶段的一种重要活动,并将其称为"新型活动",因为它是一种"表象思维"。儿童在感知—运动阶段,动作的协调的分化只发生在现实的或实际的活动水平上,也就是说,还没有达到概念系统的反省活动的水平。"感知—运动智力的格局还不是概念,因为它们还不能在思维中被运用,它们之起作用仅限于实践上的和实物上的应用。……随着语言、象征性游戏、意象等等的出现,情况就显著地改变了:在某些情况下,在那些保证主客体之间存在着直接的相互依存关系的简单活动之上,增添了一种内化了的并且更为精确地概念化了的新型活动。……活动的内化就是概念化,也就是把活动的格局转变为名副其实的概念,哪怕是非常低级的概念也好(事实上我们只能称这种概念为'前概念')。"① 皮亚杰的理论将"象征性游戏"看作是"内化"了的"概念"或"前概念"化了的新型活动。游戏和劳动比较,二者区别在于"具体性事物"和"象征性事物":劳动中的每一种事物都是具体的,而游戏中的每一种器具都是象征性的,具有"表象"和"前概念"的性质。"这些前概念和前关系仍然停留在活动格局和概念之间的中途,因为它们还不能以足够的客观性来对待眼前的情境,与活动相对的表象的情况就是这样。跟活动的紧密的联系,跟活动所暗含的主客体之间部分地尚未分化的联结的联系,这也见于基本上还是心理形态的这个水平上的因果关系之中:儿童认为客体是活的东西。"② 的确,在小晨的游戏中,那些竹蛇、那些被排成队的书,都是"活的东西",但它们又是区别于真实的蛇的。这就是处于真实的事物与概念之间的表象和前概念的特征。

其后,"随着表象思维向前进展的程度,思维与其客体之间的时

---

① [瑞士]让·皮亚杰:《发生认识论原理》,王宪钿等译,商务印书馆1981年版,第27—29页。
② [瑞士]让·皮亚杰:《发生认识论原理》,王宪钿等译,商务印书馆1981年版,第33页。

空两方面的距离都相应地增加；换句话说，一系列各自发生在特定瞬间的实物活动可以用一些表象系统完满地表征出来。这些表象系统能以一个差不多是同时性的整体形式把现在、过去和将来的活动或事件，把空间距离远的和近的活动或事件都在头脑中显现出来"[1]。人脑为了获得知识，表象系统可以在头脑中将不同时间（过去、现在和将来）的活动和事件表征出来，将不同空间（远处和近处）的活动或事件显现出来。但是，当表象系统将时间与空间中的事件或事物表征出来的时候，它与现实中的事件与事物并不是一回事。这一点异常重要。奥布霍娃在论及这一点时说："按照皮亚杰的意见，为了产生新的较复杂的智力形式——表象性的思维，儿童应当有进行表象性的思维的需要。在感觉运动水平还没有这种需要，这种需要是在智慧演化的某个时候才出现的。当为了适应现实而必须把现实想象为符合实际的样子时，这个时刻就来到了。须知现实不是始终都是知觉到的那个样子。因此，要适当地反映它，就必须了解它，理解它。皮亚杰认为，为此就必须将关于现实的各种不同的观点协调起来。除非在心理内部，在表象中，否则观点就无法协调。"[2] 表象是在"心里内部"将关于现实的各种不同的观点协调起来，而其实"现实"并不是知觉到的那个样子，当然用表象也不可能完全反映现实。然而表象却偏偏要去做那些"反映现实""了解现实""理解现实"的事，于是，外部的真实的、现实的世界就转化为内部的心理世界、表象世界。表象活动这一新型活动与现实的活动不是一种活动，表象世界这一新型的世界与现实世界也不是同一种世界。两个世界是不同质的世界，两种活动是不同质的活动。只有在"新型活动""新型世界"之中，"延迟模仿、象征游戏、绘画、心理映象，最后是言语，这样一些心理活动的产生，表明思维有了新的可能性。这里列举的任何一种心理活动形式都使儿童有可能想象情景中此刻没有的条件或

---

[1]［瑞士］让·皮亚杰：《发生认识论原理》，王宪钿等译，商务印书馆1981年版，第30页。

[2]［苏］奥布霍娃：《皮亚杰的概念：赞成与反对》，史民德译，商务印书馆1988年版，第64页。

对象。……这些手段在形式上是各种各样的。其中有一些是符号，它与所标志的对象几乎没有任何共同之处。例如儿童自己发明的象征游戏就是这样"①。

小晨的"打竹蛇""吹麦哨""将被子摆成船，将书排成队"以及用积木搭建各种物体都是一种模仿。模仿是联结儿童内心与外在事物的基本方式。模仿的对象是现实的、真实的事物，而模仿的结果则转化为表象的、心理的。皮亚杰认为模仿产生表象并促使表象发挥机能作用。在模仿的场合下，表象与外部动作的联系是显而易见的。皮亚杰认为，离开模仿，所有其他的象征性活动形式不复存在。没有模仿动作，就不能有游戏的象征。不管玩具、物体代表什么，对它做的动作都应当与它所象征的对象相适应。游戏的象征是独特的象征性的言语，他是儿童自己创造的，可以随心所欲地根据自己的需要加以改变。象征性游戏是儿童能够重新体验过去的事件，使它与自己的需要和兴趣相适应、同化。由于这个水平的儿童还不能用言语描述自己的体验，因此就借助于象征性游戏表现这些体验。② 皮亚杰认为正是"象征性游戏"而不是"规则游戏"，才是儿童所特有的。小晨的游戏正是"象征性游戏"。

以上，我们从"劳动"和"游戏"这两种活动来观察分析小晨的"前运演阶段"的知识的形成逻辑。③ 以"劳动"与"游戏"为基本方式建立在孩童天性之上的"天工开智"乃是儿童获得知识的最初来源，它是"生长的初始逻辑"。这一逻辑最重要之点在于：孩童实践的"主动性"特征，这是皮亚杰在对"前运演水平"论述中强调的一个特别重要的问题。他认为儿童智力进展的"先决条件"

---

① ［苏］奥布霍娃：《皮亚杰的概念：赞成与反对》，史民德译，商务印书馆1988年版，第64页。

② ［苏］奥布霍娃：《皮亚杰的概念：赞成与反对》，史民德译，商务印书馆1988年版，第65页。

③ 经过"前运演阶段"之后到达七八岁时的"具体运演阶段"，儿童的知识范畴基本上形成了，皮亚杰所列出的儿童在具体运演阶段所到达的"序列""分类""数量""空间""时间"和"速度"等知识范畴基本上已经具备了亚里士多德《范畴篇》里面的几个主要范畴。参见［瑞士］让·皮亚杰、英海尔德《儿童心理学》，吴福元译，商务印书馆1980年版，第76—82页。

"必要条件"来自内部,而"社会生活""语言的获得"这些外部因素必须依附于内部条件。他论述道:"从感知运动性行为过渡到概念化的活动不仅仅是由于社会生活,也是由于前语言智力的全面发展,同时也是由于模仿活动内化为表象作用的形式。没有这些部分来自内部的先决条件,语言的获得、社会性的交往与相互作用,就都是不可能的了:因为不具备这个必要的条件。"[1]"在每一个阶段,皮亚杰都假定进化的原动力是靠儿童智力结构一系列平衡能力的重建。"[2] 皮亚杰的思想是从内部出发来看儿童知识的生成,内部是最基本的东西,外部的知识学习是以内部为基础和依据的,这一点非常重要。

与强调儿童主体性特征"天工开智"的知识获取方式的对立面是主张对孩童进行填鸭式的强迫性知识灌输。长期以来的教育思想似乎并没有注意到儿童的主体性,他们违背"天工开智"的原则而要进行"人工开智"。在对小晨的教育实践中,就存在着这两种获得知识的方式的对弈:"自然地主动习得"总是被"人工地强制灌输"所干扰与折磨。从小晨早早地被他的父亲逼着学写阿拉伯数字起,就开始了这种干扰与折磨,接着便是变本加厉的文字符号学习。文字被认为是"文明"的标志,"文化"的标志,每一个社会对于知识人是否具有"文化"的最显著的标志性辨别,就是看他是否掌握了更多的文字符号。不认识文字甚至被蔑称为"文盲"。这种观念可以溯源于文字产生的年代,其时基于社会等级关系文字建立起了超越语言的高等地位。因为只有贵族阶级才掌握文字,于是文字成为统治的工具。统治阶级甚至不惜借助于鬼神的力量来强化这种观念,一些中国的古代典籍将文字的发明创造看作为"惊天地,泣鬼神"的事件。这种"文字至上"的观念一直延续下来,至今没有改变。于是,文字及其所承载的知识皆被认为是最重要的知识,人们将掌握语言与掌握文字的技能区分开来,并且将这种区别夸张扩大为"文明"与"野蛮"

---

[1] [瑞士]让·皮亚杰:《发生认识论原理》,王宪钿等译,商务印书馆1981年版,第30页。

[2] [英]玛·博登:《发生认识论创始人——皮亚杰》,胡刚译,湖南人民出版社1988年版,第67页。

的鸿沟:"无文字的社会"被认为是"野蛮社会"。既然文字有着如此崇高的地位,那么一个孩童要成为"知识人",就必须学习文字,这是别无选择的唯一途径。无论是现代社会还是古代社会,儿童的启蒙教育以及随后的学校教育,都是以文字为基础的知识学习与训练,它成为一个从来不被反思的坚固理念。

我们现在对于孩童的教育,沿着古老的路径前进。由于幼小的孩童柔弱可塑,这给家庭与社会提供了一个极好的机会,于是抓紧对他们进行既"切"且"磋",又"琢"又"磨"的塑造工程。特别是在中国式家庭的幼儿教育理念中,家长们中的"高盼者"期盼自己的子女将来化"龙"成"凤","低求者"则希求他们的子女在节奏快速的现代社会的激烈而残酷的竞争中不吃亏,最好能取得优势。多少家长都希望自己的孩子将来成为神童,于是,人为强制性地向孩童灌输知识的教育不断地提前:从小学提前到幼儿园,从幼儿园提前到一至两岁,甚至还要从出生后提前到出生前的"胎教"。一个孩童两三岁即开始学计数、认文字、背诵古诗词,这在民间已经蔚然成风。然而,这种提前的教育不仅对于孩子没有好处,还可能带来相反的恶果,而这种恶果要在未来才看得到。英国学者博登论述道:"过早的教育可能比无用的教育更糟糕,因为它可能被一种谬误的'理解'掩盖了基本的非理解真相。"[①] 他认为教育方法必须考虑知识的结构特征以及智力的自我调节的发展。皮亚杰"相信儿童本身蕴藏着智慧能力的发展。过早的教育经常是沉重地依赖小孩的语言反应,这是一种错误的诱导。因为小孩对言语的变化要经过时间考验才有所理解。"[②] "给布娃娃穿衣服这种行动(帽子戴在木偶头上)和摆餐具(每个盘子里放一把刀子)这些实际行动作为训练儿童的智力发展来说比学习和拼写单词或背诵乘法运算表更为重要。"[③]

---

① [英]玛·博登:《发生认识论创始人——皮亚杰》,胡刚译,湖南人民出版社1988年版,第56页。
② [英]玛·博登:《发生认识论创始人——皮亚杰》,胡刚译,湖南人民出版社1988年版,第57页。
③ [英]玛·博登:《发生认识论创始人——皮亚杰》,胡刚译,湖南人民出版社1988年版,第58页。

现代社会中的家长们的教育理念基于一种"竞争"心理。"争"与"不争"是自古至今哲学家们争论不休的问题。"争"首先是"竞争"，进而是"斗争"，最后是"战争"。大部分人对于战争都深恶痛绝，但是他们并不去思考战争根源于何处。既然我们承认人区别于动物，那么我们就必须彻底抛弃"丛林法则"。不仅群体与群体之间、民族与民族之间、国家与国家之间应该抛弃这种动物界的法则，个体与个体之间也同样应该抛弃这个法则。如果说人类20世纪最惨痛的经历是两次世界大战，那么我们应该看到不同民族、不同国家之间的战争是多么可怕，它给人类带来的灾难是多么深重！同时应该看到和谐的社会、和谐的世界对于整个人类的长久生存、生活幸福又是何等重要！在这个背景之下，我们到底选择"斗争""战争"呢，还是选择"和谐""共存"呢？对于一个小家庭来说，我们总是愿意让自己的孩子率先取得优势，出人头地；那么，难道别家的孩子就应该处于劣势、低人一等吗？如果让这样一种心态成为整个人类所有家庭的普遍心态，它将是战争的心理温床。人类社会目前变成了这个样子，或许就是因为我们过去的价值观在某个时候、某个地方出了问题，然后往而不返；而当我们将所有社会的人都当作"人"来看待，并希望人类世界变得更好一些的时候，我们需要改变我们以前的价值观。在人类历史上，个人与个人之间的斗争已经带来无穷的悲剧，民族与民族、国家与国家之间的战争已经带来无穷的祸患；而现在，我们甚至不能排除如下一种可能：某个核大国的领导人，有一天情绪失控，便偷偷摸摸溜进了办公室，用他那经常翘起的大拇指怒气冲冲地按下了核按钮！这样的事件虽然暂时没有发生，但是当代世界类似于此的失去理性的行为在大国的政治关系中并不少见。因此，我们需要在对人类前途具有终极关怀的情怀之下考虑我们的教育问题，需要将人类作为一个"共同体"来考虑我们的教育问题。这是我们在研究知识人生长的初始逻辑的时候，通过"天工开智"的知识获取方式与人工强制灌输的知识获取方式的比较中所得到的启示。

第四节 "我对相对论产生了怀疑"：延伸阅读

小晨自己在初中阶段所记的日记共40则。我们将它作为"延伸阅读"的目的在于与下一章另一个中学生的相互比较中拓展本民族志的主题。

1989年（初一上学期）

60. 8月27日①

今天在家里复习功课，忽然，妈妈叫我下去，我想一定是入学通知书来了。下去一看，果然是的。当我看到学校的章子时，心中一块石头才落了地。可是要说真心话，我不喜欢上学，更怕上中学。有时望一望妈妈给我上中学买的书包和笔盒，越看越害怕，觉得毛骨悚然，鸡皮疙瘩也起来了。

1990年（初一下学期至初二上学期）

61. 5月2日

昨天是五一劳动节，晚上我们三个人一起打扑克。妈妈见我的技术比上回高多了，就问："你每天去学校那么早，是不是在那里打扑克？"我说："是的。"为此，爸爸今天批评我，我也认为打完牌就还想打，影响上课情绪。有一回晚上打了一会儿扑克，睡觉梦里还在喊："调主！调主！"因此我想一般就在节假日打扑克，其他时间用在学习上。

62. 5月4日

今天是五四青年节。本来应该放一天假，可学校安排上午歌咏比

---

① 初一上学期，小晨只记了一则日记。序号是承接着小晨童年日记编制的。

赛；下午本应该不上学，可是又多上了三节课。真不像话！这使我很不高兴！

63. 5月15日

中午，爸爸问我："如果做了一件错事，你是说出来受批评呢，还是不说出来可以得到表扬？"我说："不说出来受表扬。"爸爸就把我骂了一顿，并说做人要诚实。

64. 5月18日

今天语文课的评语是："读书时有人怪腔怪调"，我就问老师有没有我？老师说："自己心里明白"，放学后我只得留下。

65. 5月20日

我刚看了一张报纸，上面说关于宇宙飞船的负荷问题：飞行速度要快，不然就摆脱不了地球的引力。我忽然想起可以先在月球上建立一个空间站，然后用一枚运载火箭，将火箭的零部件运抵空间站，然后由那里的工作人员组装，组装好以后就可以发射了。人在月球上一跳就很高，半天才落下来，只要你跳的速度快就可以升空。从理论上讲，月球引力是地球引力的1/6。这就是说，飞船具有每秒1.3km的速度时就可以环绕月球飞行，每秒1.9km的速度就可以在太阳系内航行，每秒2.8km就可以进入太阳系以外的星系。

这样就可以节约许多燃料，修建工程虽然艰巨，但我相信我的这个梦想一定会实现的。

66. 6月4日

南极上空臭氧层的空洞越来越大了，为此，科学家们都很担心因此会给地球带来灾难。我想从地球上其他地方可以收集到许多臭氧，将它们装进容器内，然后安置在巨型卫星的货仓里，卫星发射后在南极上空将货仓开个口，货仓里的臭氧将全部漏光，就可以把洞"补"起来。（画有图形）

应停止使用弗里昂。

67. 6 月 5 日

晚上，爸爸叫我看了一个故事，一个波兰科学家冒着生命危险爬到火山中拍照和测量温度，并叫我向他学习。

68. 6 月 6 日

我看了《地理大观》中的月球城，感到很新鲜。里面说在那里人们出门穿上鸟服，就可以飞了。我很想飞，但在地球上并不行，月球上却可以。我将来要到月球城里，享受一下做鸟的滋味。（画有图形）

69. 6 月 9 日

今天打羽毛球的时候，爸爸不小心打破了一个花盆，叫我去跟管花的说，明天赔一个。我不想去，爸爸发脾气啦，我只好去。爸爸还问我，碰到这种事，是不是看没有人就溜了？

70. 6 月 14 日

飞碟是客观存在的，外星人也是客观存在的，地球人对此不能再有怀疑态度了。地球人类必须正确估计自己，不要夜郎自大，也不要妄自菲薄。当前，地球人的最大任务是进行一次技术革命，建立多维空间的宇宙观，推动材料科学、能源科学的飞跃。

71. 6 月 15 日

今天我又想到一个问题：如果 1999 年人类大劫难是真的话，那人类在灭亡以前也未曾可以看到外星人。我却想到了一个办法：制作一种小型"电波枪"，将卡片插进去，一扣扳机，卡片上的内容就变成电波发射出去。把这个东西发给专家、科学家，一旦看到 UFO，就立即向它发射。如果里面有外星人，他们看到卡片，说不定他们就会下来与地球人见面。或者向月球的背面"UFO 基地"发射。还有一种方法是，先发射一颗带有发射装置的卫星，发现有 UFO 就向它发

射。（画有图形）

72. 6 月 18 日

昨天，我预测今天有雨，但早上还是多云。下午放学时，天忽然转阴，我和爸爸去打球，不一会儿，下起雨来了。爸爸叫我回家，我不愿回，这是我第一次预测就对了，因此我要多享受一下……

今天我又预测明天也有雨，不知前景如何？

73. 7 月 9 日

晚上我跟爸爸下暗棋，开始我老是输。爸爸说，你输得像喜马拉雅山的石头一样多。我说吃块西瓜就能赢，但还是输；又吃了一块，哈哈，赢了好几盘。爸爸有些沉不住气了，他也吃西瓜，他赢了。我赶快拿出放在冰箱里的一块西瓜吃，又赢了好几盘；我不吃的时候，又输了一盘。西瓜就剩最后一块了，爸爸说闻一闻也能赢，可是他又输了。我又吃那块西瓜，又赢了。爸爸过来吃了一口我的西瓜，我又输了一盘。

西瓜吃完了，他站了起来，说这样也能赢，可他又输了。他就去洗脸，我的鞋带忽然松了，我说这会儿要输了。果然，最后以我的失败而告终。

74. 7 月 23 日

今天看了《物理五千年》一书，上边说，"地球磁场是怎么形成的"这个问题目前还没有人知道。

我想，既然电能产生磁，磁也能产生电，电能产生热，热也能产生电，电又能产生磁，那么，地球内部的高温和太阳射来的温度是否能产生磁场呢？

75. 9 月 5 日

今天下午劳动，先除草。后来我去把草倒掉，由于草上有土，衣服上有汗，所以弄得很脏，但老师说我"今天很积极"。

76. 9 月 7 日

今天下午一上学就看到后边黑板上"表扬栏"写着:"劳动男生表现很出色,尤其是小晨等同学,任劳任怨,精神可嘉。"我很高兴。

77. 9 月 18 日

今天爸爸问我在足球队踢什么,我说踢后卫。爸爸问我能不能踢到球,我说当然可以。以前我在前面踢,那天脚疼我站在守门员后面,他没有扑到,被我补一脚踢出去了。

78. 9 月 28 日

今天我们劳动拔草,弄得衣服都很脏,鞋子上都是泥,但我很高兴。

79. 12 月 9 日

今天我们劳动,很愉快。

80. 12 月 13 日

今天下午我看到三班劳动了。他们都在玩,而且挖土不运到河边,只是运到操场上。他们虽很舒服,但却没有体会到劳动的乐趣。

1991 年(初二下学期)

81. 1 月 4 日

今天我忽然想到一个问题:沙漠旅行的人都感到口渴,我口渴的时候总吃口香糖,吃口香糖的确不渴了。我想,如果沙漠旅行的人,都带上口香糖,就不会口干了。

82. 3 月 9 日

今天我想地球可能是宇宙中心,因为所有的星星都远离我们而去。如果地球不是宇宙中心，就会出现所有的星球离地球越来越近。

83. 3 月 16 日

今天我想了想，3 月 9 号的结论是不成立的，因为地球从中心扩展的速度比离中心的星球快。

84. 3 月 22 日

今天我看了《宇宙奇观》和《光学世界奇观》。我想，既然地球和月亮距离只有 38 万多公里，而且激光向月球发射一道光，几秒钟后便反射回来。如果有个好天气，拿着手电，对月球射出一道光，几秒钟后，光是否能回来呢？我准备做一做这个实验，尽管手电发出的光不太集中，但只要方向正，总会有一部分光射向月球并反射回来。

85. 4 月 5 日

一星期以前，爸爸给我买了四本书，到今天，只有《信息世界奇观》没有看完。虽然我有十几本书，然而对我来说却远远不够。马克思曾经说过"我喜欢做书的蛀虫"，我一定要博览群书，将来成为一名大科学家。

86. 4 月 30 日

今天发卷子，语文 70 分，数学 78 分，物理 81 分。回到家后，爸爸说我没有什么优点，却也骄傲，这比什么都不会还不如。而且复习的时候就拿着一本书，也不拿笔，一会儿看看这个，一会儿摸摸那个，不定心。自以为什么都懂了，可是里面的小内容却没弄懂，到了考试时，大方向虽然对了，却这一分那一分地扣，这样一半以上的分就丢了。

87. 6 月 2 日

今天我想起伽利略做过的"两个铁球同时落地"的实验。即在同一高度同时放下一个 10 磅重和 1 磅重的铁球，它们将同时落地。今天我却提出了一个怪想法：两个铁球高度相同，因为势能和高度与质量有关，质量越大时转变而成的动能就越大，速度也越大，所以质量大的物体先落地。

88. 7月2日

今天想到一个问题：坦克虽然跑得快，但履带却不结实，一旦被炸断，就只有被动挨打。我要设计出一种新型坦克，每个负重轮上都有独立的履带，即使一个轮上的履带被炸断，坦克仍能开动。

89. 7月3日

今天我看物理书上做滚摆的实验中有一句话说："假设没有阻力，滚摆每次上升的高度都相同"，言外之意就是，假设没有空气阻力，滚摆将永远运动下去，我想在真空中做不就行了吗？

我设计了一个实验，先找来滚摆密封罩抽气机，摆好滚摆使它旋转，然后拿密封罩罩住，用抽气机抽掉空气，由于在空气中的滚摆不会马上停止，所以抽光空气后，滚摆仍会不停地转动，试想它会永动吗？

90. 7月4日

今天发成绩单了。政治66分，语文77分，数学60分，外语62分，物理87分，生物92分，历史96分，地理91分，成绩很不理想。这回有三门六十几分的，非常危险，所以暑假也不能回到乡下爷爷奶奶家玩了。爸爸也不回老家了，陪着我在这里复习。我要好好复习这三门。另外，语文和物理也不能放松。

关于学习方法，要改变以往"一锅煮"的方法，实行"各个击破"，提高效率。

爸爸看了我的日记，说他赞许我的科学兴趣，但最重要的是各门功课成绩要好，最最重要的是考上重点高中，最最最重要的是将来考上重点大学。

91. 7月6日

今天我做作业时发现了一个悖论，题目是这样的：a＜b，a＜0，则 b 和 0 的关系怎样？若用（1）—（2）得 b＞0，用（2）—（1）则 b＜0，用（3）+（4）还会出现 0＜0 这样的怪式子。以前，我对悖论不太重视，今天尝到了悖论的苦头。

92. 7月9日

今天我设想出了这样一种电磁炮：炮弹的底部为 S 极，把它放入炮管，在炮管基部有一个电磁铁，它的 S 极对着炮弹的 S 极，但其电力需靠电池供应，所以不按电池上的开关时，炮弹即可上膛。当瞄准目标后，按下开关，电磁铁产生磁性，由于同极相斥，所以炮弹即可发射出去。

还可以根据射程的远近选用电流不同的电池。

93. 7月26日

如果什么时候中国申办奥运会成功，我将推荐一种方法：用航模飞机点燃火炬。飞机尾部拴一个易燃物体，用火点燃，然后飞到火炬上空，投下"炸弹"。

94. 7月28日

楼下的瓜藤爬到了我们家长出了丝瓜，而他们家的却没长。我对这个问题很感兴趣。今天我仔细观察了一番，终于找到了答案：前几天，我无意间把藤的尖尖弄掉了，所以茎就不能再长了，这些养料正好供给长果实，而其他的养料只能长茎、叶，却不能长果实。

95. 7月30日

今天，我看书上说离我们 110 亿光年的星系以光速退行，那儿的光不会到地球上来。相对论却说光的速度和物体运动速度无关，那儿的光一样可以到地球。

天文学家研究的宇宙是指离地球 110 亿光年的范围内，在此之外将无星系存在（相对论观点），那这个范围内运动的地球无形中却成了宇宙中心，这可以吗？如果这个范围的星系仍然红移，最终只能剩下太阳系，甚至一个地球。

如果相对论是对的，那整个宇宙的形状都随地球转动而改变，而且其红移速度又由地球"指挥"，这可能吗？

由此，我对相对论产生了怀疑，这个怀疑是极大的。尽管我仰慕爱因斯坦的大名，但他也不会没有错误。

96.8 月 5 日

我们现在可以观测的类星体距离为 200 多亿光年，而红移观点认为超过 110 亿光年处的星系退行速度为超光速，这可能吗？我们可以看到 200 多亿光年处的类星体，说明它的光是 200 多亿光年前发出的，而宇宙的年龄才 200 亿年，这可能吗？更不用说更远的了。

97.8 月 11 日

今天心中感到有些悲凉，后天补习班就要开学了，再也玩不成了，不免起了鸡皮疙瘩。

98.8 月 12 日

今天和爸爸用三副象棋下棋。三副棋兵源充足，可以源源不断地补充，即使失了一两个主帅，也不足为患。我的棋子转换快，所以赢得多些。可惜发明得太晚，以后下不成了，明天要上学了，真不情愿！

99.8 月 31 日

时间过得真快，明天就要正式上课了，我极不情愿地清理了一下明天上课的书。我设想着明天的情景：天黑压压的，刮着大风。我背着书包，瑟瑟缩缩地走着，一步一个脚印。

与他父亲的日记相比，小晨自己的日记风格为之一变。他对于自己不感兴趣的问题并不去记流水账，而对感兴趣的问题则记下了大量的日记。读小晨初中的日记，我们可以得到一种感觉：他良好的科学研究的潜质并没有得到父亲和社会的重视与培育，反而被强力压制着乃至于湮没。此时，对于小晨的教育的主要任务已经由家庭交给了学校，而学校的教育方式代表着社会文化的态度与方法。

小晨在此阶段相关科学思考的日记共有 22 则[1]，这些日记显示了他对一些科学问题浓烈的兴趣、独立的深思、丰富的想象力、对既有定则的反思勇气与质疑胆量以及自我否定的良好内在素质，这些说明他具有科学研究的潜质。

独立思考精神和丰富的想象力贯穿于他的日记之中。日记 65 记载小晨希望对于物体如何摆脱引力进入外太空飞行问题提出一个解决方案；日记 71 记载小晨寻找一种人类接触外星人的方法；日记 74 记载小晨思考"地球磁场是怎么形成的"问题；日记 70 记载小晨希望建立多维空间的宇宙观，推动材料科学和能源科学的发展；日记 68 记载他希望"享受一下做鸟的滋味"；日记 89 他设想在真空中做"永动滚摆"的实验；日记 92 他设想制作一种电磁炮，"可以根据射程的远近选用电流不同的电池"；日记 93 则设想用航模飞机去点燃奥运会火炬；如此等等。这些虽然尚属于幼稚的思考与想象，却形象地显示了一个科学工作者的雏形样式。

在小晨的独立自由的思考中，他不盲从既有理论，希望从自己亲身的科学实践中去进行判断。日记 87 记载他对伽利略两个质量不同的"铁球同时落地"实验的一种再思考的态度。他知道这个想法肯定是错误的，但还不知道错在什么地方，故而有所质疑。日记 95 甚至提出了对相对论的怀疑："我对相对论产生了怀疑，这个怀疑是极大的。尽管我仰慕爱因斯坦的大名，但他也不会没有错误。"这显示了小晨敢于探索、不惧权威的性格特征。不过，如果自己被证明是错误了，他就敢于自我否定。如日记 82 中说："今天我想地球可能是宇

---

[1] 包括日记 65、66、67、68、70、71、72、74、81、82、83、84、85、87、88、89、91、92、93、94、95、96。

宙中心，因为所有的星星都远离我们而去。如果地球不是宇宙中心，就会出现所有的星球离地球越来越近。"而在一个星期以后的日记83中，他意识到了自己的错误，说："今天我想了想，3月9号的结论是不成立的，因为地球从中心扩展的速度比离中心的星球快。"

小晨不仅关注那些科学理论中的大问题，对于现实的、具体的问题，他也以一种科学精神予以重视，并希望在实践中进行解决。日记66记载小晨对环境问题的忧虑，并设想了一个解决南极上空臭氧层空洞问题的方案。日记81记载他从自己吃口香糖有解渴的功能，就联想到可以用这种方式来解决沙漠旅行的人口渴这一实际问题。日记88记载小晨想到用"每个负重轮上都有独立的履带"来解决坦克的单个履带容易在战争中被炸断的问题。小晨还善于从日常现象的观察寻绎科学原理。日记94记载他从"楼下的瓜藤爬到了我们家长出了丝瓜"的现象中，领悟到"把藤的尖尖弄掉了，所以茎就不能再长了，这些养料正好供给长果实"的道理。

现在，我们提出如下一个问题：在小晨孩童时代，他的父亲要他立志当科学家，这也是符合社会期待的，但当时小晨是被动的、被逼的；而到了中学阶段，当他个人禀赋中的科学兴趣与潜质逐渐显现出来的时候，当科学爱好成为他的主动选择并且立下"我一定要博览群书，将来成为一名大科学家"的志向的时候，他的父亲到什么地方去了呢？哦，他在，就在旁边！但他却没有能力去继续支持他，因为在他的背后是一个巨大的社会，这个巨物高举起"学习成绩"的大棒，压抑、磨灭、扼杀了小晨的科学兴趣与热情。小晨被这个巨棍打昏了。日记86记载小晨的一次考试成绩是"语文70分，数学78分，物理81分"，回到家后，父亲说他"没有什么优点，却也骄傲，这比什么都不会还不如"。父亲因为恨铁不成钢而愤怒，孩子的科学兴趣也因此受到打击。日记90更是一次严重事件："今天发成绩单了。政治66分，语文77分，数学60分，外语62分，物理87分，生物92分，历史96分，地理91分，成绩很不理想。"更严厉的惩罚马上来到：暑假中小晨必须复习功课，不能回到奶奶家那种"赤脚跑呀，吃西瓜呀，吃冰棒呀"的惬意的生活中去了。当社会使用高压手段迫使小晨改变时，小晨屈服了，表示"三门六十几分的，非常危险"，要用暑假好好地复习。关于学习方法，小晨也同样向社会低了头，他要改变以往"一锅煮"的学习方法，实行"各个击破"的学习方法。"一锅煮"其实是一种整体性的思维方式和学习方式，小晨的很多科学兴趣和提出的问题，正是从这种思维方式出发的，而现在他就要被迫放弃了，改为大家都使用的方法去对付"成绩"这个怪物。这个怪物被学校的老师和家长奉为检验学生的最高律条，但却与他的科学兴趣并不关联。

显然，用考试成绩、升学这一类标准来要求小晨，这样的教育模式是失败的。这是小晨的悲哀，也是他父亲的悲哀，更是社会的悲哀。我们丝毫不怀疑小晨的父亲的确希望他的儿子将来当科学家，甚至也不怀疑社会希望培养出服务于自身的功能性的科学家，但一切都变了样。小晨的父亲在小晨还是幼童时就要替他立志"当科学家和书法家"，不断地帮助小晨购买科学书籍，还给小晨讲述科学家冒着生命危险的故事来激励他。可是当小晨的科学潜质已经显露出来的情况下，这位父亲所关心的则是小晨的世俗前途："最重要的是各门功课成绩要好，最最重要的是考上重点高中，最最最重要的是将来考上重点大学。"这里他的父亲连用了六个"最"字，可见他心中已经十分焦虑。而社会怎样呢？社会按照自己的要求功利性地培养人才，它高高在上，从来不以平等的姿态看待个体。它要求个体绝对服从自己的意志和权力，而从来不反思它自己的意志是否已被扭曲，自己的权力是否运用得当。它用自己制定的一套主观标准，无视个体禀赋特征的差异，千篇一律地要求个体服从。它就是这样，它有的是力量，是一个极端的强硬派，它以为自己一贯正确，它绝对不会悔改！它用一种统一模式框套个体，如果有不符合之处，它就要大动干戈，斩头截尾、削足适履。这是怎样的教育制度呢？恰好我修改这段文字的时候，是今年（2020年）7月8日高考结束日，打开电视，看到一则新闻：一位记者采访刚从考场出来的郑同学，问她考试完了准备做什么。这位郑同学说出了代表广大考生心声的非常经典的一段话："回家吃饭，睡觉，玩游戏，要把三年的电视剧全补完。一堆事情，很多事情。我要把书都卖了，快乐地生活一段时间。感谢老师、家长、同学们。疫情延迟了一个月，手机也被收了，电视剧也没看，游戏也没打，小说也没有看，天天在家学习。现在都可以做了，想玩了，我妈也不会管我了。"这一段话虽然很普通，但我们从这里却可以看到一种教育已经到了让一个学生通过一次考试就可以"把书都卖了"的地步，也就是将中学阶段的教育成果全部丢弃掉，这种考试制度已经让人不能好好吃饭、睡觉、玩游戏，不能看电视剧、不能看小说的地步，这是什么样的一种制度呢？这种制度是谁赋予它合理性的呢？

对于这种凝固的、死板的、自相矛盾的教育制度，小晨很不喜欢，所以他极不愿意上学。在孩童阶段由他父亲记载的日记里，我们看不到他的自我心迹的表述，而到了初中阶段，他自己的第一则日记就记载了他对上学的心理恐惧与痛苦："要说真心话，我不喜欢上学，更怕上中学。有时望一望妈妈给我上中学买的书包和笔盒，越看越害怕，觉得毛骨悚然，鸡皮疙瘩也起来了。"后来，他不断地记述自己不喜欢上学的心理与情绪：日记62记载学校多上了三节课，他有些愤怒地批评："真不像话！这使我很不高兴！"日记97记载了初二暑假开补习班他极不满意的情绪："今天心中感到有些悲凉，后天补习班就要开学了，再也玩不成了，不免起了鸡皮疙瘩。"日记98记载："明天要上学了，真不情愿！"日记99描述他设想开学第一天被逼着上学的凄凉情景："我设想着明天的情景：天黑压压的，刮着大风。我背着书包，瑟瑟缩缩地走着，一步一个脚印。"他对上学的厌恶与反感已经到了非常严重的程度了。

小晨不喜欢上学，他喜欢的是劳动和游戏，中小学阶段都是如此。日记75记载劳动课小晨积极。日记76记载小晨劳动课表现很出色、任劳任怨而得到表扬。日记78又记载劳动课"弄得衣服都很脏，鞋子上都是泥，但我很高兴。"日记79记载："今天我们劳动，很愉快。"日记80记载看到其他劳动不积极的同学在玩，他感叹他们"没有体会到劳动的乐趣"。对于游戏，小晨也是非常喜爱，乐此不疲。日记61记载睡梦里还在打扑克高喊"调主"。日记73记载的他与父亲下暗棋最有趣味：父子俩谁输了，谁就去吃西瓜，吃了西瓜就能赢棋。西瓜吃完了，就去洗脸，洗脸也能赢棋。那么，怎么才能输呢？"脚带松了"就要输棋，果然如此！这简直就是两个孩童所表演的喜剧，父亲与儿子都是非常出色的滑稽演员。只在这一次的游戏中，父与子显示出一种平等关系，此时的这位父亲，已经游离于社会文化之外了。

在对小晨初中时代的日记的延伸阅读中，我们看到了个人和社会之间的紧张关系，文化与禀赋之间的紧张关系。在这种紧张关系中，文化压抑着禀赋，社会统治着个体。那么，知识人在其后的生长过程中会怎样发展呢？从理论上说，有两种可能：第一种可能是社会文化继续压抑着个性，统治着个体，并进一步完成对个体的霸道的塑造。这种情况对于羸弱的个体禀赋是适合的，于此，社会培养出来了"诺诺之人"。第二种可能是个性禀赋中的那种在中小学时代被压抑的反抗性特征在大学阶段获得了突然的觉醒与暴发，于是他成为一个"谔谔之人"。

第三章 文化的规训

引言 一位中学生的学习生活日记

在1993年的时候,我校一位学生辅导员向我提供了多份相关大学生的研究材料,其中就包括本章"李文宝"的日记和下一章"张春醒"的日记。李文宝是1987级的本科生,他的日记共75则,包括两个部分:第一部分是高中阶段的学习生活,时间为1985年9月至1987年7月,除"题记"外,日记共37则;第二部分是大学一年级阶段的日记,时间是1987年下半年至1988年上半年,日记大多无具体日期,共38则,其中包括3首诗歌。承接着上一章对"生长的初始逻辑"的进路,本章分析知识人"生长的早期逻辑",时间是中学阶段,以李文宝的高中时期的日记作为基本材料。而他的大学阶段的日记则放入"延伸阅读"中,以便与下一章依据张春醒的日记对"生长的中期逻辑"分析时相互衔接与对照。

第一节 "只要一只脚踩下去,另一只脚就会跟着"[①]

题 记

在如飞逝去的日子里,在千家万户的世界里,我能做些什么?过

[①] 本节为李文宝高中二年级的日记,共有23则。本学年的时段为1985年9月至1986年7月。

去的日子如轻烟，被微风吹散了；如薄雾，被初阳蒸融了。我何曾留下像游丝一样的痕迹呢？

燕子去了，有再来的时候；杨柳枯了，有再青的时候；桃花谢了，有再开的时候；但是，聪明的你，告诉我：我们的日子为什么一去不复返呢？是谁偷去了我们的日子？又把它们藏在何处？

1985 年

1. 9 月 28 日

这几天心中格外舒服，也许是快过节了吧。

上完了晚自习，趁着兴趣正浓，我信步走上夜色弥漫的大街。迎面一丝清凉的夜风拂过颜面，分外惬意，美丽的夜空好像比白天阳光灿烂时高了一截。

月光皎洁，白日里很平常的景物，在夜晚却另有一番不平常的风貌。铁轨在月光下熠熠发光，像两条银链笔直地伸向远处灯火阑珊之中；电车的铿锵声听得特别清晰；微微泛着淡青色的光泽的柏油马路也比白日里宽敞多了。校门前那一座黑黢黢的水塔高耸在那儿，像个庞然大物般的卫士。

我在马路上走着，密集的车辆、喧闹的人群都各自找地方休息去了。偶尔一声清清的车铃声脆脆地飘过，那是上夜班的工人的飞车。除此之外就是我的皮鞋的"嗒嗒"声，几乎有损于这宁静的画面。道旁的树木都披上了一层淡淡的雾衣，树下的长凳上，偎依着一对对情侣在悄声细语。看到这些，我的心绪像长了翅膀飞出了心窝，趁着夜风游向远处。

一片树叶飘落在我脸上，打断我的遐思，又有几片发黄的叶子在眼前逝去。这些树叶为了母亲的生命力在明年长得更茂盛，随风飘落，零落成尘碾作泥，归在母亲根下。

刷，刷，叶子在落……

2. 11 月 7 日

一样的时间，我走上街头，漫步在夜色中，骤然感到天凉了。同样的微风,今夜的风,却送来阵阵寒意。严冬来了,带着驱除一切的寒冷,带着对我的挑战。"走进去吧!"我自己这么想,"拼搏的路正长。"

3. 11月9日

早自习时,我正在读课文,忽然有的同学惊讶地叫着:"下雪啦!"我不自禁地抬起头望向窗外,可不是么,漫天飞舞着毛茸茸的雪花,无数的白蝴蝶在空中飘飘悠悠,轻盈地落在窗前、墙头和马路上。或许她在找人,找热爱她的人,只可惜我不能去迎接这冬的使者,冬天的花神。

原来寂寞的道旁挺立的大树,那错综复杂的枝丫间,一会儿工夫就披上一件白玉衣,增添了这么多银装玉树,平凡的事物瞬间变得美妙异常。一阵微风吹过去,一大块一大块洁白的绒条从枝上掉下去,砸在地上,又被风吹散开来,混合到不断飞泻的浩大队伍中。看着这些,心儿好像已从教室里飞出去,头脑中现出鲁迅对雪的描写:"旋风忽来,有如包藏火焰的大雾,旋转而且升腾。"现在还没有那么迅猛,柔柔的。

这时,我涌出一个怪念头:要是我能在天上看这铺天的雪花落向地面,那多么妙啊!

哎呀,老师叫我了……

4. 12月4日

蒲松龄的座右铭:"有志者,事竟成,破釜沉舟,百二秦关终属楚。苦心人,天不负,卧薪尝胆,三千越甲可吞吴。"我何曾有什么座右铭呢?

5. 12月5日

上完自习,一路欢笑,飞回寝室,拿上牙刷到水房刷牙。唉,真糟糕,白日里细水长流的水龙头,现在竟无一丝水星,嘀咕着怏怏而归。

恰好上铺的周明有水，分我一点。望着这一点水和已挤出的牙膏，我不想下楼，也是懒得考虑一下后果，就在走廊里刷起来。

牙膏凉丝丝的进入口中，我的脑子清醒了一下，但还是没停手。看着牙膏水滴在地板上，忽然觉得很脏，虽然别人也曾这样过。我低着头，两眼四顾一下周围，走廊那边是几个女生，在来回走动读书，而这一边"一寝"的人，由于没有电灯，也挤在门口，望着我们两个当众出丑的人。我心里一缩，趁张老师不在，赶紧刷完，顺手将还有一点可怜的水泼在地上，躲进屋中，避开那一双双目光。

果然不出所料，刚坐下片刻，张老师那特有的腔调响起来："是谁啊？在走廊里倒水？走廊也没有下水道。"我伸了一下头，从门窗里看了一下，刚才我倒水的地方，不知什么人又在上面泼了一些水，——可能用这种方式来表示无言的抗议。我不由得低下了头，躺在床铺上，心里后悔极了。人们可能认为我渺小。老师走进来追问着，我假装没看见，同伴应付着老师。我忽然想起前几日哲学老师讲过的一句话："勿以善小而不为，勿以恶小而为之。"太对了。

脸上热乎乎的，然而我没有勇气承认错误，虽然老师就在眼前。

细细回味一下，做的太冒昧，难怪别人的眼光充满了鄙视，因为易地换处境我也会那样的。可我为什么会这样做呢？一反问，真觉得这个问题难以回答。平时太不注意了，随随便便都觉得没什么，这就像一条很长很缓的下坡路开了头。多亏这件小事，使我脑子又有时间思索这个老问题：人生之路，不进则退。

没有办法，去好好睡一觉再说。

6. 12月7日

中午冒着寒风吹打，到重庆路去了一趟。

一路上好冷哦，嗖嗖冷风直往脖子里灌，耳朵冻得发凉，抚摸起来好像比在热气腾腾屋子里时小了许多。好久不上街了，集市上没怎么太大变化，只是街头上，店门口，马路边多了许多烤地瓜的，被一大群大人孩子包围着。肚子里本没有吃什么，所以闻着那烤地瓜的香气也挺逗人的。

买了一本书，匆匆而归。

终日在教室里，哪晓得天已是这么寒冷。

7. 12 月 9 日

早晨一到校，发现我是第一个来的，门上还挂着一把锁。我放下饭盒，靠着暖气。

左右没人，我不由自主踱到正厅。看着镜子里的我，心里也有一丝得意。俗话说"人靠衣服马靠鞍"，爱美之心人皆有之。我何时注意起打扮了呢？无从想起。

离开镜子，在收发室墙上贴着的红榜前我站下了，看到上面明明地写着"高二英语竞赛成绩"。我本不想看，瞧没有人，还是飞快地从上到下看了一遍。我不想找我的名字，想看看其他选手成绩如何？上名次受表扬的只有两个，我们五班难道就只有落后了吗？他们比我扎实，却也和我一样没考好。

我从自己身上发现了一个弊病：没有吃苦精神。我明知道这一点，却有点束手无策。想起这些，隐隐有一种阴云笼上心头，不愿再看这面前的鲜红的大榜。又从镜前走过，有一种丧魂落魄之感。

8. 12 月 14 日

为了早点到家，我没等下自习就走了。结果紧赶慢赶还是没有赶上班车，只好垂头丧气往回走。得了，学校也别回啦，上书店去。

我进了书店，本打算买书签之类的东西，上了楼，好家伙，人挤得满满的。我一看无希望了，就又下来，顺便浏览一下挂历展销，我家也该换一个了。瞧来瞧去，无非什么世界名画、山水风光，最多的自然是女明星了，一张张笑脸吸引着人们。

空手而出。街上人流多了，学生放学了。

走得有点累了，进了一家商店的"电台服务部"，看看有没有要买的东西。我看到一盘音带，让售货员拿来放一放。激昂的乐声好听极了，心里犹豫着买还是不买。一个小伙子正在里屋聊天，认为这乐声打扰了他们，便走过来，闭了开关。售货员说："人家顾客要买"，随手又打开了。我感谢地笑了一下，这才注意起她。她个子不高，不算太漂亮，一头现代发型，穿一身红，一缕刘海甩在前额，眉毛很淡，脸上表情很柔和，给我的直觉是她与别的人不一样，不那么轻傲。

我踌躇了一下，决定买一盘，就说："同志，来一盘吧。"她慢慢地走过来，说："考虑好了吗？不买也没有事。"我点点头，她注视了我一下，又笑着说："我看你犹豫了这半天，是没想好吧？五块多钱呐，你哪天再和朋友来挑挑吧，要不后悔怎么办？"她这一说，我真又拿不定主意了。她好像看出了我的心思："没什么，不买没啥。我也正想听听。"我有些不好意思了，两手摆弄着手套，多亏眼镜，不然她会看见我脸红的。忽然我觉得她有点像姑姑家的大姐。她也真怪，人家售货员希望你买，她却提醒我不买，心肠比那些人好。

一看表，快到点了，我戴好手套转身向外走。在门口我又望了她一眼，她正用手理着那一头秀发，脸上还带着笑容看着我。我不会忘了那微笑的。

掀开门帘走出去了，风吹得我清醒了。幸亏没买，还有那么多的书没有买呢！我着实感激那素不相识的售货员。

站在那里等末班车。

到家时爸爸不在家，他帮着修暖气去了，妈妈在做菜，弟弟在听歌。摸一下暖气，冰凉。这工作本不是爸爸干的，但他还是去了，一直到十点多钟我已睡觉，他还没回来。

9. 12 月 15 日

六点多了，哥哥忙着组织联欢会，早就走了。我也躺不住了，说也怪，在学校时总希望回家能好好地睡一觉，可是到家又不想睡了。

外边的天还不太亮，路上人也不多，只几个人在跑步。看他们头上冒汗，我也想锻炼一下。

从外边回来进屋，一摸暖气有些烫手，从没有这么热过。一问，爸爸昨夜十一点多才回来，钻地沟钻得棉袄都湿透了。妈妈说爸爸多管闲事，我觉得有些该管，不但是从自己利益出发，为了整个楼栋的利益也该管。爸爸有时真叫人佩服，只是不喝酒就好了。

前几天，任家桥冻死一个年轻人。他喝醉了酒，半路上从车上摔将下来，就在冬夜长眠了，真不值得。

10. 12 月 18 日

英语老师病了，这几天的课全是别的老师代的，现在连代课老师也病了。

日日与老师在一起，好像并不觉得什么，可是一旦没了老师，心里就像倒了一座靠山。

老师你什么时候能好呢？

11. 12 月 20 日

新年就要到了，欢乐的气氛充满了我们教室。小小礼物互相赠送着，男女同学都喜气洋洋，这个一张明信片，那个一张日历卡。我也忙得不亦乐乎。

中午上街买礼品，邮局门口人群密密麻麻，比闹市还拥挤。我挤进去，左挑右选，五颜六色，目不暇接，真想一样一张，可惜钱数有限，手里紧攥着钱似乎出汗了。眼看人家拿走了一张又一张，真不甘心。

这么多张给谁呢？仔细一想，每个人都应该给。我搜肠刮肚写了一些词句，以便与每个人性格相符合，也真不容易。

我审视着收到的明信片，有冰灯，有鲜花，有可爱的小动物，还有辉煌的庙宇。同学的友谊，我眼前浮现着张张笑脸。啊，友谊多么甜蜜，沁人心脾，要是离开他们我会孤独的。

12. 12 月 23 日

一到夜里，走廊就成了夜读者的天下。有的依墙而立，有的端坐凳上，两大溜中间只留一点空隙，不留神就会碰了这个人的胳膊，踩了那个人的脚。楼梯也站满了人。

看见同学们都在看书，我也想加入他们之中，可是眼皮直打架只好罢了。渐渐的有股浓雾从脑海中浮起，眼皮像两块异性磁板在吸引，慢慢地挣脱精神的束缚合上了。不行！我尽力地睁开，可是像下坠的重物，怎么提醒自己也无济于事，我只得趴在床上。

本想只趴一会儿，谁知这一下去就再也不愿起来了。……不好！上次语文课也是这种情形，偏偏老师叫我起来翻译古文，当时朦胧中听到叫我的名字，马上站起来，糊里糊涂拿起书往下翻。

铃声！谢天谢地！困意一下就跑光了。

1986 年

13. 元旦

准备已久的联欢会终于开始了。董老师抱来一台卡西欧电子琴，真带劲儿，叫人看上去都不愿走开。琴声中打着鼓点，叫人兴奋。要是会跳舞就好了，起初他们学习，我认为没用，就没有学；现在他们跳的跳，唱的唱，联欢会气氛一下子上来了。

三百六十行，行行都有用。夏雨吹口琴，吹得很好听，《小草》虽短，却动人心。要是和他一起练口琴，现在我也学会吹了。现在我明白了，不管什么，喜欢不喜欢，只要遇上，就应尽可能学，机不可失，时不再来。

轮到我们买东西了。我、江涛和几个人提个大包，买了几十瓶罐头、酒、香肠和面包。

开饭了，真热闹，同学们八九个围在一起，开始了新年会餐。这时你不论走进哪一个教室，一定会被那欢乐的气氛感染。我夹了一块鱼，香喷喷的；倒了一杯酒，甜滋滋的。同学的碰杯声，叮叮当当在耳边响起。我们都一饮而尽，会心地一笑。汪春红她们也喝了，本已红润的脸上更羞红了。

一会儿就见了瓶底，又去买。大家又倒满了，又是一连串碰杯声。袁丽艳夹了一块鱼送过来，我一张口，咬偏了点，沾了一嘴，她们哈哈一笑。这可不是喝多了，欢乐的场景，谁能不醉呢！再说，酒不醉心自醉。林建又夹了一块肉，吃！每个人都尽情地吃。

我们一起唱《阿里巴巴》，真不愿意吃完。也许明年会更好，一年更比一年好。你看，每个人那红红的笑脸；你听，那畅心的笑声。

快到点啦，我忙着收拾桌布。就是这样，借的时候大家高兴，而收拾时无人理会。但我觉得能为集体出力，心里就不想那不愉快了。

14. 1 月 12 日

考完了，下午我就收拾回家。车是爸爸要来的，轿车顺便去取电影片子。

我上了车，司机小张回头一笑，对我说："好好学吧，你看你多有派头，轿车来接。"我脸一热，默不作声，心中又像压了块大石头，又沉重又难受，无心思看大街上来往的车辆，只是闭上眼睛静一下心绪。过了许久，发觉车已到回家的大道上。透过车窗望过去，公路两旁是无边的田野，覆盖着皑皑白雪。田野中有一棵两棵孤单的大树，光秃秃的枝干耸立寒风中。路上行人少了，几架单车在风中前进。从那面窗户望出去，灰白的天空中挂着一轮红红的太阳，圆圆的一个红球，只有脸盆那么大。快到家了，经过一个砖窑，爸爸说这里挖出煤来了。

15. 1 月 18 日

早上起来，就忙着收拾屋子，今天大哥同学可能来，我也忙乎着要上学。

吃完饭赶到了班车站。人在前后门排了两大溜，我从司机门上了车。

放学时正碰上陈文丽，她张着一张大嘴，一本正经地问我考得怎么样？她考得还可以，她文才好极了。她睁着那一双大大的眼睛，瞅着我一闪一闪的。我好不是滋味，望着她那鹅蛋般的脸庞，低下头含糊了一句。

班车很晚才来。我很冷，往座位上一坐就睡了一小觉。迷糊中听见刘静怡的声音，在耳旁谈论什么。她看来考得不错。我不想看她，睁开眼往窗外望了一下，又闭上眼睛。身边的一位女同志二十七八岁，一头蓬松的卷发，不是衣服的香水便是脸上的脂粉散发着一股香味。我只瞥了一下她，她很像小梅姐。她现在怎么样了呢？

一步、两步……我在雪地上走着，低着头思索着昨天、今天、明天，思索着人生。

这雪地本没有脚印，可是我一走过，身后不就留下了这些深浅不一的脚印吗？人生的道路是自己走出来的，我不能对将来未卜先知，所以迈出一步，下边一步也不知该怎么走下去。然而，只要一只脚踩下去，另一只脚就会跟着。我孤独地漫步在人生路上，没有人与我同行，也没有人催我奋发，我只能自己追索过去、思索未来。

16. 2月2日

感人的东西，留给人的记忆是长久的。一首歌，一本书，一个电影都会激发一个人的情感。打开电视机，演的还是《新星》，带着昨日的记忆，我耐心地从头至尾看了一遍。每一个形象都那么逼真，栩栩如生。我回味着每一句动人的话，每一幅画面，它们好像都使我思索起一些问题，也许我能从中找出什么来。

书签

上自习啦，我拿出代数参考书，准备预习一下明天的课程。翻着翻着，一股幽微的香味扑入鼻腔，又轻轻地扶摇而上，这香味与家里的月季开花时的香味不同。我心中欢喜：这书签还保留着香味哩。

可不是嘛，那小小的书签安安静静地躺在扉页中间，用手拿起来，凑近嗅了一下，香气更浓了，一丝丝沁人心脾，有说不出的舒服。这香气就像小时趴在母亲背上，闻到母亲脸上淡抹的香粉味，又好似同桌叶显红的光洁的手臂一样细滑，仿佛可以伸手摸到。然而，伸出手去，却空空如也。

瞅着这书签，它搁在这里许久了，现在看来还如同新的一样。但送我书签的人，已经走了，只留下这枚小书签。他当初为什么想到送我这件小礼物呢？或许他希望我像书签一样，虽然被搁在不同的书中，但都散发着香气；或者希望我们之间的友谊，在不同的地方，像这香气一样散发醉人的魅力。想起旧事，我的心像被一支鹅羽撩拨，有一种书写的欲望。

17. 3 月 14 日

这几天一直阴天，今天中午开始放晴了，到傍晚又阴了。吃饭回来，天空零星飘起了雨滴。

上自习时，外边"噼噼啪啪"下起大雨，是今年第一场春雨了。我无暇观察。

下自习了，雨停了，地面上积了一汪一汪的水洼。空气很新鲜，路面上光光的，在路灯照射下，白亮亮地伸向远处。雨又下了起来，我情愿让它浇一会儿。远处红绿灯还亮着，在雨中朦胧不清。

雨下大了，我站到画廊里，默默地雨声……

午餐

人人都有快乐的时刻：公园里的长凳，舞厅里的霓虹灯，电视屏幕前的笑声，运动场上的角逐，等等，都可以成为人们难忘的一刻。然而对于我们八小时之内待在学校、八小时之外又忙于作业的学生来说，什么时候才是最乐观的时刻呢？我寻觅着，也终于发现了它。

这就是午餐时。

第四节下课铃声响过，值日生就风风火火地抬回了饭盒。一声叮叮当当的磕碰和拥挤，桌椅移位，同学们一堆一堆地围坐在一起，就像参加大宴会似的，热闹也就开始了。欢笑声顿时席卷了整个教室，三五成群的人中，你一言我一语，新人旧事无所不谈。个个都是评论家，天南地北，海阔天空。

如果说上课时要受拘束，这时尽管开怀畅谈，因为这是我们的天地。这就是午餐的妙处：上课你不可以想的，不可以做的，此时任你想，任你做，便觉得是个自由的人。

18. 3 月 23 日

马克思主义，我上小学到现在，这个词不知念过多少遍，又不知写过多少遍，老师告诉我们它是行动的指南。大人学它，小孩学它，每个人都要学它。我也学过一点浅浅的内容，然而，终于没有好好想一想到底什么是马克思主义，它的贡献又何在。这个问题要拿出来问一问，我看至少有一大部分人不知道。

读了这期《中国青年》，刚弄明白一点。马克思主义的伟大就在于它解决了两个问题：一是科学社会主义的内涵，二是实现社会主义的道路。

面对马克思那深沉的眼睛，我们应低下头来。

差半克一袋

下课了，老师宣布今天干活包药。

一架架天平摆在桌上，我玩弄着砝码，练习称药。"这不简单。"当时我这么想。

开始包药了，我细心地称起来。左边放 50 克的砝码，右边放上纸袋。我用匙勺挖药，一下、两下、三下。哦，多了，左边一下子翘了起来。再减吧，一点、两点……唉，又少了。再加又多了。这时我才体会到看似简单，其实并不简单。差半克一袋，就是这半克弄得我手忙脚乱。你看人家一会儿就称出一堆，可我呢，越发心里着急，那天平似乎与我开玩笑，不是左高，就是右低，气死人了。只好让孙洁去干了。说也奇怪，也不知是女性的手灵巧，还是天平听她的话，她称得是那么准，纤手一抖，便平了。看得我心痒。不行，我还得称！这回，我尽量不管别的东西，专心称药，就像别人都不存在一样，一抖腕，嗨，平了！

我高兴极了，越称越准。

简单的东西，或许很难；而难的东西，不一定就那么难。

19. 4月6日

连续几天春阳暴暖，地上积雪大都融化了，有些地方泥泞难行。

大大损害了春城①的风景。

昨天听了动员报告，今天就开始清除没化开的积雪和薄冰。虽然是周日，同学们都拿着工具来了。

春风吹遍了春城的大街，却没有吹遍小巷。四月的阳光，却没能融化残冬的积雪。

风呼呼地刮着，刮着，从早到晚。刮没了太阳，刮来了阴云，刮丢了街上的行人。它又扬起地上的沙土，卷向小巷，扑上你的脸。

我喜欢的是拂面的轻风。昨日，我走过老杨树下，欣喜地发现树枝发芽了。

20. 5 月 16 日

早上正在上英语课时，老师来叫我，我便匆忙将书和本子塞进书桌，跟着老师走了。原本六个人一起去，可电视台却将我安排在最后的一组，今天只我一个人去。路上，老师一直宽慰我；我也想，答得对不对没关系，反正是一次锻炼。

见到其他学校的男女同学，热热闹闹，便不再紧张。到开拍时，我们都坐在摄影棚内，这下可见到怎样拍电视了。道具是那么简单，摄影棚也没有什么了不起，全靠灯光，将大布景上的彩纸贴的字映得闪闪发亮。布景下是六个座位，我们六个便坐在上面。不知怎么搞的，我的心一下又慌了，就像上次参加计算机竞赛那样，手心里沁出汗珠。我对自己念叨"稳住！稳住！不然，家里人在电视上看到我这副样子，多糟糕。"

轮到我啦！大钟上的秒针刚开始转动，主持人便开始问了，我几乎没加思考便脱口而出。最后一道英语题，一下听错一个单词，怔住了，没答上。下来时，我坐在座位上，心里那个后悔！问题太简单了，竟然想得那么复杂，叫同学们看了出丑。

看来平时不加强心理训练，很难应付一些场面。后来碰到父母同事们说，在电视上看到小宝了，我却不好意思回答他们的问题。

---

① 这里的"春城"指长春，下同。

生活中有许多事本不该如此，结果却偏偏就是如此。

21. 5月27日

金色的五月眨眼就过去了，我整日待在学校里，没有感受到五月的风采，没看到树木怎样一点点变绿，没看到田野里庄稼一点点长高。

今天忽而注意起一种刚开不久的花来。早上，中午，晚上，五月的风儿吹拂着它们飘飘而来，有的落在地上，滚成白絮絮的一小团绒毛；有的飞上头顶，沾在人们的黑发上，犹如一种白色的点缀。它们没有冬日雪花的晶莹，却以另外一种形式存在于广阔的大自然中。这些白绒花一旦落在适宜的地方，就会成长为一株株参天的白杨。

有时望着天上的星星，我想我走过的路是否正确呢？回答是一阵清凉的夜风吹过耳畔。

22. 6月10日

正午的太阳真热！穿着短袖衫，可还是不停地出汗。树叶懒洋洋的，动也不动。

大街上五颜六色的花裙早就出现了。我纳闷的是，我们班并没有穿的，就连汪春红她们几个赶时髦的先锋也没有穿，是她们不爱美吗？

我的想法错了。下午劳动，一位比《红衣少女》中的安然穿得更入时的倩影跃入眼帘，那是英语课代表郭明花。橘黄色的连衣裙，粉红色的腰带，鲜明耀眼。一下子她周围便拢了一堆女同胞，叽叽喳喳地评论这评论那。想穿裙子的大有人在，只是还处于踌躇观望阶段，她们都不敢争这个第一，大多数人都是"不为最先，耻于最后"的。

本来公园劳动应是好事，可一开始我就讨厌起来。这哪里是公园？水绿得叫人呕吐，整个一潭水死气沉沉，散发出腥味儿。按理说，水边的树应该苍翠欲滴，可这里的树萎靡不振，叶子颜色发黑，甚至有几颗早已光秃秃地死去了。

我爱的是田园中充满生机的绿，上次在地里摘黄瓜时，那诱人的绿才叫我醉呢!

放学时,我又与她碰个正着。我望着她那春光洋溢的脸,开玩笑地说:"你穿的这裙子像个小姑娘了。"她头一扬:"要是不长大才好呢!"蹦蹦跳跳地走了。

望着她橘黄色的慢慢消失的身影,我忽然想到:"小时候是美好的,没有现在这么多烦恼。可只有长大才有着许多追求。"

23. 7月1日

这几天考试,我没有见到她。是否又没有考?我不知道。学期结束了,老师宣读成绩,果然她没有参加。听别人说,她要降级了。

今天,刘锦民他们吃完饭,谈起徐菁的事。我没插话,从头至尾听了一遍。至此,一个完整的形象在脑海中连结起来,眼前渐渐浮现出一个美丽的少女的秀雅,头发随便地绾了一个结。

从她刚转学来时到现在,我真没几次认真地观察过她。她文艺上挺活跃,爱唱爱跳,不过说话声很小;与周莹她们参加文艺汇演,为我们班赢得一个第一名,那舞蹈的名字叫《校园的早晨》。

女同学认为她与程雅屏是两个怪人。程雅屏人漂亮,有那种吸引人的气质,但冷若冰霜,与大家很不合。徐菁,却神秘莫测。她也叫我读过她的几篇日记,少女的内心是复杂的、多变的。可没想到,她又那么大胆,向老师和校领导撒谎,骗取试题。老师亲自到医院,没有见到她母亲的影子。她还坚持说母亲病了,怕考不好,加重母亲病情。也难怪刘锦民他们讨厌她。她可以说是缺乏勇气和自制力而造成了畸形心理。

记得那一次湖南之游,挺美好的。小船慢慢前进,我与张伟操桨,她与刘月坐在那边。那姿势美极了:太阳帽,亮皮鞋,白衬衫,脖子上还扎着一条红飘带,看上去完全不像自暴自弃的人。那甜甜的歌声,笑声,至今还飘在耳畔;还有那嫣然一笑,已留在照片上。人啊,真不好琢磨。

就在她要再次自杀之前,那是自习课时,她走过来,停在我身边,问一道题。随后给了我一个纸条,上面写着:"性命?脸面?"

接着问我："这两者你要选择，选哪一个？"

我愣住了，丈二和尚摸不着头脑，心里揣测她的意图，来不及细想，就回答说："一般人应选性命在前，脸面在后；最好是二者都要。"

她没有说什么，走了。我提心吊胆，怕答得出了什么问题。第三天，她失踪了。我心里还不太相信，她真有去死的勇气。

考试前一天，她张口朝我借钱。我看到她有些苍白，带点哀伤，不好意思拒绝，便把兜里的钱全拿出来给她了。她感激地说："谢谢！"眼里有些湿润。

我不敢多看，她有些魂不守舍地走了。

这一走，直到考试完，放假，也没有见到她！

我庆幸自己是个胜利者，与她们比起来，我拥有许多……

社会对个体的规训最为严格的时期，是在青少年时期，特别是在中学阶段。在一种几乎封闭式的环境之下，文化浸染着孱弱的个体，千方百计地希望将个体塑造成社会文化模式的样子。李文宝的高中日记的主调显示了这一点。

首先是社会设置的物质壁垒，成为文化模式对个体进行规训的物理基础。中学的校园颇似构筑起来的工事，它是一块集训地，学生聚集于其中，与周围的其他事物割裂开来，甚至连大自然的风景也不易看到。李文宝在日记21中说："金色的五月眨眼就过去了，我整日待在学校里，没有感受到五月的风采，没看到树木怎样一点点变绿，没看到田野里庄稼一点点长高。"校园的壁垒是坚固的，而教室则是壁垒中的壁垒。日记3记述一次上早自习时，李文宝正在读课文，忽然有的同学惊讶地叫着："下雪啦！"他不自禁地抬起头望向窗外，看到"漫天飞舞着毛茸茸的雪花，无数的白蝴蝶在空中飘飘悠悠，轻盈地落在窗前、墙头和马路上"，想象着这些雪花正在"找热爱她的人"。但是，他无法从门口走出只有一墙之隔的教室，去"迎接这冬的使者，冬天的花神"，因为有早自习的纪律在约束着，使他只能想象"要是我能在天上看这铺天的雪花落向地面，那多么妙啊！"甚至仅仅是这一瞬间转移了注意力,规训的力量即刻而至:"哎呀,老师叫我了"。同样,日记17说教室将"今年第一场春雨"挡在外面,他因为上自习而"无暇观察"。在这种封闭的壁垒中的集体生活,并没有任何个人空间,因此,李文宝最多只能零星地接触到社会事物和自然事物:夜晚散步,只能欣赏一下月色,看一看铁轨、电车、水塔之类(日记1);出门购物,顺便看到"马路边多了许多烤地瓜的"(日记6);偶尔去一下书店,也只能是"匆匆而归"(日记6)。那么,离开教室的学习环境回到宿舍总该自由了吧?可是校规校纪无处不在,另一道看不见的壁垒同样森严。日记5记载李文宝违反了学生宿舍管理制度,在走廊里刷牙并将水泼在地上,宿舍管理人员张老师"那特有的腔调"立即响起来:"是谁啊?在走廊里倒水?"而且还"走进来追问着"。

在文化模式对个体的塑造中,老师与家长扮演了最重要的角色,他们对个体的影响力最为显著。李文宝对于老师与家长极度认同与尊敬。他在日记中记载了母亲为家庭事务操劳,任劳任怨;父亲是一个干部,也是一个关心集体的人,社区的暖气管坏了,他"多管闲事",积极地去帮助修好(日记9)。这些给予他具有美德的形象,无形中影响着他。学校的老师在他的心目中就是另一种"父母"。日记10记载老师病了,他感慨地说:"日日与老师在一起,好像并不觉得什么,可是一旦没了老师,心里就像倒了一座靠山。"老师是社会文化的训导者与代言者,以老师为靠山,就是将社会文化作为靠山。老师的话、课本上的话、家长的话他句句都听,并将其作为行动指南。

无论在校园里还是在家庭里,到处都是文化的塑造力量,那么在校园和家庭之间的路途中,这种力量总不会存在了吧?非也!当他在从校园走出来等班车回家时,偏偏碰到陈文丽问他考得怎么样。他因考得不太好,"低下头含糊了一句",而这个陈文丽却"考得还可以",而且"她文才好极了",他感到了压力。摆脱了陈文丽终于坐上了车,再不会有什么干扰了吧?亦非也!偏偏又"听见刘静怡的声音,在耳旁谈论什么。她看来考得不错。"(日记15)甚至他去电视台做节目，也担心没答上题"叫同学们看了出丑"，家里人、父母的同事们"看到我这副样子，多糟糕"（日记20）。总之，在学校和家庭之间、在老师和家长之间，依然处处弥漫着文化规训的氛围，并没有自由的空间。

那么，从空间转到时间又怎样呢？毕竟一天有24个小时。李文宝对此做过精确的计算，他终于找到了令人兴奋的自由时刻，就是"午餐"。日记17中说："对于我们八小时之内待在学校、八小时之外又忙于作业的学生来说，什么时候才是最乐观的时刻呢？我寻觅着，也终于发现了它。这就是午餐时。"他描述了午餐的自由："如果说上课时要受拘束，这时尽管开怀畅谈，因为这是我们的天地。这就是午餐的妙处：上课你不可以想的，不可以做的，此时任你想，任你做，便觉得是个自由的人。"

校园、教室、宿舍、老师、家长、同学等等方面，构成了文化模式规训的无间断、无缝隙的网络，散布在中学生的全部生活中，对个体进行着无时无刻的磁化与渗透、无处不在的浸染与训导，要将这些中学生熏陶与塑造成为符合文化规范的少年。李文宝就是这样被塞进铸模的，而他的生性又柔弱可塑，于是他就成为模式所要求的形状了。而在社会文化对个体进行铸塑的过程中，李文宝也非常乐意地、自觉自愿地接受。日记12记载了一次克服睡意加入到同学"夜读"的队伍，是他克服个体特征（包括个性特征与生理特征）自觉执行各种规章制度、加入各种集体活动的一个缩影与象征。日记21中"我走过的路是否正确呢"的发问以及日记22"只有长大才有着许多追求"的自我评价，也表明他愿意接受规训的心理诉求。于是，规训与愿意接受规训成为一个双向的过程，使李文宝与社会文化成为一种统一体乃至是同一体。他的个性与文化之间达到了一种良好的互动与平衡关系，这种互动与平衡表现为：接受了家庭和学校的教育，然后再努力向家庭和学校回报。日记1记载：当他上完夜自习，信步在惬意的夜风中和皎洁的月光下的时候，一片树叶飘落在脸上，使他触景生情说了如下的话："这些树叶为了母亲的生命力在明年长得更茂盛，随风飘落。零落成尘碾作泥，归在母亲根下。"树叶在母亲的哺育下长成，最后又回报母亲之恩。"母亲"是社会文化的隐喻，"树叶"是自我的隐喻。为了回报社会，李文宝具有一种奋进精神，他在日记中反复进行了宣示。日记 2 说："拼搏的路正长。"日记 4 抄录了蒲松龄的励志座右铭。日记 13 记载在元旦晚会上，他听到同学吹口琴很好，表示"不管什么，喜欢不喜欢，只要遇上，就应尽可能学，机不可失，时不再来。"在这种奋斗精神的自我激励下，他开始写作训练。日记 16 中写了《书签》一文，日记 17 中写了《午餐》一文，日记 18 中写了《差半克一袋》一文。在这些文章中，他注重主题的提炼，如他将《差半克一袋》的主题概括为："简单的东西，或许很难；而难的东西，不一定就那么难。"

正因为李文宝被封闭在一种文化模式之中，而且他所重视的是接受并适应这种文化模式，这也造成了他对外界的事物或事件的一种事不关己的异常冷漠态度，缺乏人性深度的关怀与个性特征的主动介入。日记 9 记载："前几天，任家桥冻死一个年轻人。他喝醉了酒，半路上从车上摔将下来，就在冬夜长眠了，真不值得。"对于一个生命的丧失，他连一点廉价的同情都没有，反而说了一句"真不值得"，他所表达的态度是：错在青年自身，因为他没有按照社会文化规范行事。最为惊心、最为沉重的事件是日记 23 所记的他的同学徐菁自杀事件。徐菁是一个"美丽的少女"，而且还有"甜甜的歌声"。但她最终却选择了自杀。徐菁自杀的逻辑大体是这样的：她成绩不太好，但又很要面子，于是就说母亲病了，怕考不好，会加重母亲病情，并希望老师能够照顾她的这个情况，将试题透露给她。后来，学校的老师亲自到医院调查，发现她母亲并没有生病住院，于是徐菁"向老师和校领导撒谎，骗取试题"就传开了。徐菁无法承受这样的舆论压力，她在"性命—脸面"的两难中选择了"脸面"而放弃了"性命"。一个豆蔻年华的青春少女就这样消失了！对于这样一个严重的事件，李文宝的评价是："她可以说是缺乏勇气和自制力而造成了畸形心理。""人啊，真不好琢磨。"他对这位自杀女同学的批评态度不仅是冷漠，而且显得冷酷与残忍。他是较早知道徐菁会出事的人，当徐菁面临着"性命"和"脸面"的抉择时，如果他在读到那个纸条时能够及时向有关方面报告,就会挽救一个同学,挽救一条生命。可是他没有这样做,只是淡淡地、毫无感情地说出"一般人应选性命在前,脸面在后;最好是二者都要"的话。后来又有一次机会:"考试前一天,她张口朝我借钱。我看到她有些苍白,带点哀伤,……眼里有些湿润。我不敢多看,她有些魂不守舍地走了。"这已经强烈预示着徐菁即将出事,而他似乎也预感到问题的严重性,但他仍然无动于衷,并未采取挽救措施。当然,我们并不是苛求一个中学生具有应变的"处事能力",而是观察他的"处事态度"。即使在徐菁自杀已经成为事实时,他既没有对老师与学校的做法进行质疑,也没有对徐菁的反抗与叛逆表示理解与支持,甚至没有对她失去生命表示深刻关怀与同情,当然更谈不上对自己没有有效地阻止事件的发生而忏悔与反省,反而想到的是:"我庆幸自己是个胜利者,与她们比起来,我拥有许多……"在这样一个特殊的时刻,他想到的是自己,"庆幸"自己是按照社会规范行事的"胜利者"!

第二节 "我们是在父母和老师的怀抱中长大的娃娃"[①]

1986 年

24. 9 月 4 日

热,真热。全身每一个毛孔都滴汗,翻来覆去睡不着。

捂住被子闷热,掀开被子又怕着凉。空气好像大雾的早晨里那样湿漉漉的,又掺杂些气味,吸入鼻中,鼻腔都要阻塞,嗓子又是干干的。窗子关得严严的,一点新鲜空气也没有。上铺的几个人还在聊天,七口八舌,都半夜了还不睡,吵得人心烦。我躺着,想起静谧的树林,盘绕林间的小河,沁人心脾的新鲜空气。这寝室太差了,二三十个人呼吸着牢房一样的空气。将来我要是有钱,一定要安上一台空调机。

---

① 本节为李文宝高中三年级的日记,共有 14 则。本学年的时段为 1986 年 9 月至 1987 年 7 月。

好像是夏雨打开窗户，外面空气"呼"地涌入了许多，我也就此昏昏睡去，什么好的坏的再也分不出来了。

25. 9 月 9 日

早自习时，我在座位上闻到一种异样的香味，特别浓。开始我以为是前桌的孙一丹挂在椅角上的食品袋透出的香味，可细一辨别，却又不是。或许是她用的化妆品？我自言自语："什么香味呢？"忽然觉得像以前吃过的酵母片的味道，便问同桌施娜。她笑了，头发向后一甩，脸上带着自豪："这是香草味！我家衣柜里放的香草，所以衣服上也有这种味。"女生想的就是细，以后我也要弄到香草。不过，这香草是什么模样，到哪里去买？我不知道，也没好意思再问她。

以后，也许会有更好的香味的。

26. 9 月 11 日

夏令时今天过去了，时间又恢复了原样，我能多睡一小时了，何况又是个星期天。

懒洋洋地听到广播里传出消息："中国女排在北京时间今天早上两点，在第三届世界杯与古巴队比赛中，以三比一战胜古巴队，取得了'五连冠'。"心中一喜，又觉得事该如此，理所当然。大概人总是这样的心绪：某个东西没有得到，只放不下心；一旦得到了，又自我感觉是必然的。

望着窗外，天早已亮了，索性穿衣起来，吸一吸新鲜朝气。水边杂草也割完了。野草总是盛了衰，衰了盛，野火烧不尽，春风吹又生。

27. 9 月 18 日

老师催着要作文，本来很凉爽的天，我却不能去玩了。坐在书桌前，想我的从前，开始觉得没有什么可以回忆的，可心一平静下来，渐渐地，以前的琐事便一一涌出来。

人是在不断回忆思索中成长的，那逝去的美好时光，无论是欢欣还是悲伤，大抵都给我鼓舞。一页一页翻过去，我也逐渐长大，现在觉得儿时可以说是最无忧的了。

从第一声啼哭到略微知事的四五岁之间，记忆是一片空白。什么时候起的名字，怎样蹒跚学步，自然是不记得的。只是以后听妈妈开玩笑说我的脑袋很大，身体几乎支撑不了，走起路来摇摇晃晃。我听了觉得怪滑稽的，脑袋大按理说记的东西应该多一点才是。

长大一点，记得爸爸就叫我们背诗。都是毛主席的诗词，至今仍记忆犹新："天高云淡，望断南飞雁"；"土豆烧熟了，再加牛肉"。现在仍然对诗有偏爱，与此有一定关系。父母开启了我智慧的大门。

那时爸爸插队在农村，家自然是在那里了，不过脑海似乎没有一点当地的风景。再以后，又搬回到城市；临走时，我曾记得在北墙根处种了一棵杏树，想必现在已经开花了吧。小孩子一向都是爱淘气，一次到伙伴家玩够了没回家，是爸爸找回去的，还挨了打。回家一看，屋子里堆了一堆大西瓜，爸爸切开了几个，红红的瓤起沙了。又从包里拿出小人书来给我看，《小英雄王小二》。我以后吃的西瓜都没有那一次甜。

到城里后，住的是砖房。邻居有一位哥哥，他有时爱玩弄棍棒。一回，他自制了一把木头宝剑，在那里比画，还叫我跟他学习。

爸爸上班常驮着我。路过小学校时，听到里面传出琅琅的读书声，我总要好奇还带点羡慕地瞧上几眼。七岁那年，我背上绿色的书包，随伙伴一起走进了小学校的大门，那琅琅的读书声中便融进了我的声音。

在家里听父母的话，在学校里老师就是父母。我是很听老师的话的，老师的教诲深印在我的心灵上。从一年级到五年级，黑板上方"好好学习，天天向上"一直伴我前进。在当时看来，只有好好学习，才是听老师和父母的话。再说对于我，学习又不算什么难事，每次考试总是名列前茅，那鲜红耀眼的奖状也被我捧到家里。现在父母对我很放心，也算是应了那句老话："从小看到老"。

二年级时，我入了队，这可是小时候最幸福的事了。当老师在我脖子上系上一条鲜红的红领巾时，心里美极了。一个戴着红领巾穿着白衬衫的我，走路时便是最光荣不过的了。庄严的誓词、嘹亮的队歌时时鞭策着我。我当了中队长，庄曦雨当的是大队长。记得那时她个子比我高，一起玩闹时，常让她占便宜。她很漂亮，毕业分手至今六七年了，现在她怎么样呢？

小学才毕业，家又搬到了长春。

天真无邪的生活，真叫人留恋。现在一股正义感涌在胸间，与这是分不开的。

恐怕整个小学生活中，挨过老师的批评一共才两次：一次是到后边中学玩水井，被老师说了几句，我就哭了；另一次却严厉极了。

那是五年级时，有一天上自习课，我无意中看到正落在窗台上一只好漂亮的鸟儿，不由自主地吹了声"口哨"。我至今也弄不清我本来不会吹口哨的，现在仍然不会，可班长告诉老师说我吹口哨，扰乱了课堂，结果几个捣蛋鬼趁机吹了起来。老师二话没说就叫我回家找家长去。我带着泪水往回走，又是后悔又是害怕。到妈妈的代销店，偏偏妈妈又没在，我又回到学校。教室里面老师正在教唱歌，我在门口徘徊着，却不敢进去。放学了，我靠在门边，眼巴巴地看着同学们走了，老师把我的书包也提走了。我双手捂着眼睛，哭啊哭，不知不觉来到田间的水渠上，躺在上面望天，第一次恨起了老师。

天黑了，我只好回家，也没吃饭，就睡下了。结果，第二天，妈妈领我上学，老师与母亲谈了许久，我默默无语。说的什么都忘了，只记得而且永远记得我最后抬头时，看到一双饱含深情的眼睛、陌生的白发、一脸慈祥的微笑，这一瞬，是一幅永恒的肖像。

从那以后，我干什么总是多考虑，因为长大了，更懂事了。

就在那一年，老师辅导我读了很多书，为我后来的征程奠定了基础。

少年时代，交织了我的欢乐，编成了我的梦幻，构成了我儿时的回忆。

回想到从前，我觉得我们这代人是多么幸福啊！我们是在父母和老师的怀抱中长大的娃娃。

28. 9月27日

外面黑了，屋里变暗，电还停了。同学大多一哄而散，各自回家了，我夹着书本来到何修家。

屋里静悄悄的，何修正在台灯下摆弄作业本，开了大灯，满屋生辉。

门轻轻地响了一下，何修母亲回来了。

"妈妈，同学的衣服放哪儿啦？"

"在床头那边，我洗完就放那了。"说着话走到我这，我正坐在床沿上，一张充满仁慈而又有些苍老的脸，可亲的目光示意我不动，就像妈妈那样。

写着字，没有抬头，一盘蒸熟的地瓜摆在眼前，眼镜片下的目光在说："吃吧。"

我不饿，但又怕违了伯母的一片心，拿起一个地瓜吃了，真香！

我一向不爱在别人家吃东西，但这次我吃下了一片温柔的爱。我只感到身虽在外，却又处处在家。

29. 10月5日

别人向我借作文，我总欣然应允；可我向别人借，并不每次顺利。

今天下午发作文时，史静文挑了那篇程雅屏的作文，坐在桌前仔细阅读。我也有意要看一看，就凑过来。这时程雅屏姗姗而来，看了一眼，就一把捂住作文，极不满地说："真大方啊！"语气十分刺耳，说完头也不回地走了。

史静文脸唰地变红，紧接着回了一句："说啥呢？看一看有啥！"我心中一惊，平时就风闻她很怪，果真如此。女生和女生之间也有这么大隔阂！

我读了李娜和曹杰的传记，看到几乎人人都有令人陶醉的经历。李娜那颗复杂而又单纯的内心世界深深吸引了我，人只有用真情才能写出好文章。

30. 10 月 20 日

学生最怕的是考试，而最盼望的也是考试，考过以后，就放松了。高三了，这种心理就更强了：一方面怕考不好；一方面，又觉得养兵千日，用兵一时，考试可以检查一下我们这群兵的底细。四天终于过去了，虽不至于焦头烂额，也弄个手忙脚乱。有人说："考一次试，视力下降 0.2。"虽说夸大了些，也确实有点这样，男生女生脸都白了一些。

考试完了，分数又成了一个负担。考好了的，急着知道到底多少分，考坏了的害怕知道分数。

一发卷子，就乱成一团：你多少、他多少，问个不休。有的沾沾自喜，有的不住唠叨："这老师怎么这么批了？""这道题就给我这么点？""哎！少加了两分。"真热闹。我想，这分数有什么意义，弄懂了就足够了，考试又不是考分。

31. 10 月 25 日

周六，爸爸、妈妈、哥哥都上亲戚家了，只留下我和弟弟，自然我当家了。

夜里看电视晚了，早晨八点方才醒来，头一次当家就起这么晚，好在是周日。

第一件事是做饭，炒菜。洋葱不知怎么搞的，特别辣，刺激得我要淌出眼泪，用手揉揉，更加了不得。总算炒完了，一尝，盐放得太多了。

当家有欢乐也有麻烦。周一要上学，周日晚早早就睡了。好梦不常来，迷迷糊糊地两点半就醒了，吃力地张开眼睛看看表，心里懊丧极了。可不敢睡去，怕到上学时间醒不来；闭着眼，翻来覆去，一会儿看看表：三点，三点半，四点，四点半。我第一次尝到了当家要早起的苦头，这时才体会出妈妈的艰辛。妈妈也不和我一样吗？一早醒来，不敢多睡一刻，起来为我们做饭、烧菜，怕我们上学迟到，还尽量放轻动作。我却从来都认为是理所当然的。谁知盘中餐，粒粒皆辛苦呢？

　　我想着、想着，眼角盈满了泪水，仿佛看到厨房中橘黄色的小灯亮了。我赶紧起来，因为妈妈不在家，我要代替妈妈的职责。

　　忙着吃完饭，叮嘱了弟弟几句，我背起书包走出门。天还黑乎乎的，风吹在脸上好冷。路上与我同样赶班车的人，从各个地方走出来，没有话语，只听到脆脆的脚步声。

　　我坐在后面的大座上。人越来越多，有陌生的，有熟悉的。我凝视窗外，黑色渐渐褪去，蓝色的天际慢慢吐出鱼肚白。

　　车开了，觉得浑身发冷。倒霉，这边车窗缺块玻璃，风呼呼地从那里涌入，寒风将身上的暖气挤走了。

　　天又亮了，树木、房屋渐渐露出身躯。早班车在静静的公路上奔跑着，车里没人说话。我偶尔扫视众人，有的依在座位上休息，有的手扶车座，站着睡觉。人们都显得那么乏。静怡站在不远处，一身朴素的着装，闭着眼，脸色在清凉的拂晓中显得苍白，几根长发在脸颊旁来回飘动，长睫毛安静地垂着。望着那由于疲乏苍白的脸，那闭目安静休息的神情，我仿佛看见我自己。我们都是奋斗者，不是吗？虽说前途还是朦胧的，或许还没真正理解前途，但我们终归是向着它奋斗着，这就值得欣慰。我笑了。

　　朝霞不知何时显现出来，阳光下我们的脸是红红的。

32. 11月10日

　　他慢慢地倒下了，静静地趴在那里，带着一颗憨厚无邪的心，去养他的兔子了，去到他时时想要得到的一小块土地上去了。一声枪响——，带走了主人公的生命，也带走了读者的心。

　　我的心收缩起来，眼眶里湿润了。因史静文和陈飞越在旁边，我硬把泪水留在眼中。我不敢再看了，合上书本走了出去。男儿有泪不轻弹，可我总是轻易地掉泪。一本小说，没有惊天动地的战争，没有离奇惊险的探案，更没有缠绵的儿女情长，然而却感动我，忍不住的泪水挂满腮边。我读了好多书，从没有今天的感情强烈。朴素的语言完全吸引了我，不愧为伟大的作品！

《鼠与人》，［美］约翰·斯坦贝克著，获1962年诺贝尔文学奖。

33. 11月11日

"小宝，看看爸爸肩膀破没破？"

我应允着，低头审视爸爸的肩膀。我心里一颤，两条又粗又长的红印，一边一个，那样鲜明，似要渗出血来，瘀血像紫茄子皮那种颜色。我心疼地为爸爸揉了几下，爸爸肩头一抖，我心里也是一动。

爸爸今天一天就架完了一趟线路，这肩头是扛电缆压磨的。别的干部向来是不干活的，而爸爸干什么都是流汗最多的。我仿佛看到一个身影，肩上扛着一卷电缆，虽然很沉重，但这个身影却不曾弯腰，一步一步坚定地走着。这就是爸爸呀！他肩上扛的是什么？仅仅是电缆吗？不，不是！他那有力的肩膀上扛着我、哥哥、弟弟，扛着一个一个只会花钱的人。我在爸爸的肩上学习、读书……

望着红红的肩膀，我发下了一个誓言……

34. 11月20日

刚吃两口饭，看到老师不知何时站在旁边；一瞬间，我看到他脸上的苍老、疲倦的神色。他比爸爸小许多，但脸上皱纹并不少。

他是烛，燃烧伴着流泪。有的烛还没有燃到半支，就凝固了，因为我们的时代是风季。

1987年

35. 3月15日

不知不觉已至三月中，北国春城的冬意，却迟迟不肯归去。好几天都是阴沉沉的，时而零星地飘下雪花，到中午又化成流动的水。昨晚似乎下了一整夜的雪，早上一起来，便望见窗外银色的世界，灰蒙蒙的天穹下笼着一个白花花的世界。地面上、屋顶上盖着一层厚厚的积雪，路边的大树枝丫是一根根白条。出外走走，空气格外新鲜，不像严冬那样寒冷。雪很稠，踩上去"喳，喳"地响。

就在上课时，灰蒙蒙的天空又下起雪。没有风，如粉如沙的雪，几乎是直上直下，自由自在落下来，不迅猛，倒有些温柔。

走在满天弥漫的雪雾中，倒也有另一番情趣，好似雪中带着春的气息。小雨常使人陶醉，然而，这小小的雪花也引起我无限思绪。

36. 4月20日

我发现衣服的颜色与给人的印象是很密切的，适当地选择衣服会使人觉得更优雅。

李萍脱掉那件浅紫色的衣服，穿上了一件黛靛的运动服，我早上一进教室就觉得她人一下子变得淡雅文静了，也许这种颜色的衣服使人端庄。日常穿着也有许多学问。

一方白纱巾，孤立地看起来似乎没有什么美妙之处；然而一旦与优美的身姿构成一个和谐的整体，它就不只是一款普通的纱巾，而是变成富有生命力的东西。她一身青黛的衣服，一方白纱巾，一头乌黑的秀发，加上清脆的笑声，整个身姿向外吐露活力，带来美的信息。

美的东西常有，但有时不觉得它美，这与心情有很大关系。心情好时，就觉得春光明媚。

37. 无日期

高考日期到了，几年的苦功该到施展的时候了。大多数同学心里发慌，我倒出奇地平静。

连续三天，爸爸陪着我去考试。有的同学父母全来了，出考场时，门外黑压压的全是家长，比考生还要多。静怡的父母都来了，她这两天恰好又发烧，见面时，我没说什么，只是信任地望了她一眼，她点了点头。我相信她一定会考上的。她们几乎都比我用功，流的汗水也多许多。

本节李文宝的日记，又可以使我们转换一个视角，观察文化对个体规训的历时性过程。

李文宝在高三阶段有一篇长达1600多字的自传性日记（日记

27），是他对自己从童年到少年时代如何接受社会文化规训的描述，同时也是他对中学时代个体与社会关系的自我论证，历时的建构与共时的结构二者具有同构关系。李文宝说他所记忆的最初的学前家庭教育就是"背诗"，这种家庭的文化训练使他"现在仍然对诗有偏爱"，并且仍然记得当时背诵的一些诗句，他将此总结为：是"父母开启了我智慧的大门"。这是一种"人工开智"，与上一章小晨以"劳动"与"游戏"为特征的"天工开智"有着显著的不同。"劳动"在李文宝的全部日记里仅有两次记载，一次是上学年的日记22所记载的学校的劳动课，但那次劳动"散发出腥味儿"的绿水沟没有给他带来愉快，而在劳动过程中他又被英语课代表郭明花的"橘黄色的连衣裙，粉红色的腰带"所吸引。另一次是本学年的日记31记载的家务劳动。那是一个周六，他的父母亲和哥哥都不在家，他需要"做饭，炒菜"。可他连洋葱"特别辣"原先都不知道，而且盐也放多了。可见，他的父母为了他的学习，从来就不让他参与任何劳动。这与小晨热爱劳动形成鲜明对照。而对于"游戏"，同样受到了社会文化的限制。他的日记中只有两次"准游戏"的记载（日记27），但都挨了批评。一次是"到后边中学玩水井，被老师说了几句，我就哭了"；另一次是"到伙伴家玩够了没回家，是爸爸找回去的，还挨了打"。不过，这一次他很快就高兴起来了："回家一看，屋子里堆了一堆大西瓜，爸爸切开了几个，红红的瓤起沙了。又从包里拿出小人书来给我看，《小英雄王小二》。我以后吃的西瓜都没有那一次甜。"英雄王小二是精神熏陶，西瓜是物质刺激，他的父亲用"精神加物质"的诱导将李文宝的兴趣从游戏上引开，回归到正规的学习上来。这同样与小晨形成了鲜明的对照：小晨的父亲给小晨买了许多玩具，并陪他打扑克、下棋，在这些游戏中显示出父子之间的平等态度。在李文宝的童年与少年生活中没有劳动、没有游戏，他被家庭与学校的各种社会文化规范包围着，并且被不断地搓揉着，从这边搓过来，又从那边揉过去。

与小晨厌恶乃至恐惧上学甚至连看到书包都起鸡皮疙瘩形成鲜明对照的是，李文宝在童蒙时代被他爸爸驮在背上时，就羡慕小学校里孩子的"琅琅的读书声",而到他自己七岁上学时,很快就融入学校文化氛围之中。"我背上绿色的书包,随伙伴一起走进了小学校的大门,那琅琅的读书声中便融进了我的声音。"他的上学是愉悦的。由于接受了"学校里老师就是父母"的观念,他"在家里听父母的话",在学校里"是很听老师的话的,老师的教诲深印在我的心灵上"。他将"好好学习,天天向上"看作"是听老师和父母的话"的具体表现;因此,他"每次考试总是名列前茅,那鲜红耀眼的奖状也被我捧到家里"。因为能够愉快地融入学校生活,使李文宝在学校里进步很快,二年级时又入了队。他说:"这可是小时候最幸福的事了。"少先队,是小学教育制度中的一个规训组织,他以加入这种组织为荣。"当老师在我脖子上系上一条鲜红的红领巾时,心里美极了。一个戴着红领巾穿着白衬衫的我,走路时便是最光荣不过的了。""庄严的誓词、嘹亮的队歌时时鞭策着我。"他与社会文化规范已经结合得很好了。

当然,文化模式对个体的塑造总是在曲折中前行。有一次他受到批评了,而且批评"严厉极了"。"那是五年级时,有一天上自习课,我无意中看到正落在窗台上一只好漂亮的鸟儿,不由自主地吹了声'口哨'。……老师说我吹口哨,扰乱了课堂。……二话没说就叫我回家找家长去。我带着泪水往回走,又是后悔又是害怕。……第一次恨起了老师。"这是一次少年的天性与课堂纪律的冲突,但也是唯一的一次。而仔细看来,这次事件的性质并不是他有意的反抗规则,而是他无意的违反了规则。他受到批评而恨起了老师这种情绪性的反应,反而说明他认同文化规训并且害怕被排斥到文化模式之外。故而,当老师重新接受他的时候,他心怀感激,更加遵循学校的规章制度:"从那以后,我干什么总是多考虑,因为长大了,更懂事了。""就在那一年,老师辅导我读了很多书,为我后来的征程奠定了基础。"可见,这一次批评后的回归,他对文化的认同进一步跃升到更高的层次,并在其中获得一种幸福感:"回想到从前,我觉得我们这代人是多么幸福啊!我们是在父母和老师的怀抱中长大的娃娃。"这是他对自我生长逻辑的总结与归纳,也是他对自我与文化模式之间关系的一种理解与解释。

在许多日记中,李文宝总是反复强调他对于父母与老师的情感认同。日记 31 写到母亲的劳作的艰辛，进而反省自我。日记 33 中对他父亲有一段浓墨重彩的描写：当他看到父亲肩上两道被电缆压磨的红印时，他饱含感情地写道："这就是爸爸呀！他肩上扛的是什么？仅仅是电缆吗？不，不是！他那有力的肩膀上扛着我、哥哥、弟弟，扛着一个个只会花钱的人。我在爸爸的肩上学习、读书……望着红红的肩膀，我发下了一个誓言……"他的誓言当然就是好好学习，考上大学，报答父母。对于学校的老师，他在高二阶段，就将老师看作是"靠山"，而在本学期的日记 34 中，他又将老师看作是"蜡烛"，为学生们默默付出。当看到老师"脸上的苍老、疲倦的神色"，他感慨地写道："他是烛，燃烧伴着流泪。有的烛还没有燃到半支，就凝固了"。李文宝还将一些社会长者与父母等同。日记 28 记载他到同学何修家里去，何修的母亲"就像妈妈那样"，给他洗干净了衣服，又端上"一盘蒸熟的地瓜"。他体验到一种"温柔的爱"。

那么，在李文宝的成长阶段所接受的文化模式，难道就没有任何事物对其进行冲击吗？例如在中学阶段由于阅读量增大他可以接触到更多的新的文化思想，他是否会受到影响呢？在李文宝的全部日记中，涉及课外书籍只有两次：一次是上文提及的父亲给他买的小人书《小英雄王小二》，另一次是日记 32 所记载的他在高中阶段阅读的美国作家约翰·斯坦贝克的一部中篇小说《鼠与人》。无论是被动接受的那一本，还是主动选择的这一本，都成为社会文化对他的进一步塑造而非削弱。《鼠与人》讲述的是 20 世纪 30 年代美国经济大萧条时期，两个一贫如洗却又相依为命的流动农业工人乔治和莱尼从怀揣梦想到追逐梦想再到梦想破灭的悲惨故事。故事主人公莱尼因力大无比闯了不少祸，农场主儿子扬言要对莱尼处以残酷的私刑，他的朋友乔治为使莱尼免遭私刑的折磨，开枪打死了莱尼。李文宝在读后感中说："他慢慢地倒下了，静静地趴在那里，带着一颗憨厚无邪的心，去养他的兔子了，去到他时时想要得到的一小块土地上去了。一声枪响——，带走了主人公的生命，也带走了读者的心。我的心收缩起来，眼眶里湿润了。"这次课外阅读，不仅没有张扬他的个性，反而加强了他对社会价值观的认同。

那么，青春期的情感萌动以及对异性的态度变化，是不是能够成为一种突破文化的力量呢？诚然，青春期少男少女的情愫，是最能冲破理性壁垒的，随着年龄的增长，李文宝对于异性也更为敏感。日记25记载了对"香草味"的敏感，就隐喻了李文宝对于异性的想象；但是，我们看到的是李文宝情感的内敛，社会规范并不允许高中生谈恋爱，李文宝接受文化模式的规训所构筑起来的理性大堤完全可以阻挡住情感的潮起潮涌。

第三节 生长的早期逻辑

中学时代，是一个少年逐步形成人生观、世界观与价值观的时期，这个阶段的教育，是社会对个体进行文化规训的最重要阶段。葛兰西认为，传统教育"其目的是在每一个人身上发展无差别的常规教育"[①]。"一名平庸的教师会设法保证他的学生接受更多的知识，虽然他不会使他们得到更好的教育；他会细致而武断地留心教学中的机械部分。……新的教学大纲名义上越是维护和从理论上说明学生的活动以及同教师的协作，在规划他们的时候假定学生完全处于消极状态的成分就越大。"[②] 这种教育抹去了他们的差异性，将他们塑造成同一模式中出来的相同个体。于是，大多数学生并没有被培养为有个性的、有独立思考能力的少年，而是满脑子都装着那些对他们毫无意义、转眼就会忘掉的公式和言论。在这种教育中所获得的"对世界和生活的历史化的理解"被葛兰西称为"第二本性"。即使非常有个性的学生，他们或许只能是一种由性格所造成的形式上的叛逆，而不能是思想观念的叛逆。中小学教育的目的是使孩童与少年成为社会所需要的人，而不是成为独特的"这一个"。课堂上的老师是用"一等于一"的方式去教育和培养学生，而不去解释"一只苍蝇不等于一只

---

① ［意］安东尼奥·葛兰西：《狱中札记》，曹雷雨等译，中国社会科学出版社2000年版，第18页。
② ［意］安东尼奥·葛兰西：《狱中札记》，曹雷雨等译，中国社会科学出版社2000年版，第28页。

大象"这样一类的问题。由于稚嫩的少年具有柔性特征,故而文化模式对他们的纯粹教条式的"无差别的常规教育"具有决定性意义,知识人也就顺应着这种模式的塑造与规训成长着。

此阶段,社会文化模式强力地压抑着个体的生性与禀赋特征,并且试图对其进行总体性覆盖,形成一个毫不透气的密封空间。学校、家庭与社会对学生进行封闭式的、密集性的、全方位的文化规训,全力以赴地力图使学生们达到社会所要求的那个弧度。铺天盖地的知识与观念的灌输使李文宝他们除了具有特殊意义的"午餐"之外,没有其他任何自由的时间,中学生的时间完全用来学习、学习、再学习。在学校里,没有天、没有地、没有树木与村庄、没有小溪与河流;学校里所具有的,就是书本、课程、老师、同学、寝室、食堂之类,就是不断地上课、做习题、考试之类。处处是文化模式的塑造的力量,全部目的都是将个体型塑成对于社会的有用之才。在这种环境下,考上大学几乎是唯一的目标,只有这样才能取得社会文化地位,才能得到家庭、乡邻、老师的价值认同。李文宝将自己中学阶段的人生意义定位于此。

显然,李文宝是一个"顺从的类型",即使有着局部的反思(如对考试制度的思考)以及某个特殊时刻的情绪性的反抗(在小学阶段受了批评恨老师),他也从来没有对社会文化产生过怀疑。这是李文宝与小晨不同的生性所决定的。李文宝的生性不属于本尼迪克特在《文化模式》中所讲的"离轨者"的类型。由于生性的确定性和稳固性,这一类型后来并不出现变化。李文宝是一个按照文化模式塑造自己的循规蹈矩的学生,他没有变化:从小学到中学,以及后来从中学到大学[①]。他不愿意用主观的努力去改变任何的现状,哪怕这种现状已经非常恶劣,并且压抑着他的正常生活。有一个典型例证可以说明:日记24记载,一个炎热的夜晚,李文宝躁动不安,翻来覆去睡不着。二三十个人在一个集体宿舍里,"窗子关得严严的,一点新鲜空气也没有"。在这种环境中,李文宝只是想着"静谧的树林,盘绕林间的小河,沁人心脾的新鲜空气"来使自己达到心静,就是没有想到自己可以起来采取一个简单的行动:"开窗"。

---

① 大学阶段李文宝的思想与情感日记,参阅本章第四节"延伸阅读"。

等到他的同学夏雨"打开窗户,外面空气'呼'地涌入了许多",这时他才"昏昏睡去"。如果我们就此说李文宝已经失去了主体性,或许并不准确;我们应该说社会对个体的要求就是他的主体性,而且这种社会要求有时在李文宝那里已经变成了刻板的教条。

就总体而言,李文宝符合社会文化的要求。在中学时代,社会要求中学生获得成功的标志是通过高考,家庭中父母的殷切期望,学校里老师追求的升学率,亲朋好友的期待目光,都聚焦于这一点。李文宝没有辜负社会,他考上了重点大学。于是,社会成功了,成功地塑造了一个它所需要的和满意的人才;"李文宝"自己也成功了,成功地成长为一个文化规范训导出来的样板。而他既然得到社会文化的"哺育"成长,那么他也希望用自己的努力"回报"社会。李文宝的确是一个努力向上的有志少年,他表示要"在千家万户的世界里"做些什么,且能留下一些"痕迹"。

依据以上的分析与解释,我们对知识人生长的早期阶段的逻辑提出如下的看法:对于一个柔弱的少年来说,同时对于一种尚属幼稚的心灵来说,外在的文化模式、文化制度的力量过于巨大,甚至具有绝对的性质,他们没有力量去撼动它,也没有想到去撼动它。即使在某个具体时刻,由于某种特殊的个性,他们对于这种模式与制度的局部产生了怀疑与反思,并不影响他们对于文化模式的整体态度。他们在个体与社会文化张力关系处理的时候,从群体的整体上来说缺乏主体能动性。他们中的绝大多数在这种文化模式之中被塑造成某种几乎是同一个样子的人,然后被送进了大学。

李文宝的例证所具有的意义在于他是一个类型的代表,这个类型的特征就是具有柔弱的生性内质,较易接受文化模式对他的"搓揉",而且这种"搓揉"在中小学阶段成型以后,大学阶段没有变型。这种"顺从的类型",符合本尼迪克特和米德的论述:"大多数人被依其文化形式而受到塑造,这是因为他们有着那种与生俱来的巨大的可塑性。面对他们降生其中的社会的模铸力量,他们是柔软可塑的。"[①] "不同

[①] [美]露丝·本尼迪克特:《文化模式》,何锡章等译,华夏出版社1987年版,第197页。

文化成员间的差异，如同处在同一文化内的个体间差异一样，可以完全归因于作用不同的社会条件。尤其个体发育早期的条件作用特别重要，而该作用又是文化机制所决定的。"① 然而，如果我们将上一章小晨的例证引入，就可以建立起一个比较的维度，生长的早期逻辑就也因此得到补充与增益。

李文宝在社会文化规则面前，从来都是服从的，而且在这种服从中他是自觉的、愉悦的。但是小晨却与李文宝很不一样。小晨在"延伸阅读"中的日记与李文宝的日记同为中学阶段的日记，却显示出性格特征的不同。小晨总是对既有的文化充满了质疑精神，甚至连最权威的科学原理也同样，包括对伽利略实验的质疑以及对爱因斯坦相对论的质疑。在科学问题之外，他对于学校的制度安排、考题的标准答案甚至日常生活，也同样都有一种反思与质疑精神。他虽然有时按照他父亲的要求去做或者服从学校的制度安排，但他的内心有着自己的想法，有时甚至是反抗的。因此，如果我们把李文宝看作是一种"顺从的类型"，那么小晨就是一种"屈从的类型"。"顺从的类型"的个体表现为不违背社会、家长、老师的意愿，不反抗社会文化的规则，接受文化模式的塑造；"屈从的类型"则是在社会的巨大文化压力面前，个体外在表现为暂时的勉强服从，内心则显示出反思与反抗精神，随着个体的成熟与发展，这种反思与反抗精神终会得到彰显。

在童年及少年时代，家庭与学校是两个文化规训的最重要的场所，我们可以就此二者对小晨与李文宝做些比较。"父亲"是家庭中最重要的文化导师，李文宝和小晨对他们父亲的不同态度显示了两人不同的情性特征。李文宝对父亲是一种崇拜与服从，父亲让他背诗就背诗，即使是"挨了打"也没有怨气，还留下了小人书与甜西瓜的深刻的记忆。"爸爸上班常驮着我"，"我在爸爸的肩上学习、读书"，"父母开启了我智慧的大门"，这些表述都是将父亲作为自己文化上的支撑。而小晨对待父亲既有服从的时候，也有着诸多反抗的时候。例如小晨先是服从了他的父亲要他将来当科学家和书法家的要求，但

---

① [美] 玛格丽特·米德：《三个原始部落的性别与气质》，宋践等译，浙江人民出版社1988年版，第266页。

当他不想写字时他反抗说"不想当书法家"了；下起雨来了，父亲叫他回家，他可以说不愿回，因为他要"多享受一下"第一次预测下雨就准了的感觉；他吃瓜子到处吐壳被父亲批评的时候，就拿出奶奶的权威来压倒父亲；父子打羽毛球的时候，他的父亲打破了一个花盆，叫他去跟管花的说"明天赔一个"，他可以说"不想去"，直到父亲发脾气他才去；一个人下棋，他可以将父亲的"红子都吃掉"，让父亲输得一塌糊涂，并且当面告诉他父亲"红的输了"；如此等等。更有，小晨更多的时候将父亲当作平等的朋友，他并不害怕父亲的压力，尽管他经常被父亲"骂"，但小晨敢于反驳。父子在一起，他可以取笑父亲。如他的父亲说"吃稀饭"，他眨着眼说"稀饭是'喝'"，取笑他用词不当。他也可以批评父亲。如他给父亲刮胡子，"刮得很仔细"；而他父亲给他理发，他却批评父亲理得"不好看"。他还和他的父亲像两个小朋友似的比赛早起。特别是当两人在一起玩耍的时候，二人可以完全平等地相互开玩笑。最能体现这一对父子关系的是初中二年级的时候他与父亲下暗棋，简直就像一则幽默的小品，整个"节目"的演出特别搞笑。以上，小晨与李文宝对待父亲的不同态度也就是他们对待文化权威的不同态度，展示了他们的不同的禀赋与个性特征。[①]

[①] 这里，我们再从经典作品中选取一个"父亲—儿子"的例证，作为进一步观察儿童禀赋特征具有差异的旁证。这就是鲁迅先生在《朝花夕拾》的《五猖会》中所记述的故事。鲁迅先生年幼时，"要到东关看五猖会去了。这是我儿时所罕逢的一件盛事。东关又是离我家很远的地方，出城还有六十多里水路，在那里有两座特别的庙。"现在一切都准备好了。"大清早大家就起来。昨夜预定好的三道明瓦窗的大船已经泊在河埠头，船椅、饭菜、茶饮、点心盒子，都在陆续搬下去了。我笑着跳着，催他们要搬得快。"这一切多么好啊！多么激动人心啊！可是一个文化权威偏偏在这个时候出现了，他就是一切，他就是最高命令。这个权威就是他的父亲，此时站在他的背后。"去拿你的书来。"他父亲慢慢地说。这里所谓的"书"，是指少年鲁迅开蒙时候所读的《鉴略》。他的父亲教他一句一句读下去，大概读了二三十行，他的父亲说："给我读熟。背不出，就不准去看会。"于是，这个七岁的孩童就开始死记硬背了："粤自盘古，生于太荒，首出御世，肇开混茫。……"可他"一字也不懂"："'粤自盘古'，就是'粤自盘古'，读下去，记住它，'粤自盘古'呵！'生于太荒'呵！……"他的母亲、工人、长妈妈都没有办法来营救他。大家都静肃地等着。太阳也升得更高了，他终于背出来了，可以去看《五猖会》了。可是，"开船以后，水路中的风景，盒子里的点心，以及到了东关的五猖会的热闹，对于我似乎都没有什么大意思。"在这个例证中，鲁迅先生对于社会文化的压抑是极端不满的。

如果将家庭拓展到更具文化规训严格性的学校，小晨与李文宝的区别同样明显，甚至决然相反：小晨反感上学，李文宝享受上学。李文宝还没有上学时就羡慕上学的孩子，上学以后以能融入其中而愉快。在学校，他将老师当父母，听老师的话，将老师当作"靠山"，并赞颂老师是为学生付出而烧干自己的"烛"。而对于崇尚自由的孩子总是厌恶上学，鲁迅先生的《从百草园到三味书屋》就描写了自己年幼时不愿上学的心情。而在小晨的日记中，上学对于他简直就是一种苦难与折磨。他在日记中反复地说"我不喜欢上学""更怕上中学""真不情愿"，上学使他"毛骨悚然"，起"鸡皮疙瘩"。

总之，对于不同禀赋类型的个体，文化规训对他们所起到的效果与作用是不同的。知识人生长早期的"顺从的类型"和"屈从的类型"是由于不同的生性使然。对于早期阶段而言，个体的确是柔弱可塑的。但是由于个体生性与禀赋的差异性的存在，对于有的个体来说，早期的文化的规训可能就已经固定化了他的生长的弧度而不再变化，即所谓"从小看到老"。而对另一些个体来说，当他们成长起来并且逐步成熟之后，他的禀赋与生性特征会进一步显示出来，原先小时候受到压抑而接受的社会文化，则可以在后来的成熟阶段进行重新调整而产生巨大的变化，进而改变早期社会文化对他捆绑与扭曲的那个方向，朝着自己的生性的自然方向前进。下一章"张春醒"的例证则说明了这一点。因此，个体并不是文化模式单向塑造出来的，而是"生性—文化"的共同作用。这就给予文化的规训一个适当的限度：它受限于个体禀赋的特殊性，它不具备绝对性。

第四节 "你的误区"：延伸阅读[①]

本节我们呈现李文宝大学一年级的日记作为延伸阅读，此延伸阅读可与下一章"张春醒"的日记形成衔接与比较。

---

① 此节为李文宝在大学一年级所写日记，共38则。

1987年（大学一年级上学期）

38. 无日期①

就在我接到通知书的第二天，她也接到了。她家就在附近，我还未来得及祝贺就离开了家。

"碧云天，黄花地，西风起，北雁南飞。"天是碧蓝的，地是浓浓的一片绿意，整齐的雁阵还没有在眼帘中出现，我这只北方的雏雁已踏上远征的路程。

南方到底是什么样子？大学生该怎样地生活呢？我怀着无限的追求的心情盼望列车最好能快点。发车时，已是夜色渐浓，现在更是深夜了。车厢中的喧闹声静了许多，大多数旅客已进入梦境，然而我却一点困意也没有，瞪着大眼睛望着窗外。可是太黑了，什么也看不见，只是几点星星似的灯火不时从车窗前飞过。我对面坐着一位穿绿色连衣裙的姑娘，一头好看的长发披散在肩上，文静的脸，大大的眼睛。她一直在看书，有时也抬起头来。碰见我的目光，我连忙转向窗外。但不知怎么的，还要回头看一看她。就这样，她继续看她的书，累了，就闭一会眼。我看着她。天亮了，她下车了，匆匆地走了。

在山海关并没有见到长城，第一关的模样也未细瞧，不过苹果蛮大的。铁路线上桥很多，路旁的植物也是绿油油的，高秆作物已倒伏了。关内的房子清一色是平顶的，很少有家中常见的尖房子，与风大有关系。

十点多钟，列车终于到北京站了。首都的车站是气派，最多的还是人，一批接一批，永远也走不完。候车室里满满的。晚上一点多的火车，我不得不在人和东西满地的一角挤出一小块空地睡上一觉，喧闹中能睡着真是幸福的事。

萍水相逢也是一种甜蜜的事，这次对面是一对姐妹。左边座位上是一位去郑州进修的姑娘，她很像初中的同学，很漂亮，又很文弱，

---

① 这一段是记载上大学途中在火车上所遇之事，序号是承接着中学日记编制的。

一头短发，脸色有些苍白。上车不久，她便抱着衣箱睡着了，梦中还带着微笑。对面的妹妹也是一样。我睁大眼睛，瞧瞧这个又瞅瞅那个，就是不困。

过了不知多久，她在桌上动了一下，似乎是冷了。车窗是凉凉的，还有些风儿吹进来。我刚好有些热，便脱下黑衣服，给她披上。过了片刻，她醒了——或许她原本就没睡着——，说"不用了"。其实她确实有些冷，只是不好意思说。我有点尴尬，这以后更不好意思说话了。天亮了，我望着窗外，她也望着窗外，有时默默地相对。

抱衣箱的醒了，因为太像同学了，我看她多一些。她有时也看我几眼。她一路上几乎什么也没吃，到中午时本已发白的脸又有一种不舒服的神色。我削了一个苹果给她，她接过去，却不吃，一只手紧紧攥着，眼里很感动。

她说话声好轻。

郑州到了，她冲我一笑，轻轻说一声"再见"，拎着衣箱走了。我后悔没问她的名字。

只有"再见"了……

大学的生活，就这样拉开了序幕……

39. 无日期

长大的孩子刚离开父母，哪一个不想家？我起得早，宿舍走廊的灯是不灭的，每当人静时，我便望着那昏黄的灯光，有时莫名其妙地便会流下串串泪珠，常常湿透了枕巾。每当这时候，我耳边好像是有一种熟悉的声音响起，这是我母亲做饭的声音：先是哗哗的水声，之后是轻微的叮当声。刚上高中时，每天要坐班车，妈妈很早就起来做饭，早上吃的及中午带的……我总是在幸福中躺一会儿。

40. 无日期

我听着别人高谈阔论，静静地等着开演《血战台儿庄》。看到悲壮的镜头，忍不住要怆然泪下。旁边的学生一个个指东说西，时而嘻嘻一笑，卖弄自己的无知，一种满不在乎的神气深深刺痛了我，中华民族的感情一点也不存在。

我体会到学校开设品德课的意义。

41. 无日期

努力改正误区，成绩还可以。上次去参加舞会不也敢了吗？不过害羞和恐惧不是几次就可以排除的。

今天和杨一凡上街买书，路上谈得很融洽。回来时他说我："没有男子汉气魄。"这个问题可没深思。

42. 无日期

一幅照片：郭京雁，瘦长身材，穿上宽松的服装似更和谐，人靠衣服马靠鞍。人的美丑与别人对她的心情有关，要是反感，那她们就不会是漂亮的。其实每个人都是很美的，只要他自己以为美，而不理会别人的评价。现在我发现，自己对《你的误区》应用得多了。

43. 12月20日

懒洋洋地起来，周日的太阳已经爬得老高，阳光明媚。今天天不错，写了几道题。忽然想要去外校会一会老乡，不过只知名字，怕是不好找。说干就干，到了那里，问几个同学，才感觉确实是傻乎乎的行动，只能顺便看看景色。

回过头来又想想"缘分"二字，相识了诚恳的大姐，敦厚的六妹，还有各有性格的同学，不是缘分吗？

到了拐弯处，发现刚走过的花园怎么又出来了？南方的转圜路特别多，似有曲径通幽之感，这一点不像北方的路，带有爽直大方之感。北方人粗犷，性格莫非融入了道路中？南国少女的羞涩，怕也从这路上看得出来。想象总是美好的，南国的女子好像并不那么温柔，而我也不是那种爽朗的北方人，这是生活的矛盾。

44. 无日期

有时一个人走走，充满了妙处，不过有时也有烦恼。

女同学注重感情，军训排长要走了，她们都去看望，我也跟着去了。贺子珍的故事，以前只知道一点，听他（指排长）讲完，我才知道许多。回来时同骆强他们说起，都是轻蔑的一笑，人的感情是不同啊。

这几天上自习与六妹接触多一些，大姐就对我有点避而远之。这可有点不对头。我的目的只是想结交一些知心朋友，从中汲取力量；同时也利用一点误区心理（依赖他人）来学习。这几天心里一直在下这个决心，在有限的人生中真正地生活，走自我完善的道路。既然时代给予我们机会，我觉得不应辜负时代与社会。但下这个决心，就必须找一个有力的心理支撑系统来改正不足，这个很难的。找个知心朋友谈又找不到，别看女生心情细腻，未必体会得到这种心情。我有时想试着解释明白，却又说不清。唉，好难呀！

不过，我还是坚信自己的，我一定会很快抛弃这些郁闷去生活的。

有时想起过去同学说的"你多愁善感"，确实是对的。男儿有泪不轻弹，我不是好男儿。

45. 12 月 27 日

新的一年从遥远的地方姗姗而来。

美，人人都爱。美表现在各方面。大姐的甜甜的笑声很美，笑声中的欢快感染环境。三姐勤奋刻苦，带有我们北方人勤劳敦厚的美。四姐话中带着哈密瓜味儿，修长身材，还有点冷傲，也是一种美。五姐是天府中出的人才，舞姿优美自不用说，说话快得如炒豆，脆脆的美。六妹生在北方，看过大海，是一种朴实开阔的美。七妹爱好众多，敢于接触新事物，也是美。

开晚会，一到会场，大姐的笑声确实能感染人。我看来得多学一学，怎样才能这样开心地美。

46. 12 月 28 日

今天又收到静怡的一封信。她竟然是个强者，这是令人高兴的。

可惜我劝她读的书，她终究没有读。管它这些呢，我对人做到真心就问心无愧了。我尽力而为，并不希求一定成功。

我的皮鞋坏了，没有办法修复；但又舍不得扔，跟随自己一段时间，会有感情的。这鞋伴我从高中走进大学，从千里之外的故乡走到这南国的名城。这鞋伴我去过故宫，在天安门前留了影，又伴我走过那数不尽的石级。今后见不到它了，真有些舍不得，有点像失去了好伙伴那种惋惜之情。

47. 12月31日

天刚黑，校园就沸腾了，有意思的是包饺子。在家我也不主张包饺子，但要是包了，就自然是吃上几个。

新年钟声不知什么时候敲过，没留下一点回味的东西就结束了。看着各教学楼舞会都没有停，我就找女生跳舞。其实我也不会，刚学；但既然来了，就得充一充好汉，教一教她们跳舞我是有信心的。要是有人教我几遍，就不成问题，自己边看边学就太慢了，唯一的基础是以前练武术，各个关节比较灵活，脑袋反应稍快一些。

我本来以为女生跳舞一定很柔和，可发现有时不是这样。程兰像个跳舞的样子，但她一跳起来动作很硬，失去了舞蹈的韵味。华萍呢，手和胳膊好像不能放松，比四姐要强一些，我的老乡确确实实不会跳，以前从没有接触过的缘故吧。上次跳舞时大姐跳的不错，不过她今天没有来。

体育馆里人山人海，真正跳的不多，大多数人都是学习的。中间的人们有的跳得也不算好，但起码人家敢上，这就比你强一步。会都不敢上，同不会有什么差别？

到现在为止，我觉得还有两个问题常叫我遗憾，一是唱歌不会，二是乐器不会，尽力去改吧。

48. 无日期

信刚开了头，却又煞了尾。怎么写呢？该不该写？我又想帮助别人改变生活了，自己觉得什么值得做、值得看，总要让别人也看、也做。我自己有帮助的东西可能对他们就没有帮助，其实我从初中到高中一直到大学见到的所有人中，又有几个像我这样想的，脑袋有这么多东西呢？

我对于所结识的同学、朋友，感情都是真心的，所以一有体会，总想他们也一样体会到。又有几个人有我这么多情呢，无情又怎能体会到人生。

六妹，是挺淳朴的，思想也挺单纯，要不要帮助她，给她提一下建议？但又怕耽误她学习，改变生活很难啊。

49. 无日期

又是几场小雨，阴凉的天幕不见太阳，时而飘落几滴雨星。

寝室中不知谁插了几枝梅花，淡淡的花色，散发着一股若有若无的清香，我觉得像水果糖那样的味道。不过香味终究太少了，在屋里坐了一会儿便再也抓不住踪迹了。

人生是肌体的疲乏，精神的愉快。体会出一点味来，可真是不容易。有得就有失，既然选择了精神愉快，就得失去肌体的安逸。

50. 无日期

今天收到叶显红的来信，乍见老同学的信很高兴。以前在高中时她就是个乐天派，现在还是那样。不过她说高兴之余心里觉得缺少什么，有一种失落感。八十年代大学生通病，可是我却体会不出是什么滋味，因为自己一向觉得精神十分充实，问了女生也没有弄明白。我看大姐外表上开朗活泼，心里想的一定比我想的要少得多，人快乐时像儿童无忧无虑，已经长大，头脑里也增添了不少新东西，使你不能快乐。

51. 无日期

事物总是成对出现。中午去打水，发现女生把塑料桶放在下坡的台阶旁，拿着暖瓶跑上跑下忙个不停，打水来倒在桶里再去打。我开始觉得奇怪，为什么不拿桶进去提水呢？刚打满出来，恰巧碰上一个冒失鬼，把桶掉在水房，突然耳边传来一声吆喝，原来不让用桶打水。上有禁令，下有对策，多么妙啊。一件平常的事物如果不禁这禁那，一般很少有人问津，而一贴上标签便会吸引千百对瞳孔盯住它，研究对策。

是看电影，还是上自习？本来再简单不过的事了，任取其一便完了，可我偏偏想着又想，定不下来。最后，只得背上书包碰运气。下楼时，听得一句："上自习，那还用说。"既然背上书包，就去自习吧。走在路上，想起刚才还有犹豫，真好笑。

世上本无事，庸人自扰之。

52. 无日期

生活是充满诗意的。口袋里只剩下几毛钱，但我从没有着急过，每每这时又总有办法解决，这不是诗意吗？

53. 无日期

下课早些，我便去邮局取钱。今天天气不错，也许是兴奋，好似碰到的人都很高兴。兴冲冲地正走着，迎面过来一个人，这么熟悉，也是兴冲冲地走着。易之春，名字我倒记得，要说上大学最先认识的，就是她了。来时在火车上便在一起，她也算是东北老乡，可是一个学期过去了，我一次也没有去看她一下，似乎不大应该。下学期我会去与外班同学接触一下的，这学期误区基本上消灭大半，可害羞还是存在。

取得钱来，一路更轻松了，似华老栓得了馒头一样，阳光中充满了希望。

寝室的人都在看报。昨晚与陈林刚辩论了一番，他说看报是关心国家大事，爱国主义的表现，我想起来觉得好笑，这不是太简单了吗？报纸一来，一拥而上，过后又废纸一张。平时寝室巴掌大的地方也懒得扫一扫，还谈什么爱国？他觉得他比我思想水平高，说我只知道找女朋友。好厉害！我不想和谁比高低，也不想与别人争辩，行动是最好的证明。我的修养恐怕他们永远达不到，因为他们对生活没有激情，只知道站在原地发牢骚。

沉舟侧畔千帆过，病树前头万木春。先是妒忌，自己又无法克服，接下去就是自卑，再后是看透人生，有人就是这样"沉舟"的。

54. 无日期
一场戏在一个晚上可以演完，一本书可以在一天内读完；然而，人生却要你一天一天地走下去，新的东西源源而来，旧的东西悠悠而去。

55. 无日期
打饭的时候，我慢慢地登着台阶，看见大姐端着饭盒默默地往下走，顺着边，眼光似乎往前看，又似乎在寻找什么。她怎么这样沉静呢？一个性格外向的人很难让人发现她内心秘密的，但平时的生活中仍不免有感情流露出来。她与六妹很要好，以前我看她们总是一起出去散步，或者干别的，我一插进来一定会带来影响的。开始，我只注意自己的心情，改正自己的弱点，没有留心过这方面，要真是这样的话，我未免太自私了。其实我把谁都当成好朋友，她们有时未免又太多心了。

有许多人外表总是高高兴兴的，其实内心另有天地。也许是我多想乱猜的毛病在作祟，那就更好了，费心只费我的心就够了。

56. 无日期
一个很简单的道理，却又常常使我迷惑不解：眼睛是自己的，你喜欢看什么就看什么；嘴巴是自己的，想要讲什么就脱口而出；心也是自己的，高兴与悲伤，全是自己心想的结果。既然我们怪别人影响了自己，为什么不反过来问一下是不是自己影响了自己呢？很高兴，我终于突破这一误区了。

1988 年（大学一年级下学期）

57. 无日期
开学第一天，就下了一场大雪。

晚上到女生那里去了一会儿，没有多大变化，旧貌换新衣，桌上乱糟糟的一堆东西。

58. 3月2日

今天是正月十五。午后上街，见灯笼挂满街上，据说晚上有灯会。

开学一周以来，心情一直是很乐观的。"朦胧诗"正在看，观点却变了，有点喜欢上它了。心理素质可以说又升了一级，与假期预想的那样，对于战胜自己——最难战胜的敌人——已充满信心。

我看书还看得下去，不过有时还是阵阵情思。她们有时会被我忘记，有时又叫我牵念。大姐的形象在我心里好像是越来越浓了。不会掉进感情漩涡的，我深信此点。初恋的思绪或许就是这样，这也是必须的。

我自己也说不上是不是那种爱的感觉。

59. 3月12日

傍晚的湖滨毕竟最像湖滨，我一边望着湖水，一边就这么走着。

一片叶子打在脸上，又落进水里，悠悠地飘着，随着水花的冲击渐渐离开堤岸，又好像不愿离去，在那里逡巡不定。我的目光也徘徊在叶子上，……正是在叶子飘落的时候，我改变了生活，收获了生活的一份情。如今正是早春三月，我又在凝望着枯黄的叶子，我还要选择生活。不尽的路，不知道还要多少次。

60. 无日期

或许是有意回避，这些天，她们有点令人捉摸不透，她们开始思考了。

有些人似乎只能远观，让你着迷，而近看似乎不过如此，心情就这么莫名其妙。

61. 无日期

怕音乐把我捉去，吃过饭我就往教室去。就在楼前台阶处，她走过来。我特别喜欢她那种气质，今天她穿着一件鹅黄色的运动衣，原本就漂亮的身姿更加优美，似乎她穿什么都很合身。她手里端着碗，似乎瞅了我一下，我马上有一些不自在的感觉，不自主地笑了一下，低一下头就过去了。虽然在见不到她时很想她，见到她时又害羞又高兴，这哪里叫有勇气？虽然还不知她叫什么名字。

62. 无日期

从离家到现在一个半月左右，头发一直没有理，自习时忽然拔下一根长发，量一下大概有十七八厘米。哦，快赶上班上女同学的长发了。

女人爱潇洒漂亮，披肩秀发、卷发、烫发，很是时髦吧。班上只有傻大姐，头发较长。

有时本是平淡无奇的东西，一经头脑想象加工，就多了五光十色。

63. 无日期

虽然我没有谈恋爱的念头，却忍不住经常观察她们。到底嘻嘻哈哈好不好？我体会不出来。我也乐观，但总是微微的笑容，大声的笑却无此韵味。

64. 无日期

第一次参加第二课堂活动，人多极了，连窗户上都挤满了人。可是谈论的问题却大失所望，远不如心中那么宽广，有些问题傻乎乎的。

65. 无日期

有时也有些害怕，是否自己过早地陷入了情感的漩涡？也说不清自己到底是不是在爱谁，可能这就是迷茫的初恋。

阳光很足，我躺在细软的草地上。风阵阵从面颊上拂过，葱绿的草儿随风起舞，太阳就在头上，温暖地照亮我的脸，我的身体好舒服。要是生活就是这样该多好，心儿往往不着边际地飞驰。要是她们在身边该多好！奇怪，我怎么也记不起来她们说话的声音是什么样子了？

"心中一个恋人，身外一个世界，我不知道哪一个更大？"

66. 无日期

大姐

她叫常郁梅，七姐妹中的老大，有点长者风度，却又带有自以为大的神气，性格活泼开朗，常常出声地大笑。看样子是十分勤快的，可我总是看到她又似乎最懒，其他姐妹上自习去了，她有时还在梦里，早自习又常常踏着铃声来。

最初的相识是刚入大学的第二天，班主任带领我们参观校园，在从图书馆回来的路上，我走得急了些，不小心碰着她胳膊，她回头很自然地瞅了我一下。那天她穿着白色宽大的筒裙，头发似乎随便在脑后扎了一下，相貌倒是觉得平常，不过给我留下了这个人易相识的印象。后来知道了她的名字，但同学们一直都写着"玉梅"。一次闲谈时，她告诉我那个"郁"是有着意义的，符合她的性格。把"郁"改成"玉"，人的性格就被简化了。我认为她是很单纯的，其实她也工于心计。

她们从未做过什么，对社会的了解局限于书本上写的和个人心里琢磨的，对我来说很无聊。老家吃喝的风气亲眼目睹，对此讨厌极了。初中、高中时我一直在想，我今后要做出好样子。不过要想交朋友，不吃喝是不行的，但目前我并没有碰见几个真正可值得交往的朋友。

大姐很晚才回来，她确实很快乐，笑个不停。

言谈之中，我再次感到她们对我的成见已经很深，想不到是这样平庸的人。我当初把她们看得太高了，只看她们的优点。她们自以为自己很高，可是与往日同学比起来，差别太悬殊了。我从情感出发才接触她们，既然她们不珍惜，我还努力挽救什么？心中留下她们美好一点的回忆就行了。

一旦听从别人的言论，自己就寸步难行。大学生活才开了个头，就像一部小说，各种矛盾刚刚展开，我就做这部小说的主人公，我此时多么想有一个人与我共同前进啊！

月亮很圆，月光清亮，洒在草坪上。静怡在干什么呢？

刚一来时，其他几个人都叫她"老钝"，气坏了她，不过后来她就当上了大姐。她来自冰天雪地的黑龙江，笑声中也真有些北国女子的泼辣劲儿。从她身上我学到了不少优点，也体会到友谊的滋味。寒假回家时，我只穿了一双单布鞋，快到北京时，她便张罗着要给我借双棉鞋，后又嘱咐我下车后去买一双。我当时好感动，好久没人这样关照我了。

人们说体胖爱睡，她不那么胖，却总是缺睡似的，上课时常常趴在课桌上睡一会儿。她叫姐妹在她睡时拧她一把，五妹拧了她几回。有一次，五妹也同样要睡，她趁机使劲打了五妹一下，这下可好，醒是醒了，可两节课都感觉手疼。

那次看电影去，我上楼本想找她。她一见我去，便借口老乡找她，一溜烟跑了，留下我和六妹。我就与六妹去看电影。看了电影回来的路上，我问了六妹一些问题。也从那天起，我开始了新生活，多谢她这一跑。

大姐头发理短了，模样变了不少，穿了淡黄的裙子，一件不合身的粉红色的短袖衫，有一种很不协调的感觉，俨然一个村姑。五妹当了团支部书记，烫了发，第一次穿上套裙。六妹似乎与她形影不离了，这似乎是对我的回击，不与我单独相处。我惋惜，她终于失去了单纯的情感。名利上前行一步，就要失去一些。

67. 无日期

五四晚上，本想上自习，静一下心。才上一会儿，一大群合唱队的女生拥入，我便与玉兰她们三个一起回来了。她们与大姐她们就是不一样。我借了她们几盘磁带。但愿我能把握好友谊的分寸。

68. 无日期

看了一会小说《三个女人》，台湾作家写的。心里反响可不小。

我又想弹奏一曲爱的故事。昨天是周末,其他同学下棋,我就到楼上41班女生寝室聊天。她们的寝室卫生不算太好,性格和我班女生不同。玉兰不在,我与龙艳容谈了好久,她很喜欢诗,也爱看小说,谈得很投机。她家在青海。那个张颖是河南的。

七妹看见我在她们那里了,我想可能又会对我有看法。唉,管不上这许多。要有新收获,就得承受新考验。

69. 无日期

终于有机会敞开心扉。刚才送书时,见大姐一个人在,何不趁此谈一下心呢?我们开始谈起来。大姐说她们并没有那么想,我如释重负,我怎么能怀疑自己的眼力呢?她说:"你愿意和女孩儿在一起,我知道。"倒也是。话说出来后,真叫人畅快,心里好感激大姐。

中午我送信去,她们全都酣睡正香。六妹的睡容有些憨,说真的,我没想过少女也有这种毫不拘束的睡态。怕吵醒她们,放下信就走了。

70. 无日期

中午看了《中国青年》四月号的几篇文章,心里引起了许多思绪,再加上有许多事要决定,我出去到湖边走了走。

路过草坪时,见我班那七个姐妹围坐在一起,神采飞扬,畅谈着什么。她们有四位得了奖学金,也许琢磨一下该怎么用吧。

这是第三次到湖边散步了。来时曾想过南方迷人的夏季会打动我心扉,会有生活三部曲的。果然已经是第三次了,我说得还挺有准的。

……我要想前进,不又得从自身寻找动力吗?何必从他人身上千寻万觅的,真挚的友谊并不多见,而要从别人身上得到前进的动力更是难上加难。

71. 无日期

小说是从生活中提取出来的,我们常常为小说中的生活着迷。每个人的生活又何尝不是一部自己主演角色的小说，有的情节平淡，而有的则跌宕起伏。我虽自信有点功底，却不敢也不会写小说。为了生活，也为了充实自己，我会坚持下去的，睁大两只眼睛，仔仔细细观察人生。现在有时看东西看不透本质，还只限于凭主观。

叶秋莲写了一篇小说《初恋》，听说她写的蛮有点模样。有才我承认，但有才却不拿出来交流。我难道真的找不到心胸如己一样豁达的人了吗？

72. 无日期

前天给王英写信，一写开便收不住了，写了总有9页，可还没有说完。她还是那样才华横溢，将其他同学远抛在后边。

我也不是一个庸庸碌碌的人。

73. 无日期

路过转角处信箱时，我不由得想：前天给老朋友写的厚厚的信，现在也许已走在路上。这信箱虽小，却离它不得，每天一群群年轻大学生盼望的幻梦被它收容了，再从邮递员的手中飞向四面八方，小小信箱是连接着千万人心声的枢纽。

一位穿裙服的女生姗姗而来，双手小心翼翼地将信从信箱口投进去，之后轻呼一口气，似乎一下完成了某种神圣使命。她想极力按捺住喜悦，却又按捺不住。从信箱边走开时，步履轻盈，踩到舞的节奏。

74. 无日期

仲夏的季节简直就是女人的季节，市场上、商店里五颜六色，全是各式各样的裙子。

75. 无日期

学步集

既然世界容得下我、你、他，我们就应该共同拥有昨天、今天和明天。既然我爱诗样的生活，那么将生活化为一首首诗，又有何妨？

心船

我坚信自己的成熟，
又害怕自己的脆弱。
因为铁锚沉入海底太深，
拉住了张满风帆的心船。
摇啊，晃啊，
使我不得不在原地
打着漩儿……

心跳

就在海边岩石上，
你我相对无言。
这一刻，世界并不存在，
虽然风吹动你长发飘扬。
你问，——只用眼神，
这世界为什么这样静，
静得我们听到对方的心音？
我无法回答你，
或许因为我们心跳的太响，
盖过了世界的喧嚣。

书岛

书和作业围住一个空间，
天地间成了一个孤岛。
看老了书，做老了题，
干涸了我胸中诗的河。
我青春的生命之泉，为什么涌不起波浪？
可是要等到最后时刻，
才能发出一道亮光？

李文宝的大学日记，再也没有如高中时期那种紧张的学习生活的记录了。在大学阶段，恋爱已经不再是禁区，而且是社会规范所许可的，李文宝的情感世界发生了很大的变化。他在"大一"阶段的日记几乎就是一个女儿国，在全部 38 篇中就有 30 篇写到女生，占 79%。

开篇第一则日记就记载了他上大学的火车上所遇所感。所遇的是一个接一个女生，所感的是女生给他带来的一次又一次情感惆怅与茫然。第一个"她"是对面坐着的一位穿绿色连衣裙的姑娘，她"一头好看的长发披散在肩上，文静的脸，大大的眼睛。她一直在看书，有时也抬起头来。碰见我的目光，我连忙转向窗外。"但不知怎么的，他还要回头看一看她。就这样，她看着书，他看着她。天亮了，她下车了，匆匆地走了，留给他的是若许惆怅。接着，第二个"她"和第三个"她"同时出现在从北京转乘去南方的火车上。"这次对面是一对姐妹。左边座位上是一位去郑州进修的姑娘，她很像初中的同学，很漂亮，又很文弱，一头短发，脸色有些苍白。上车不久，她便抱着衣箱睡着了，梦中还带着微笑。对面的妹妹也是一样。我睁大眼睛，瞧瞧这个又瞅瞅那个，就是不困。"对面的妹妹趴在桌上睡觉，"她在桌上动了一下，似乎是冷了"，他便将自己的衣服给她披上。接着他又去看姐姐，看她没有吃东西，就"削了一个苹果给她"。这种软绵绵的感情没有持续多久，姐妹俩就要下车了。当她们拎着衣箱说"再见"时，他也只有"再见"了，留给李文宝的是无限的茫然。

第一篇日记就奠定了李文宝在大学生活中多情的基调，后面的便接踵而来。日记 42 记载他观看他的女同学郭京雁"一幅照片"；日记 43 说他有缘相识了诚恳的大姐，敦厚的六妹；日记 47 对几个女生的舞姿一一作了欣赏与评论，如此等等，就这样源源不断地一直写了下去……李文宝先是与"大姐"接触多些，后来又与"六妹"接触多了，再后来整个寝室的七个女生都有了接触。他似乎喜欢所有的"她们"。日记 45 对女生寝室的七姐妹（除二姐外）都作为"美"的评论。并且，他有事没事就往女生寝室跑，甚至午睡时刻也要闯进去对女生的睡姿观察评论一番（日记 69）。在女生的世界里，他眼花缭乱，随意徜徉。一段时间以后，他便有了重点。日记 58 中已经确认"大姐的形象在我心里好像是越来越浓了"，他说这是"初恋的思绪"，但他表示"不会掉进感情漩涡"。

　　这样一种行事方式，遭到女生的反感和男生的不屑。男同学当面奚落他"只知道找女朋友"（日记 53），女生们则想躲避他。日记 55 记载"大姐"打饭的时候，故意对他视而不见，"眼光似乎往前看，又似乎在寻找什么"。又有一次看电影，他上楼本想找"大姐"，但她一见到他去，"便借口老乡找她，一溜烟跑了"（日记 66）。还有一次，他把"大姐"堵在了寝室里，在没有离开的借口的时候，"大姐"委婉地告诉他躲避的原因："你愿意和女孩儿在一起，我知道。"（日记 69）的确，李文宝的情感川流不息、变动不居。就在日记 58 刚说完"大姐的形象在我心里好像是越来越浓了"的时候，日记 61 就记载他喜欢上只是路上遇到过、"还不知她叫什么名字"的"穿着一件鹅黄色的运动衣"的女生，说"特别喜欢她那种气质"，还认为她有着"漂亮的身姿"；日记 67 又对一个叫"玉兰"的女生有了感情，认为她"与大姐她们就是不一样"；日记 75 中那一首写给"你"的《心跳》的诗，显然又是指另一个女生。

　　从这些日记来看，李文宝的确多情，甚至有些滥情。然而仔细读他的日记，似乎又觉得他的感情并非男女之间的爱情，因为这些感情都有一个显著特点：理性的强势介入。日记 58 说"不会掉进感情漩涡的，我深信此点"；日记 65 他又警诫自己不要"过早地陷入了情感的漩涡"；日记 67 他又说对于玉兰的感情，要"把握好友谊的分寸"；而那篇专题日记《大姐》（日记 66）更能说明问题。李文宝对大姐有着"初恋的思绪"，这是他在日记 58 中明确表述的；在日记 65 中继续说"初恋"的感觉，并且说"心中一个恋人，身外一个世界，我不知道哪一个更大？"但在紧接着的日记 66 中，却显示出非常奇怪的态度：根本不像是感情，而更像是讽刺与批评。"她叫常郁梅，七姐妹中的老大，有点长者风度，却又带有自以为大的神气，性格活泼开朗，常常出声地大笑。看样子是十分勤快的，可我总是看到她又似乎最懒，其他姐妹上自习去了，她有时还在梦里，早自习又常常踏着铃声来。"在这开头一段文字中，不仅没有任何倾注着情感的欣赏与赞美，而且带有诸多的贬义。接下来则是相当贬损的语言了："相貌倒是觉得平常"，"其实她也工于心计"，"她们从未做过什么，对社会的了解局限于书本上写的和个人心里琢磨的，对我来说很无聊"，"想不到是这样平庸的人"，最后，甚至说大姐"俨然一个村姑"。

李文宝的那种似是而非的情感，那种十分冷静的理性分析，也许使我们很难看清楚他到底想说什么？或许他的另一个重要概念"你的误区"可以向我们提供某种观察视角，看到他的"中心意识"。

李文宝关于"误区"概念来自于美国学者戴尔的《你的误区：如何摆脱负面思维掌控你的生活》[1] 一书。该书的中心观点是"主宰自己"，强调根据你已做出的和未能做出的选择审视你的生活，从现在做起，消除误区、制造幸福。具体说来，就是通过选择更为积极的自我形象、懂得自爱、排除需要赞许的心理、找到自我挫败的解脱办法等途径，进而走向"精神愉快"和"自我依靠"。李文宝关于误区的日记有六则。日记41中要求自己"努力改正误区"，并且列举自己参加舞会克服害羞和恐惧的例证。日记42说自己应用《你的误区》中排除需要别人赞许的心理看到"每个人都是很美的，只要他自己以为美，而不理会别人的评价"。日记44中说"利用一点误区心理（依赖他人）来学习"。日记53说他克服误区已经取得了成绩，但还需要继续努力："这学期误区基本上消灭大半，可害羞还是存在。"他还表示："下学期我会去与外班同学接触一下的"。日记56记载他高兴地突破了又一个误区："既然我们怪别人影响了自己，为什么不反过来问一下是不是自己影响了自己呢？"另外，日记70记载他开始希望从别人身上找到前进的动力，而现在他"从自身寻找动力"也是突破误区的表现。

李文宝说了这么多如何突破误区，其目的是为了他的自我实现与自我完善。李文宝是一位自我期许很高的学生。日记72他自诩"不

---

[1] ［美］韦恩·W. 戴尔：《你的误区：如何摆脱负面思维掌控你的生活》，崔京瑞等译，群言出版社2007年版。

是一个庸庸碌碌的人"。日记 50 他说"自己一向觉得精神十分充实"。日记 48 说："其实我从初中到高中一直到大学见到的所有人中，又有几个像我这样想的，脑袋有这么多东西呢？""又有几个人有我这么多情呢，无情又怎能体会到人生。"他并且"想帮助别人改变生活"。日记 53 说："我的修养恐怕他们永远达不到。"日记 71 说他"找不到心胸如己一样豁达的人"。李文宝的自我锻炼、自我评价是与他的"自我完善"和"自我实现"的期望相关联的。日记 44 作了清晰的表达："这几天心里一直在下这个决心，在有限的人生中真正地生活，走自我完善的道路。既然时代给予我们机会，我觉得不应辜负时代与社会。"这是李文宝的思想的一个主旋律，是他的人生目标。由此我们推测，"自我完善"以及"不辜负时代与社会"的自我实现才是李文宝的"中心意识"。

李文宝个体的"中心意识"，恰恰是传统文化模式对他的塑造。《礼记·大学篇》早就提出了这一模式和路径：

> 古之欲明明德于天下者，先治其国；欲治其国者，先齐其家；欲齐其家者，先修其身；欲修其身者，先正其心；欲正其心者，先诚其意；欲诚其意者，先致其知，致知在格物。物格而后知至，知至而后意诚，意诚而后心正，心正而后身修，身修而后家齐，家齐而后国治，国治而后天下平。自天子以至于庶人，壹是皆以修身为本。

这条"格物、致知、诚意、正心、修身、齐家、治国、平天下"路径一直为古今知识人所看重，而在李文宝的日记中虽然并没有说明自己的想法来源于古代典籍，来源于传统思想，但是这些思想已经被千百年来的知识人传播于每一个社会文化领域的空气之中，生活在任何一个角落里都能呼吸到这种空气。李文宝在全部日记中所记载的他从父亲母亲身上学到的东西，他在学校里老师那里学到的东西，特别是他从书本知识里面学到的东西，处处都弥漫着中国传统文化模式的基本精神。从童年到青年，从小学到大学，李文宝学习环境与生活环境虽然发生了变化，而他所接受的社会文化观念则具有延续性、稳定性，并且有所进展，这种进展表现在：大学阶段的李文宝，更有意地将社会文化的外在规范逐步地化为个体的内在自觉要求。

第四章 "突兀地出现"

引言 一位女大学生的情感日记

张春醒的日记也是那位学生辅导员向我提供的。张春醒是1990级本科生,她的日记是大学二年级上学期所记。"大二"阶段的学生是思想最为活跃、最能提出问题、变化最大的阶段。此阶段的大学生既有着徘徊、迷惘、苦闷,更有着朝气、努力、觉醒,故而最能代表大学生的本质特征。我当时得到这份日记时只是草草地扫读了一遍,有些印象;当我写作这部《知识人》民族志且重新认真阅读这些日记的时候,则完全为其所吸引。这位学生本就有着当作家的志向,艺术感觉很好,并有着现代派的写作风格。她的日记文辞优美,青春的泉水一泻千里,细致、完整、形象、生动、准确、深入地显示了一个大二学生的"存在"状态。虽然日记所记述的是张春醒与三个男生(袁民、茅、刘言)之间的情感纠葛,然而,日记的深广度远远超出了情感领域,其所涉及的是思想的左冲右突、心智的上下沉浮、人性的低抑高扬等诸多方面。张春醒的日记共三本,71则,记载时间为1991年9月30日至1992年1月30日。原日记的标点绝大部分为点号,有时有省略号,个别地方感情特别强烈时,则用惊叹号。由于点号不符合现代汉语的书写规范,故而我根据文意将其转换为句号、逗号、分号等;这肯定有诸多不恰当之处,阅读者可自行鉴别与判断。

下文第一节至第三节我们分别直接呈现张春醒三本日记的全部内

容并进行分析，第四节则提出"生长的中期逻辑"的看法。本章无"延伸阅读"材料，据提供材料的辅导员说，张春醒后来出国留学，已经失去了联系。

第一节 "刘言—袁民—茅"[①]

扉页题词

这是我的世界，丑陋美丽自知。我的太阳自升自落，我的大海潮起潮落。也许这儿最实在的就是最虚伪的，我的世界——扭曲的世界。

——变形人日记

1991 年

1. 9 月 30 日

陪茅逛了一天。走了一天，有点累，可是还蛮开心的。他送我这个本子和一只小熊、一个彩蛋。

晚上，无论如何也找不到刘言。找到了，他用冷淡来对我。最后他才说，他晚饭后和陆芳逛来着，而且答应她后天一起去南湖。我心里一跳，几乎要落下泪来。今天我还特地对茅说："长江夜景是不会陪你看的，要留给他。"

算了，何必呢？你真的专心专情吗？何必要求别人。

但我不曾料到我会这么难过，一丝高兴也没有了。和茅再亲昵也免不去一家人的感觉。算了，物是人非事事休。而茅一点不变，——可也有点变，一味地宠我；可也有些对我不以为意。是的，如他爱我，又如何可以大度到接受我还和别人玩？我怀疑。但这也是又一个"何必"。我必将自己打碎我所拥有的一切了。

未料到的是，对刘言我仍这么……甚至有心痛欲坠的感觉。一时

[①] 第一本日记共 38 则，时间：1991 年 9 月 30 日至 1991 年 12 月 1 日。

间马上在心中许诺：要远离一切诱惑，改掉一切坏习惯、坏毛病，只要他对我别这么冷。可再一看，他仍然是拒我千里之外。我心一凉，欲落的泪又收住，心又硬起来。

无聊！回报了，OK！很累，很累了。

2. 10 月 1 日

包了一天饺子。和刘言的关系仍见僵，他冷冷热热，我也软软硬硬。仍要去玩？不知道。

一切是"何必"：我何必在意，何必难过？他又何必生气。一切见假，我必逃于无名的山谷。夕阳啊，今天我想落泪，一个人为自己戴着桂花。

春天，我想有个家，在桃花的花朵间；

夏天，我想有个家，在荷叶的翠绿前；

秋天，我想有个家，在桂花的甜汁中；

冬天，我想有个家，在梅花的枯枝边。

我自嘲，无爱的人也可以做情诗的，可笑。我什么也不敢说，因为不论顺哪一条线走回头，发觉是自己的错才导致乱的结。想到对不起茅，无法让他玩得开心。而对刘言……算了！我们不过在玩初一和十五的游戏：你做初一，我就十五；我的十五，又是你的初一。我自己在毁自己的心情，在毁自己这个人。

今早起床，在长长一夜的梦之列车的旅行后，我起来下了决心：不在乎，错了也不在乎。这样不更好么？原来不正愁摆脱不了吗？可后来又犹豫了，舍不得，又伤心起来，又斗争起来。这会儿，我又下决心了：我既狠过心，他也可以狠心；他既狠了心，我又何必不忍心、不狠心了呢？算了，一切是我所不可控制的。刘言，何必，你何必作出冷淡的样子伤我？

今晚我要随风而去，你又来这做什么？难道你不是在我满心希冀时冷冷地说明天仍要与她出游么？如果你在乎我陪朋友去上街，但我对他并未逾份。你不够大方又何必这么残忍？我不会去求人的，永不！这一生最恨求人。而你来这里除了冷漠，也带来你的不甘和希望。你也不会低头,你却要我求你。我知道我的泪水和哀求可以挽回,但又何必?我不会这么做,也不必这么做。那么让我们都可以挺胸昂首,目不斜视擦肩而过。Farewell! 我不伤心,不沮丧,不难过,不哭泣,不抱怨,不后悔,不回头,不生气。永远向前,前方有好风景,不是吗?是吧?

昨天走在熙熙攘攘的大街上的时候,茅说:"你不说话时,简直是恐怖,寒气直逼过来。"每当我沉默不愿说话时,我心中万千思绪。

3. 10月3日

星光下荡舟。听着时而忧伤时而激越的歌,我躺到了船头,向星河伸出双臂。

刘言又和我长谈一夜,仍是无果的争辩。不过我是太固执并且偏激,他又确乎是为我好的。

早上起了床,有了干劲,不换衣服、不洗漱就去洗衣服了。刘言来了,洗好了衣服和他出去了。他激赞的目光和激情的拥抱,我在高尚和卑下中挣扎。

她们从庐山回来了,一屋子又挤满了人和话语声。我无意插入,说不上心里的感觉。明知在她们之中求不到友谊、理解和共鸣,何必在意,甩甩头我很潇洒!我也不鄙视或讨厌她们,世事与我两相违,我走我的路,她们也各自有各自的路。我不在乎不加入她们,也不会允许别人犯我。

一切复了原,中饭和刘言一起吃的,和和美美;约了晚上要去看电影,好久没去了。忍让一些,迁就一些,这样未必就有损我的自我,道理我是明白的,但重要的是做。

说好运动会去木兰山,还愿。

冷空气来袭,天气骤然转冷,风将我的裙角吹得乱飞,似乎冬季就要来了。冬天,我的季节!我又有了新的生机,心中又满是柔情和欢乐!

临睡前洗漱时出平台看天,见到冻得晶莹的星星,无来由想落泪。梦中满是星空飞逝的各色流星,二姐向我指指点点,说这是小熊星座，那是猎户星座。我先是惊奇，继而恍悟天象的运行。我说我有了一句绝妙的诗："深秋，猎户星座落入了我家的花园。"这是半夜几点？我忽地醒来，喝了口水，要再睡。想起这些，在黑暗中又提笔记下了，字一定乱得不得了。

她们把窗全关死了，甚至气窗，疯了。屋里一团凝固的二氧化碳和人的气息，氧气少之又少，我成了沙滩上的鱼。

4. 10月4日

决定搬到畅她们宿舍。她们①会开心的窃笑，但我不在乎便是了，重要的是自己舒服。畅有些像燕子，头脑比较简单，但对我却总是好的。我搬过去后会常常与她走在一起。要控制自己的情绪才好。

因为要走了，先和慧说了，居然可以聊一下真心话。其实这个宿舍的人都很寂寞，又都太求个性，太自我中心，所以到头来还是寂寞。反正也要走了，以后不会再与她们朝夕相处，不会争论与怄气。我并不留恋，也不期待新的宿舍会多好，但至少那里的人比较老实、诚恳、朴实。

洗冷水澡，很爽。没有了夏士莲，用珍珠膏。脸上出了小泡，真叫人担心，但没有办法，只有等待。

风冷冷的，我的心情平静而快乐，似有温柔感。

慧说我太情绪化，又太不掩饰，多少会给同住的人带来压力，我将注意。刘言到底是对的：没有完全的个性，只有与共性共存的个性。

明天又是周末了，啊，真棒！

5. 10月5日

与袁民走在一起。下起了雨，打起伞，空气清冷。雨不下时，我们沉默时，蟋蟀叫起来了。桂花香又飘袭过来，一只萤火虫飞过去又飞过来了。深吸一口气，人与自然相融了。

---

① 此处的"她们"指原宿舍的女生。

我们谈了许多，完全平等的交谈。很少有人能既听我的，又发表自己的意见，我有一种心灵的平静和舒适。总之我有了一次新的……自觉轻松多了，也沉重多了。

6. 10月6日

尽管昨晚和袁民的谈话叫我感到高兴，而且舒心，但笔下却无法记录下来。我自信我会成为他的知心。

下午对刘言戏言，我爱上袁民了。第一遍是笑着说，第二遍是有些平平地说出来，而第三遍没有说出来，只是心里一句叹息。

洗澡，冷水，清洁到极点！

每晚的星星一样，每晚的我不一样，不一样的我看着一样的星星。

干活，干活！要干的活很多，真多！太棒啦！勤学苦干。干吧，流汗吧，出力吧！不要问是否有个金色的秋季，只要你在干着，这份生命才燃烧得最旺、最真实！

我是个工人，我自豪极了，愿意学习，愿意了解，愿意懂得。我无法要求"给我时间"，我只有挤！挤！再挤！时间挤才经用，像个吝啬鬼。不要像个最大方的富翁，在挥霍中算计。愿为袁民干一切事，要打破对他的崇拜。

这几天有些怪，总有泪意在转。

7. 10月7日

上午逃了两节课，在图书馆五楼阅览室看书。波伏瓦的《人都是要死的》已看过一遍，这遍要摘抄一些。在边抄中边思考这书的哲义。我深感死生之大，永恒与有限的意义，但多少又有些无法整理清自己的思维，要查一下有关存在主义的书。

我活着，我存在，因为这是有限的，所以对于我才有无限的意义，一切才有意义。呼吸，学习……唉，只因为会消亡，存在才有其意义。

今天的天气实在是好。坐在室内穿件夹克仍有些寒意，但却格外清爽。而户外，走出树荫，阳光金色的、暖融融的，叫人千百个毛孔都张开了。所有的感觉都在复苏，涌动。天那么高，那么远。走在逃学的路上，我快乐得几乎发疯。看看阳光下的花草树木、路上行人，一切的一切似乎都明白我的狂喜，也在这美好的天气中低首微笑，爽爽地泛着光彩。

吃了中饭，就和刘言依约好的计划，骑车向磨山进发。我坐在车后座上，有些风吹来，阳光照在湖面上。我又高兴得忘形了，用手使劲地拍刘言的背："驾！我的大马，快冲——"还噻里呼噜地吹着军号。路边的小花小草，似乎因为我的注视而格外的含羞，给我一个隐约的微笑。

铺两张报纸在树下，打开收音机，听着遥远大洋传来的异国的人语，躺在树荫里，眯上眼和树叶缝中的光点做游戏。大个蚂蚁在我身上自由地通行探索，小蚊子们也不住地寻找机会。我看到一只蓝色的鸟。

翻开带来的《泰戈尔集》，从其中的《园丁集》中挑选了一篇，时而大声，时而低语，和着我含情的目光、语音，加上了情感的魔力。刘言醺醺欲醉。

"我心情很好，这真是少有的好天气！"刘言大声说。

"我——也——是！"

回程是我带他，作冲锋状。忽而又急刹车，——我要为袁民采一朵小雏菊。

刘言有些吃醋。

我对刘言说："我爱上袁民了。"

总是想着见他；但只是想，并不含有焦急的心情。

晚上，起风啦！现在和大家相处都十分好。

8. 10月8日

《月亮船》。

我一直生活在象牙塔中，生活平静，没有遇到过什么波折。除了自己天生的个性强和敏感外，生活的色彩本不浓艳。要有挫折和苦难的磨砺，才会造就一个人，能战胜他们的人就会懂得真正的生命。我是未经风吹过的湖面，是未被火炼过的原矿。我渴望着、武装着、准备着。

还好，我有自己，极鲜明的自己。但我还未能在别人的故事中投入感受。刚才我看到（《月亮船》中的）楠楠的童话书被撕又被妈妈打伤时，我成了那个亲自探望楠楠的老师，那种痛心和悲伤席卷过来，我几乎落泪。抱着看看别人是怎么写出东西来的想法看别人的作品，到后来不禁汗涔涔的了。他们的文字锤炼多么好，艺术感觉这么强，总在一定程度上超出了常人的感觉。而只有这一种超强的感觉，才会打动平常人。我还不成熟，经历太浅，对生活、对人、对世界懂得还太少。不过，我有一个优势——书。我要多从书中学习、感觉、体会。光有书不够，更重要的是生活。生活的滋味是活过了才能知道的，以身试过，方知个中三昧，方能写得出来。当然，我不是为了写出来而生活，我首先是要为生活而生活。但我也希望写出来，不止我的生活，而是我同时代的人，我所代表的阶层的人们的生活。我活着，我不仅用我的生命和存在来证实，也要用文字来说明，让人们了解我，懂得我。我要成熟至少还要五年时间。是的，袁民，我懂。我懂得不付出代价就没有收获，我付出我的生命来换取一份真正的生活。

月亮船啊月亮船，你漂过楠楠的童年、少年和青年，你漂过中国那阴气沉沉的十年，那么多的哀伤刻在你的船帮，那么多的血水溅上你的船身，你怎么仍是那么美丽呢？静夜中，当人们从精神重枷中悄悄释放心灵时，你就悄悄地驶入他们的心中。乘上月亮船起锚吧，纵使前方的路不知几多孤独，几多险恶，重要的是追求。有了生活的热望，生命的向往，日子永不虚空，苦难总不会打倒我们。终有一日，我会说，我无悔，我活着，将对所有苦难轻蔑地微笑，而再无羁绊。

我给袁民写信。唉，他看了会怎样呢？

9. 10月9日

早晨的阳光中，我独个坐在草地上。当我旁若无人地读着给袁民的信时，我知道这会是一封永远发不出去的信了。因为我害怕，害怕自己表达的不尽意，害怕他的不了解，害怕了解后的改变。总而言之，我害怕这种已有的平静而快乐的心的认同被打破。我只有等待，在这件事情上，我只有等待它的自然发展。高兴或悲切，想说的时候，我会在信上面加一些的。这和日记不一样，日记是写给自己的，而信总有个说的对象。

我是不会发信的了。

明天，明天会见到他。心里不知是个怎样的盼望，但我知道自己仍只会是平静的，平静而快乐。什么发生了呢？一个如梦的夜晚，一次心的交流而已。可确实有些什么发生了呀，不然我为何心中总像有了个期盼？精力永远不枯竭，日子也充实，眼中的世界也变得生气勃勃而可爱。影响是不知不觉地潜入了我的生活中，正如刘言预感到的，袁民会影响我极大。

有些后悔自己没有管住自己的嘴，什么都要跟刘言说。他明天无论如何也要见见袁民，我不明白他的目的何在。哎，假如我没和他说那么多就好了，这样他也不会不开心，我也能保有这个极美的秘密。但我做不到，快乐之泉在心底咕咕地唱歌，我忍不住要分给旁边的人一些。可是傻瓜，这样别人就会快乐了吗？是啊，我真傻。

在暮色渐浓的实验室中，刘言冲动地说："我一定要等！我有耐心和信心最终得到你！"我的心不禁收紧了：我不属于任何人！我不属于任何人！我也没有任何人。后一句也许是句遁词吧。在这个世界上，可以拥有的只是一个自己。一个人要想拥有另一个人，就必须同时献出自己。我害怕那种不顾一切的永远，因为这会极可能成为另一种永远：永远的空洞。我并不想拥有人，这代价太高，这物品也太贵重，又太易碎了。所以到头来，我还是只要自己的好。

该看书了。太棒了，明早就两节课，可以去查一下书了。

将刘言的脏衣服臭袜子抱了回来，还是这样好，为他做些实在的事，我愿意他快乐。看到他一烦恼生气就头痛、不吃饭、睡不着，脸一下子削尖，胡子一下子乱长，我心就痛。明天，洗衣妇的中午，太阳可要与我合作哟！

头胀极了。《百年孤独》，马尔克斯魔幻全都旋成了一个大锅，还飘有石榴香。

该跟茅写信了，他怎样了呢？其实我关心吗？在乎吗？自己都说不清道不明的。

……

那时节，太阳总是挂在天空中的，万物欣欣向荣。我是世上唯一的女子，容貌美丽，品德淑贤。一天，在南山下闲荡的时候，我折花为据，与清风共吟，与林中的百兽嬉游。我看到了他，他是个身躯魁伟的巨人，方方正正的肩背。当他密密胡须下的厚嘴唇向我吻来时，我的心颤颤的、痒痒的……一缕阳光忽然射入我的心里。

他成了我的夫君。每日我们一起相伴，他狩猎，我在家中做饭洗衣。

太阳不见了！

绾好发髻，扎上绑腿，穿上我青丝编织的草鞋。真的要走吗？不要！不要！我怕这月黑风高的夜晚，我怕这群兽四伏的荒原，别走，为我留下，留下。

不行啊，我心爱的妻子。不是我不愿意守护你，不是我心狠，但这太阳是一切生命的希望，为了你，为了所有人，我要出发去寻找这生命的光源啊。

泪，流吧！

等待，等待。终有一天，太阳又升起来啦！

远方传来消息，一个叫夸父的人，追逐日头，喝干了渭水、汾水，渴死了。他化作了山川河流，而太阳中孕育了他的精血。我的夫君啊！

冲到河边，这脚下的土地可是你的胸膛？这奔流的河水可是你的血脉？我的脚下渐渐生出了根，我的四肢变成翠绿的叶子，我那受你爱怜的脸庞变成了花朵，而我始终守望的是天空中行驶的你的心——太阳。依着你胸膛化作的土地中，吮吸着你的血化作的河山，沐浴着你爱的光，我开花，我孕育我们的孩子成千上万，并遍立各处，都以相同的姿势追随着你。人们叫我们向日葵。

10. 10月10日

袁民感冒了，精神也不大好。他将我要的书送给我后，再没有交谈的意思，说："好，你回去吧。"平淡的脸上什么痕迹也没有。我有种失望，但还是走了。

走在路上，我想折回去，大胆地对他说："我们乱聊聊。"想想无趣，走了。

他不是我这个世界的人。毕竟我对他的佩服和欣赏以及我们的交往，都是属于另一个我的。在这样现实的世界中走动着的我，想起来有一种空洞苍白的感觉。

走到四楼，去找润。见她一个人坐在床上，掀开帘子，呆呆地坐着，一点也未觉察，似乎入定的样子。我疑她是不是在练什么功？怕惊她走火入魔，于是等她。等了一会，有响声了。问她，原来是找书找不着，在发呆。就上了她的床，和她闲聊。她说羡慕我，这么不顾束缚的自在。听她说了不少，我几次想说说自己的感觉，又还是没有说。自己有什么好说呢？还是就她的话接口吧。她为什么要这么认真地说羡慕我呢？殊不知，她的独特已经叫我有些自卑，我已在尽力克服啦，而她这么认真地一再说羡慕我，我几乎要瞧不起自己啦。受不了！！

我以后不想再和她深谈了，我感到压抑。我不愿这样明晰地感到我自己的不足，这样没有自信。我不再和她说太多了，我要在充实一下自己后，再真正地让我的灵魂说话。固然她视我为好友，欣赏我，对我好；可我确实在交谈中真切地感到一种心理上的不平衡。除非我们是平等的，否则我是不会成为那个自信而真实的自我。她要去找袁民，我心里不是没有担心和嫉妒，因为她是那样的独特、鲜明而敏感，袁民会欣赏她吗？会欣赏她超过我吗？"我们之间的心理距离最近"会改变吗？"无聊！"当我这么想时我暗骂自己。

今天上午去借了《古代汉语》，要攻一下古文，英语更是不能丢。开始干活！

给茅写信吧。把平平淡淡的小事也写下来。本来他就平淡，平淡，不亦乐乎。

润说，我这么强自我意识的人，就该找个爱我能胜过爱他自己的人，找个自我观念不那么重的人，否则就独身。是的，她是对的。

想寒假回去打工，我要闯闯。

别想太多，做事吧。

11. 10 月 11 日

收到妈妈的信，通篇没有什么充满感情的话，但却叫我看了惭愧。看妈妈说"请原谅，并体谅"，我的心因为羞愧，都要皱成一团。真的，妈妈这么勤力地工作不就是为了我们能好吗？我不体谅她的苦处，一个劲地无节制地花钱如流水。有时想想家里的钱也只是刚刚够用。我太不懂得体贴家人，要求太高了。我反省自己的心，想起家人和家里的一切，有些想哭了。

我要学习，抓紧时间多学些，争取三年级通过 TOFEL。试一下，要把握自己的机会。尽管我不像润那样，有坚定的事业目标，可我有要完善自我的强烈愿望。我必将穷极一生追求这种完善，也要在这个过程当中对周围的人乃至更大的范围的人们产生影响，作出些贡献来。当然，后者是副产品。

物质上的诱惑是很大的。作为一个女人，我所受的诱惑又更多：化妆品，甚至是花，小东西。我不否认它们会给我生活增加乐趣，但我不能也不应该太沉浸于这些了。固然我不赞成犬儒主义的过分放弃，只是要注意自己的能力，知足常乐，何况现在我只是一个伸手阶级。很是羞愧。

和刘言一起吃晚饭，吃完了一起去实验室。我明白我自己想要的是什么，我尽量挤时间学习。可是心底却有一个虚空，这虚空遂生成一阵强风，刮得我摇摆不定。我希望一个大力量毁了我。我格外地冲动起来。

但当刘言说他以不变应万变，说他不改初恋时，我又痛苦极了。被人爱是幸福的事，我却为何为这爱的长久而痛苦呢？

我渴望大风暴，渴望毁灭，渴望地狱的炼火，渴望天堂的雷击，渴望人间的抛弃！总要发生些什么吧，我暗暗执着地想，执着地等。总要发生些什么来击碎我的现在终日无所谓的冷傲的面孔，来烧灼我这麻木迟钝的心，来刺穿我的肌肤直捣我灵魂的深处，叫它发出惨叫来。……但，什么也不曾发生，也不像要发生什么。

我将自己的裙摆打开，成一朵大大的、圆圆的黑色的花。这是一个美丽的模样，是这蓝色海上的黑色诱惑之花，一瓣是一种诱惑，又含着无尽的期待。可怕的黑色，像要将人无穷无尽地吸了进去，头昏目眩。……一瓣是一种诱惑。

爱，若只是付出而不求回报，那是神。而神也是要收祭祀的呀！我们都是凡人，斤斤计较，满脑子的合算不合算。我还不市侩？

不要再试图来说服我吧。在这种无结果的争辩中，我无来由的有一种心烦和空洞的感觉。都还未了解自己，我不再屑于说大空话。

时间抓得住是金子，抓不住是流水。要等你真的伸手抓时，似水的感觉更强，一下子就没有了，到头来能从这水流中掏出金子来吗？不敢问。只问劳作耕耘吧！那收成的事，是天上的诸神的意旨。

一个下午，《如果再回到从前》的旋律总在心里耳边流动："如果再回到从前，还是与你相恋，你是否会在乎永不永远？"

想到要写给茅的信，泪又要冒又冒不出的架势。我真不知道自己是否太不自爱，这样对茅，太不公平。可明知太不公平还这样，还是总要对他依赖，直言不讳。我不明白他的心是如何承受的，他很累很累吧？不敢问他，不敢深说。只恐自己是太过分了，不敢说自己这自己那，总写些日常的起居小事。希望他从这些平淡中能认识我，以及对他淡淡的思念。可知道又有何用？我是不可理喻的。

12. 10月12日

茅，你终于开始责问我了。我的泪大颗大颗地跌落下来，我不知道说什么，一切的解释都是苍白的。我写完了信将不再去信了，让它空此一隅吧。我不能、再也不能这样了。

马上睡觉，为了忘却记忆。

下午打羽毛球累了，这会儿手都有些抖。很想 study 一晚上，可刘言等我，洗完澡心情一好，就去玩了，总归是周末。跳舞，兴致特好，强拉他去自由发挥，Disco。他像个乒乓，一蹦一蹦的。我有些忘形了，一会扭，一会儿作木偶状。不过，真的开心。蠕虫在蠕动，暖潮在袭击。我之贪心，我之虚伪。

仍然不能对刘言说永远。即使今夜，我对自己不再信任了，但我不愿说假话。

蟋蟀在吟唱。它们这些夜里的歌者啊，反复咏叹的是什么呢？生命？爱情？抑或自然？

后天就可以领 money 了。一想到会有 money，心花朵朵开。快乐的暴发户！

今天一个晚上比一个月笑得还要多，流过泪的眼在烛光下又酸起来。我原本只是一个稻谷人啊，金黄透体，没有思想，只有对自然的感应。为什么改变了呢？

不再给茅写信了。是的，我做不好。心疼，隐隐的。但又可以完全在另一个时间中忘记这一切。和刘言计划着 winter 的享乐：火锅、暖被、大雪、两情相悦。

我是个虚伪的人啊！但你以为只这么指责一下自己就可以平心静气了？不说了！走吧，路总要延伸。但是女人，你往何处去？你往何处去？

13. 10 月 14 日

旋转，最后不过是人性。

我多想带你攀上高峰啊，但我却不能够。不，我要做到。你准备好了吗，这血与痛苦的洗礼？怎么啦？泪水？为什么哭泣？

我的心先是收紧，而后一下子被撕开。啊！何其的快乐。忽然生出许多更深奥的东西，哲学、文学、词汇……混沌中夹着一次又一次闪电冲击。兴奋吗？是的！是的！……梦断了。——记梦于 10 月 14 日上午。

格外的累，睡了还要睡。而梦境也格外的凌乱。

领了钱，抵不住诱惑，买了徐志摩的《眉短眉长》。躺在床上翻看，有些不耐。一个男子须眉，这样的不堪。深情并不是不可以，可这些表达出来，除热烈外，总有种让人难受的感觉。作为文学作品可看得，但生活中真人是叫我吃不消的。大抵我是不够文学，不够浪漫，受不了这种爱法。有种慵懒和厌弃。

起床后不适意，干脆又去洗澡。洗澡真舒服，冷水冽冽的，格外爽洁，皮肤光滑细嫩。洗完澡去找刘言，不料他们实验未归，于是在球场打羽毛球，一身淋漓。此人病了，洗得干干净净的去运动，犹似鸡啄光脖子上的毛，再引颈待宰。

吃了饭后，和刘言走走。他有点心不在焉，我突然发火了，回宿舍了，也无从解释，因为这火来得也莫名。

绿兰自顾自地长得真茂盛啊！

今晚又有何梦？

总有些空荡荡的感觉；就像长发新剪，梳到发尾时的空落。想寒假与茅又是怎样的会面？

相思藤上有一枚牵牛花开了，我的心愣愣的。

14. 10月16日

去干什么都提不起劲儿，但又感到时间过去了，心里一面是热辣辣地急，一面是冷漠地望着。为了准备发言，查资料呀，翻书呀，写呀，花了不少功夫。这时方觉自己了解太少、太浅，而且又不善组织。还好有润，希望明天可以写出初稿了。

昨晚又和刘言闹了一晚上，最后又是恨爱交织地冰释前嫌。他不甘地说："怎地这样受了一夜的折磨，还更爱你了呢？"我说："因为平时太生活化，太平淡化，磨光了你爱的触觉，没有新意，一切只成了一种可怕的惯性了。这样吵吵闹闹，倒叫你历了新。"

我仍是躁动不安，总是想着不一样的东西。日子过得平淡、乏味久了，总要经历一个情绪低潮，然而自动爆炸，炸出热情，叫自己警醒，甚至不惜以痛苦为代价。话说回来，也许和茅有关，似乎表面没有什么，头脑中也未感到什么，但敏锐而深藏的心是触到了的。那泪不是落下了吗？我以为自己是没事了的，我以为我并不在乎，而实际上，我把自己也骗住了。我对刘言说不得，心一烦起来，就火起了。

是否真的不再给茅去信？我的心悬在半空沉默着。

要期中考试了，我的英语啊，唉！

15. 10月18日

好笑吗？今天又收到茅的信。他大约以为我不会介意的。上封信他那样地说我，他看来还以为我一切好好的，并等着我的信，甚至有些享受我频频去信的快乐。提那个贵州妞干什么？她自美她的，我毫不关心。有种阴差阳错的可笑的感觉。他并不知道我会伤心，也不记得他上封信是如何说的了。健忘的人不只我一个。而我现在怎么办？怎么回他的信？不回？还是回吧。怎么回？

16. 10月19日

一夜北风紧，今早一下子就晴寒起来。昨晚给娜过生，镜中有一张苍白而略带神经质的面孔。可至少在这个宿舍还可以说话，我多陪些小心，总不至于弄坏了的。

对学习不知如何是好，既提不起兴趣，又逃不得。

17. 10月24日

我想我要走向自闭，也无人可以诉说，也不想记下来。要给刘言叹口气，说"唉，真不开心"，他会沉下脸："你几时好过？"于是我明白对他是抱怨不得的。人家是什么人？你又是什么人？真可以要人这样受你的罪吗？你没有权利要求别人。于是我沉默了，于是要找什么发泄一下，但没有。又沉默了！

你现在一个人，我不想抽烟；既然一个人，何必抽呢？不用这种解脱，不如脱下面具，自己面对自己。镜中是一张平静、无疤痕、可以说有些美丽的脸。

心中的镜子呢？掀起了万丈无声的喧嚣。我对谁说，这也不是关键；关键在于我要说的是什么？是什么在折磨我？什么事使我无法安生？什么在让我消沉？什么在作怪？

我自己吗？心犹豫着。我真的不敢说，不敢这么说。因为这么肯定我一定要责备自己，要反省自己，要鄙视和讨厌自己了。而此刻的我，无聊、无味、消极。

我想回家。

我太明白自己的动机不纯，无非为的是躲避。但躲的是什么？如果是自己，那不是无所谓躲不躲的吗？难道说我有几个我：一个在这边，一个在那边？环境变了，我也变了？

我反反复复地摇头，反反复复地说"变了变了变了"一直到绝望。难道我是不思变的吗？而我又不是在变吗？只知道十分恨闾休，因为那次他要吸烟，拿出来却要我抽。我谢绝了，他仍坚持，于是无可无不可我抽了。点上火后他得意地笑了："何必装呢？我知道你想抽。"他脸上的表情让我现在想起来恨不得把手中的烟头按到他的脸上。他变了，我固然也变了。而我是不要变的，是要维持以前那种情形的，尽管也许是个虚景，但我心依旧，我情依旧。他逼我现出这个现在的形来，何必呢？为什么要打破我这个不变的旧梦？我一直不改变布景，以为这样可以不改变我的心情；即使心情已变，也可以从这个布景中找回过去的感觉。他任意挪动了这布景中的一个小椅子，于是，哗——，我的一切过往世界闪过去了，再也留不住"昨夜星辰"了。

我恨他，暗暗下决心不再找他，不再见他，不再理他。但何必？多累。那么，仍演下去、仍哭、仍念背好的台词？又何必？也累。随水逐波吧，顺其自然。

可怕的淡漠，于是我明白，从这种淡漠开始，一点点侵蚀我的心。

我一直就那么固执啊！我认为只要我坚持，一切就还会不变的。可是今天我猛地醒觉了，才发觉自己不过是一只痴迷的鸵鸟，以为沙子还是一样的，却不知道一切已经改变。而我又有不愿追求未来的心情。真的，我苦苦追求什么呢？到头来还不是一场空！一切还不是要消失？真的，我也学那位夫人的模样，在雨中慢慢地走："跑什么呢？前面也是有雨的。"也知道我太消极，但又不想逼自己去干什么。因为我确实看不到前面有什么希望啊,"曷不委心任去留"。有人说:"要活,就要好好活。"什么又是"好"呢?

一天之中只有夜晚我才清醒。白天我像熬了三天三夜的排骨面,不明白自己是在死亡线的这一边还是那一边;而夜晚,却带来一种觉醒,一种明晰,我的双目开始有神,我的四肢开始有力,我的头脑开始思考。

我在寻找着什么呢?自己。我在躲避着什么呢?自己。啊,这是怎样的一串乱麻!我必毁自己于此吗?不甘心!又何必,自找的,认吧。别用什么责任啊来推辞。当初责任没有起作用,今天也一样。我在毁灭的边缘,但仍漠然。不见棺材不掉泪,见到时就太迟了。一切已迟,只有等待审判。若侥幸逃过了,会怎样?以后仍侥幸?若是逃不过,又会怎样?一路滑下去?还是站起来,且更直?总之,现在什么也做不了。

等吧!Wait for the doom. The doom is at hand。

18. 10月25日

我最冷傲的时候,就是最脆弱的时候;锋芒最咄咄逼人的时候,就是最易受伤的时候。

夜晚的路怎么这么长?我的头痛得要裂开了。真想和他好好地慢慢走,却不知为什么大脑固执地不要接近他。明明他搂住我时我感到了依靠、温暖,却为什么仍用缄默来刺伤他?为了他方才一句"也许你的魅力还不够,也许我还不够想抓住你",哈,我又忍不住冷笑了。

有两个我,一个我爱他、体谅他,自卑,总是投降;另一个我,却总是伤人,冷漠,自傲。于是在争执撕扯中,我裂成了两半。于是我终于泪涟涟,而泪水中仍是痛苦,仍是迷惘。为什么我必得痛苦?我无法抑制对他的爱,也不能抑制自我折磨和对他的折磨。这么走下去,结局是一定的。何苦呢!可对他的爱又无法终止。但如何方可以终止?或者不再爱他?或者不再折磨彼此?

这夜路格外的长,长得像个噩梦。但终于到头,他说了声"再见"转身离去时,我的心中那么的无奈。

何苦来，你是个愚蠢的女人。上帝啊，既造我，为何叫我如此？难道我必要经历这些苦难？我想提笔向他解释，可是我说什么呢？我的心都要被绞杀死了。为什么？为什么？为什么日子越过困惑越多？为什么我必得痛苦而他也不会安乐？刘言啊，我的生命本是脆弱的，只来这世上一遭，何不忍受我多些，再多些？既说了"相逢有缘"，我要的不多，我要的又十分多，可只要你愿意，你是可以给予我的。是的，我自私，但我以为因为你爱我，你就可以包容、纵容我的一切，为什么不呢？这叫我如何是好？

泪水，无意义地大颗滚落。如果它们可以流成河，流到你的床前，月光照下去，你是否会一下子便明白了我的矛盾，我的忧伤呢？

我真可悲，因为我无法不爱他，又无法爱他。害苦他了，也苦了自己。刘言啊，我最骄傲的时候就是最自卑的时候，伤你最狠的时候就是自己受创最重的时候。

19. 11月1日

三天运动会过了两日，我为他挣面子，他十分开心。他注重外貌不好，但如果不注重也不好。他真容易满足，我很为这难过，他是那么容易满足。

茅的来信："别做叫我痛心的事了。"我有所不屑，何必来训我呀？我沉默。但他信中提到了娴。我的心，我的爱啊！

梦里？梦外？

20. 11月4日

我还能走出这低谷吗？我怀疑了。我总相信，低潮会过去的，生命又会重新欢愉。可今日，我想，这么一次一次的消沉，我有几多经磨的？我感到一种彻底的疲惫，甚至没有失望，没有想法了。不想哭，也不想笑。

吓了袁民一跳吧，我那样诡秘！疯了！

21. 11月8日

娴仍无消息，我急。娴啊，你爱上一个不回家的人，等待一朵不会开的花。娴啊!

但我并不忧伤,我明了生命中悲欢的交织。不要再为她忧伤,也不为自己忧伤。我只是深爱着她和我自己。

夜,一下子冷起来了。我至爱的冬夜!想:该下雪了。

接连梦几次游泳,不知何意。而且总梦到在不深的水中游,不自在。水只有一米多深,为何呢?这预示着什么?无奈无处可查梦。

以前做什么都凭心、凭感觉去做,现在多少有些迟钝,不知有些事如何去行动。像对袁民,那日给他那样撞到,我要解释吗?还有写下的心情,是让它随手一递一接展现到他的面前,还是仍然封存在这纸上?我不知道。女人,总要累一些,自己累自己。

中午躺在床上看以前的相片,似水流年。

好冷的夜哦,我窃喜。

22. 11月10日

还是递给了袁民我的心情,展示在这白纸上的暴露无遗。

中午晒的垫子和被子,现在坐在里面,软软的、暖暖的,还有股太阳的味道。唔——,真舒服。我要像自己戏谑的那样:"今夜做个夹心面包"了!

黄昏和刘言散步时,夕阳正好。干透的梧桐叶金灿灿的一树,渐高渐蓝的天空中,小小的月牙儿很羞很羞地笑着。这样的时分,不由得人平心静气。刘言说:"秋天的黄昏是最好的了。"我心里是赞同的,可口头上又和他争一番。缠夹不清。

散完步往宿舍走时,我对他说我爱上袁民了。他说他有些接受不了。我不是那么含蓄,这我承认。不过爱是美的,当我感到爱上什么或什么人时,总忍不住说出来,否则心中会涨得太满太满。

学习了一个钟头。

绿兰怎么有些打不起精神呢?明天要晒晒她。

23. 11月11日

月亮会不会记住?这是真的吗?我真的和他坐在那儿。哈,两颗流星吗？我们真的坐在那儿，而且像两个孩子似的。

我怀疑自己真有这么大的力量吗？但心中更多的是一种平静。

月亮沉下去了，而我，竟以为它是要升起，自西向东。

他本是蕴蓄的火山，他本是生机勃勃的人。他本是他呀，我怎会不理解？

24. 11月13日

从昨天到今天，我一直在看《日瓦戈医生》，到刚刚上课前一分钟，我看完了。我没有能力说更多，我是那样地明白他们的悲剧——在生活中的。我也有共鸣，理想与现实的冲突。我深深地爱上了拉莉萨这个纯粹的女性的形象，正如巴沙所说，在她身上，集中体现了那整个时代的悲剧，但她的本身是那样的真。随着故事，我起起伏伏。

不知为什么，我摆脱不开袁民的印象。他的形象总是那样模糊不清，但像空气一样，在我的一呼一吸中可以感到。我无时无刻地感到他在注视着我，尽管他可能专注于别的什么，可我仍然没有一秒钟感到过他的视线离开了我。这双看不见的眼睛似乎无处不在，又潜入了我的心底。于是无论我做什么，都有了一种和以往决然不同的感觉。我想它有一种力量。我不是说我感觉到了崭新的什么，"崭新"这个概念大约只属于小时候了；我只是确乎感到了不同，从心底的不同。所以我对刘言异常好起来，没有原因，没有条件，也没有目的，一切都可以用"平静"这两个字来说。而这种平静之中又蕴含着多少的不平静。

我分析不清，对袁民的感觉是模糊的、灰蒙蒙的一大团，我看不清楚，只觉得其中有一种力，我十分清晰地感觉到的，至于这种力的复合成分是什么，我分不清。真的，我分不清。

昨夜和刘言散步，我觉得有一种分明的不同。我分明感到了夜的气息那么清晰，但又好像这种感觉本就存在于我的体内，本就十分熟悉的，只是今天它们慢慢地恢复了知觉。所以我没有惊讶，也没有狂喜，只是平和的、淡淡的喜悦。

一切是那样的自然，似乎我本就该这样的。我在这时，明明白白看到了我的爱，也看到了不可避免的日后的别离，但我的心中是这样平和，不惊奇，也不悲伤。

我掉下去了，一直下坠下坠，终于有了落到实地上的平静。

起风了，大概来潮了。

怎么说呢？虽然我们现在只是像朋友一样，但我总不能忘记那种感觉。

我惶惑了。我像是已经没有什么还手的欲望和力量。糟糕！现在我感到自己是要被这种大力量拖到一个深渊里，无能为力。怎么会这样？怎么会这样？我欣赏他，但洪水一下子淹没了我。该死！而我无法找人诉说，只有自己在浑浊的水流中奋力地找到落地。

妈妈给我寄了 50 元钱，看她的附言，一样的家常话儿，而泪一下子塞满了心。提笔写生日卡给妈妈，万千言语到头来只是一句："我会自觉。"真的，空话有什么用？千万句也不顶事。我恨自己的无能，我的心啊，你不要痛了吧。妈妈啊，你永远是我精神上的荷叶，我的遮蔽处。只是你自己也不知道，我是这样痛切地爱着你和这个家！

想和人说说袁民，但我找不到任何一个身边的人，只有写信给娴，她会答复我的。我需要她。

太多的事要做：学习，report，查资料，编舞，篮球比赛，写信，看书。又拿起《美国短篇小说选》，English。

25. 11 月 14 日

绿兰现在已经在他的案头了。昨夜我梦到她一下子凋落而枯萎了，我心疼之极。

不过，我已将信递给他了，他会照顾好绿兰。既然这样，我在怕什么呢？

看一本中国知青部落。作者是真诚、是扼腕，是急切地要表露这一代人的心迹，但还是有欠功力。不过他自己也意识到了，他在前言中说道："也许这不是什么伟大著作，但是真实地记录了这一代人的悲剧。"他过长的自序也代表了这一种渴望理解的心情。

想我和刘言的感情，这确实是一个女人的爱，从我接触到这么多异性来说。他确实改变了我许多，至少从少女到女人。但我爱他不够，否则我必会处理好与他的关系，看到彼此不同的处事方式，但仍然可以和谐。

过程就是结局，所以我要走好每一步。

26. 11 月 15 日

近来梦境异常地清晰。昨夜梦见下雪了，我"哈哈"地笑着，大叫着，不停地旋转。大朵大朵的雪花飘落下来，像从天堂降临的小精灵，我用手接住它，很仔细地看它，然后吃进嘴里，有一丝丝的甜。吃了一朵又一朵。我还是以为，堆起来的雪更美，于是跑到一个小小的山丘边，伏倒在山岩上，岩下积满了雪，成一种美丽的结晶体。我使劲地找，却还是找不到一处厚厚的雪……

明天又要见袁民了，我是又盼又怕。他可会由此改了面目，让我吃惊呢？我太易胡猜了，不会的。

27. 11 月 18 日

刘言出去实习了，心里和身边一下子荒芜起来。

现在倒真是对袁民有了份说不清的感情。中午逆着下课汹涌的人流去见他，心中蓦地有种感动。……我愿逆流而上……依偎在……

及见到他时，心中安乐极了。才说了几句，他要赶我去吃饭，我要起赖来，说不要吃。他越劝我越不干，心里只不愿意走。

28. 11 月 19 日

润说的是，其实我骨子里并不是一个潇洒的人，对外部的东西在乎得很。

很忙。中午练舞，下午打球，晚上看书。

但总有些不踏实。现在身边是一个爱我的人也没有了，没人关心，没人听我发牢骚。不过，我会耐住的。寂寞来吧，今天你我决一雌雄。

感情是永远不会得到满足的，我只好不理它，让它长满乱草吧。

袁民又怎样呢？有了份感情，有一种共鸣，有一种真正平等的感觉。

也许我爱刘言，但他和我不一致，而且日后他对我的个人追求一定会有限制的。他需要的是那种崇拜他的女孩子，但我不是。明明并不合适，却又遇上并爱上。上天，你是如何安排这一切的呢？

依润的意思，茅是对我最适合的。可是……他真的太平凡了。我并不是说不安于平凡，可是和他太少共鸣了。不过，他倒是让着我很多很多。

寒假看他怎样了，一直也没有再来信了。

29. 11 月 20 日

为什么还是叫他们说让袁民等我，有事呢？下了体育课就跑去了。一见他，跳过去，展开一个毫无保留的笑。

其实有什么事呢？什么事也没有。什么也没必要说，尽说些细细碎碎的小事，比赛呀，练舞呀，出操呀，吃饭呀，但有一种特别得意的感觉，像是水母在水中伸展开须爪，那么随意，那么自在。

想再去看星星，但想想还是作罢。

总想和他多待会儿，那种安适得意的感觉真好。

一会儿写些什么给他吧。

他评论我的新衣像猫装。

30. 11 月 21 日

昨天夜深了，琳来找我。她的面色很差，还一个劲地打抖。听她讲完了事情，心里是怎样的感觉呀！但我尽量平静，给她一点不成熟的建议。一子错，满盘输。看看眼前的这个人，一个和我有太多相似的人，我只感到无限的悲哀。因为她带给我一切自己用心遗忘的记忆，那么纷杂。她的男朋友是那样卑鄙的人，而我何其愚蠢，何其幼稚，居然还相信那个人。我先是震惊，而后是心中无尽的死寂。

夜，冷冷的。我们聊了很长一段时间。

31. 11月22日

下雨了，今天。在学习的间隔中，远处歌声传来，我的心缓缓地被牵动。

留心过心跳吗？扑通——，扑通——，反反复复只是唱这个调子，词却有好多。

看了琼写的作业，又看了老师的评语，心中有种说不上的滋味。文章本天成，妙手偶得之，这一切是假不来的。

勉励自己学习，无论如何也要学些什么。

32. 11月23日

信仰对于人们来说，是十分重要的精神支柱。我会找到一种信仰吗？

我想作蝴蝶了。蝴蝶是不老的，而且是没有眼睛的。

夜是神秘的，层层地包围着我。它按时和我拥抱，这时空间就起了变化，我缩到自己仅有的躯壳中。然后它又跟了来，一下子拉大我的躯壳，让我在过去和现在中旅行，交叉不停地让我看着各种流动的风景。

自习结束后，和润一人背个大书包，边走边聊。被八舍的音乐灯光所诱惑，反反复复转了两三圈，决定轻轻松松去玩。

和她跳舞真好玩！她不白的小尖牙，"快三"把她转得一直开着嘴笑。拒绝别人的邀请，一直坚持相依为舞。直至曲尽灯灭，仍意犹未尽，又一起去散步。

刚才她忽然要求我观察许多画面中的一个。"是一对，"她说，"男的生气了，女的这样鼓起腮帮，一脸的闷闷。然后那女的递个苹果过来，他仍一脸不乐；但接过来，削呀削的。削完给女的递过去的时候，头也不偏一下。大概女的叫他先吃，他吃了一口又递过去。那女的啃呀啃的，都快没了，就把核递给他。他仍不回头，接过去不发一言地接着啃……"

33. 11月27日

昨夜梦回三中了，却又明白身在异地。望着宿舍的窗外，竟是从未料到原来这后窗的风景和中学一样。树影婆娑，在我身上跳舞。远处的操场像是要翻新了。一切都已经不是旧日的模样，即使是你的记忆。而后一个人来到那大湖边，自在地跳跃飞腾。袁民远远地在人群中过来了。有老师说学生课外活动开展得很积极么？我做了一个漂亮的后空翻，不去看他心中的怔然。天气是阴沉沉的，没有太阳，可湖面上仍是波光粼粼。对岸有一苇草扭着纤腰，我一下子扎入水中，在水底大口大口地嚼起苇草的根来。我坐在苇草根里，流出的泪没有人可以看到，这样一湖水全是我的泪……

昨天，我和袁民随意地聊。时而正经地争论一些问题，时而又像孩子似的吵闹。就想和他在一起，可铃响了。

刘言仍没来信，我甚至希望他就此分开好好地想清一切，把我割舍了。他太重肉欲。现在我的心情很平静，即使是想到他，也毫无牵挂。

和袁民的交往和感情是无法说出来的，根本没形、没源、无边、无际。

看康德的《纯粹理性批判》。头痛，头痛还是要看！

34. 11月28日

拿本书走出去了。我尽量全神贯注于书上。

我要去觅食了，揣着新借的十元钱。我慢慢悠悠地来到小摊边上，先买了饼干；其实也并不十分爱吃，只是想买，想享受买的快乐。然后，又被小米粉店前大大的油锅上金黄的葱油煎饼所诱引，向师傅笑嘻嘻地问价，并声明一定要葱多的。师傅抓了一大把葱撒在正在煎的饼子上，并说："认清你的饼。"我又进到小店里，大叫："来二两素米粉，多放些青菜！"然后，两头忙忙地跑，直到饼在筷子上，碗在桌子上，人在凳子上，才安安定定地开始享受我的晚餐。金黄的灯光，小店里一切都有一种模模糊糊的亲切感。店家和客人大声喧哗，我也老实不客气地大口大口地吃东西。对面的中年男子吃得把眼镜都摘下来了，我们一起满足地发出"吧嗒，吧嗒"的声音。我的全身都被热汤暖过来了，鼻尖上都有些冒汗，整个人在快乐之中。等喝完汤走出小店后，这愉快的心情久久不散。

我想自己何必这么小气，为了这件根本不应该的事生气！润是我的好友，袁民不会对她有什么特殊感觉的。不过，袁民又是我什么人？我如何了解他？我所了解的他不过是他所暴露给我的那部分。在和他交往的过程中，我整个知觉系统处于混乱失灵状态。

如何解释我的失望和烦躁？不知为什么，润阻止我对袁民产生感情，但我觉得和他在一起新鲜、快乐。难道说我已经对他产生了某种情感？我不知道，只有等时间来证明。无论结果是什么，只要是我做出的，我必会坦然接受。我俨然已经将刘言放入过去时中了。我真不明白自己是如何对待感情问题的。这样地轻易抛开，这样的漠然，岂不是说明我不真和虚伪吗？可是自问又从没有做过假。要说对刘言不是真爱吗？但我曾感受到它是。即使今时，在某种意义上它仍是一种实在的感情，只是存在于过去了。

我不知道自己是不是在有意地制造悲剧。其实刘言对我那么好，为什么不可以试着改变一下自我，只是一味地想到必然离开？即使此刻我正在反思批判自己，还是无法想象一个大团圆的结局。无论我对他好还是不好，似乎都是为了加重这个结局的悲剧色彩。我这是在干什么？生活？还是演戏？但即使这样，我仍无法放弃这个自认为注定的结局。我这是怎么了呢？就像一样东西，当我拥有它时，就得亲手打碎它不可；而在失去它时，又痛切地希望可以重拾往昔。这是一种什么心理？是犯贱吗？

现在在这烛光下，想起什么都是不真实的。刘言、袁民、茅，一切的一切都是虚幻的，甚至这个我也是一个幻象而已。于是一切都没有必要再说下去了。

35. 11月28日夜

和颖聊天聊到这般时候，也是够少有的。聊家乡柳州。

其实说我是属于柳州人，也不对。我不属于任何类型或种类，但我却被归入这一类中。其实自己实在不是的，回家走在大街上，我就有一种格格不入的感觉。

想起袁民，在夜深的时候。他似乎成为一种理想，而他是否是呢？

36. 11月29日

命运是这样地捉弄人吗？当你完全没有意识到时，它给你一个惊喜；而你尚未回过神来，就已失去。于是你希望、等待，却不见重现。——这是偶遇袁民有感。

老太太牵着小孙女的小手，一起走着。啊，我没有多久也会成为"她"——老态龙钟，青春已成为遥远的回忆；而不久前，我不还是那一个"她"吗：天真烂漫，蹦蹦跳跳。而现在的我，夹在她们的中间，正是尴尬的时刻，是最该珍惜的时刻。可是，青春的门上写的满是错误。我踩尽落叶，却找不到我的那一片。

不想多写了，和袁民说说话吧，所有奔涌的情感和思想只敢在暗夜中渲泄。

37. 11月30日

哎呀，我要去面对他了！没见时想见，可见时又怕了。小女孩吗？

走！

38. 12月1日

刘言回来了，初看躺在床上的他，彼此都有一种陌生感。

借衣服忙了一上午，中午又排练，晚上匆匆忙忙去化妆，赶去体育馆。在后台排练时，袁民从后门进来了，我真是开心！

他故意和别的同学说话，直到我叫他一声，他才看我。

跳舞！走时装！

这两个星期，我的心境跌宕了几次，中间曲曲折折的，长过两年。现在的我，每天都在思考中，在变化中成长。

看完了《I'm still me》，眼泪夺眶而出。

我是这样一个不遵从社会规则的人。当我想念着袁民时，我这样想。是我善于逃避现世，只注重内心的快乐，不然我怎么会同时感到心上的重荷？也许我实在是太反传统了。

刚洗了澡，心情怡然。

张春醒在日记的"扉页题词"中，对自我作出了如下两个判断：第一，我是一个"变形人"，我的日记是"变形人日记"；第二，我的世界是一个"扭曲的世界"。她的第一本日记和第二本日记要回答的是：我为什么是一个"变形人"？是谁让我变了形？我的世界为什么是一个"扭曲的世界"？我的世界到底是被谁扭曲了？第三本日记要回答的是：我能否走出这个扭曲的世界，成为一个真正的自己？本节的标题是根据日记34中"刘言、袁民、茅"原话的直接引用，这一顺序也代表了此阶段她对三个男生在她情感中的地位的依次认识。

茅是最先出现的。张春醒与茅的友谊是在中学阶段形成的，当茅在国庆假期从外地来看她时，张春醒陪他很开心地逛了一天。从茅送的一个日记本、一只小熊和一个彩蛋来看，他与她之间还处于从小男孩和小女孩的情谊向青年男女学生之间的情谊过渡的那种状态。日记本的封面是绿色，也象征了主调是一种清纯而非热烈。这个最先出现的茅，张春醒将其定在"一家人"的亲情位置上。然而，人的情感很复杂，这种亲情似乎并不那么纯粹，看似不在乎，有时也上心。日记14中张春醒发火，就与茅有关。她自白道："似乎表面没有什么，头脑中也未感到什么，但敏锐而深藏的心是触到了的。那泪不是落下了吗？我以为自己是没事了的，我以为我并不在乎，而实际上，我把自己也骗住了。我对刘言说不得，心一烦起来，就火起了。"日记15记载她对茅在信中提到的"贵州妞"表面上毫不关心，"她自美她的"，实际上已有所妒忌，以致不知道怎么回信，要不要回信。

刘言也同样出现在第一则日记中。张春醒对茅与刘言区别非常明确："长江夜景是不会陪你看的，要留给他"，这是向茅公开表达了自己的感情归属。她因刘言与陆芳"逛来着,而且答应她后天一起去南湖"有一种"心痛欲坠的感觉",并且表示为了刘言她"要远离一切诱惑,改掉一切坏习惯、坏毛病"。她意识到她对刘言的感情具有爱情的性质,而要达到"专心专情",就需要割裂与茅的说不清是什么的那种东西。这种是否"专心专情"的拷问与反思在其后的日记中反复展示出它的复杂性,乃至成为日记所达到的人性深度的标尺之一。

然而,爱情并不是孤立的,它总是与个体的其他精神气质相互关联。张春醒与刘言所建立起来的情感关系,因为有"陆芳""茅"夹杂其间引发了两个人的内在性格冲突。日记2说:"他冷冷热热,我也软软硬硬。""今晚我要随风而去,你又来这做什么?难道你不是在我满心希冀时冷冷地说明天仍要与她出游么?""我不会去求人的,永不!这一生最恨求人。而你来这里除了冷漠,也带来你的不甘和希望,你也不会低头,你却要我求你。我知道我的泪水和哀求可以挽回,但又何必?我不会这么做,也不必这么做。"这种状态使她预感到她与刘言之间"不过在玩初一和十五的游戏"。但当她狠心想放弃的时候,马上又犹豫起来,又伤心起来,又斗争起来。思想上理还乱,感情上却剪不断。少男少女早期的恋情,游丝般地漂移不定,那根游丝只要遇上一点东西,马上就会粘附上去。只过了两天,早上刘言给了一个"激情的拥抱",她马上就"挣扎"起来;到了中午,她就与他在一起吃饭了。"一切复了原","和和美美",并"约了晚上要去看电影"(日记3)。

在日记5中,第三个男生袁民出现了。初遇的袁民对于她,是纯粹的"自然"。她在第一次与袁民外出时,所记述的全部是自然景物:下起了雨,空气清冷,蟋蟀叫起来,桂花香飘袭过来,一只萤火虫飞过去又飞过来。此时,"人与自然相融了"。在这种情境中,她与袁民是"完全平等的交谈"。"很少有人能既听我的,又发表自己的意见",这是她以前没有体验到的。"我有一种心灵的平静和舒适。总之我有了一次新的……"这一次似乎什么也没有的"空镜头",她却感觉到"一次新的……"到底是"新的"什么,此时她是无法说清的,她只是"自觉轻松多了,也沉重多了"。在第二天的日记6中,她回答了昨天的两个问题:为什么轻松?因为她"自信我会成为他的知心"。为什么沉重?因为她似乎预感并且惧怕与袁民之间产生情感而违背了对刘言"专心专情"的传统伦理道德要求。她甚至已经感觉到自己的"不一样":"每晚的星星一样,每晚的我不一样,不一样的我看着一样的星星。"因为与袁民的相识,她被这种莫名的感情调动起极大的学习热情:"干活,干活!要干的活很多,真多!太棒啦!勤学苦干。干吧,流汗吧,出力吧!""我是个工人,我自豪极了,愿意学习,愿意了解,愿意懂得……愿为袁民干一切事……"当她用一种"戏言"的方式对刘言说"我爱上袁民了"的时候,她怀着多重心绪:"第一遍是笑着说,第二遍是有些平平地说出来,而第三遍没有说出来,只是心里一句叹息。"她的道德与情感的矛盾开始了,自此以后,她就一刻没有安宁过。

开始,张春醒的心里对于袁民和刘言还没有发生实质性的冲突,他们共存着;但后来就不同了。日记7记载:"吃了中饭,就和刘言依约好的计划,骑车向磨山进发。我坐在车后座上,有些风吹来,阳光照在湖面上。我又高兴得忘形了,用手使劲地拍刘言的背:'驾!我的大马,快冲——'还噻里呼噜地吹着军号。路边的小花小草,似乎因为我的注视而格外的含羞,给我一个隐约的微笑。"这时,她与刘言在一起还是愉快的,当刘言说天气好心情就好时,她也附和着说出"我——也——是"。然而,在回程途中,她载着刘言骑车"作冲锋状"飞奔的时候,忽然急刹车,因为她看到一朵小雏菊,要为袁民而采摘。此时,她的心立刻急转到了另一个男生身上去了,而那"雏菊"则象征了她与袁民感情的初始、纯粹、自然和朦胧。当她再一次对刘言说"我爱上袁民了"的时候,与第一次的"戏言"已经有所不同:她"总是想着见他",虽然并不焦急。她原来与同学关系相处不好,甚至为此而调换了寝室,与袁民的交往甚至对于她与同学相处的关系改善也具有效应:"现在和大家相处都十分好。"在她的情感世界里,已经留给了袁民一个很大又很重要的空间。再进一步,在一个多月以后,她在日记22中第三次对刘言说"我爱上袁民"时,她已经无视于刘言是否能够承受了。"爱是美的,当我感到爱上什么或什么人时,总忍不住说出来,否则心中会涨得太满太满。"她如是说。

因为她把袁民看作自己的"知心",所以渴望向他诉说,她开始写信了。对于这不能发出去的信,她既陶醉,又害怕。她陶醉什么呢?她陶醉在"旁若无人地读着给袁民的信"的幸福之中,陶醉在想说的时候就"在信上面加一些"的快乐之中。她害怕什么呢?她"害怕自己表达的不尽意,害怕他的不了解,害怕了解后的改变。总而言之,我害怕这种已有的平静而快乐的心的认同被打破"。在再次见袁民的前夕,她的心情是复杂的:"明天,明天会见到他。心里不知是个怎样的盼望,但我知道自己仍只会是平静的,平静而快乐。什么发生了呢,一个如梦的夜晚,一次心的交流而已。可确实有些什么发生了呀,不然我为何心中总像有了个期盼?精力永远不枯竭,日子也充实,眼中的世界也变得生气勃勃而可爱。影响是不知不觉地潜入了我的生活中"。她将与袁民的情感说成是"极美的秘密""快乐之泉在心底咕咕地唱歌"(日记9)。她在等待,等待她与袁民的感情的自然发展。

而正是在这一过程中,她与刘言的真正冲突开始了。刘言说:"我一定要等!我有耐心和信心最终得到你!"某些男人对于"得到"女人,是一种获取猎物的心态,他们从来没有将女人当作平等的人,而是当作财产,当作装饰品,当作战利品,当作满足私欲的工具。莫斯和列维-斯特劳斯在他们的著作中所说的"交换女人",就是把女人当作"物"来看待的。而具有觉醒精神的当代知识女性当然就会反抗:"我的心不禁收紧了:我不属于任何人!我不属于任何人!"(日记9)同时,她也不会去拥有另外的人:"在这个世界上,可以拥有的只是一个自己。一个人要想拥有另一个人,就必须同时献出自己。我害怕那种不顾一切的永远,因为这会极可能成为另一种永远:永远的空洞。我并不想拥有人……我还是只要自己的好。"可见,张春醒将自己的个体独立性看得非常重要。她将刘言的脏衣服臭袜子抱了回来,度过一个"洗衣妇的中午",只是希望"为他做些实在的事,我愿意他快乐",并不表示她接受男人对她的拥有。她甚至再也不愿意与刘言共同赞同某一事物。日记 22 说："黄昏和刘言散步时，夕阳正好。干透的梧桐叶金灿灿的一树，渐高渐蓝的天空中，小小的月牙儿很羞很羞地笑着。这样的时分，不由得人平心静气。刘言说：'秋天的黄昏是最好的了。'我心里是赞同的，可口头上又和他争了一番。缠夹不清。"

张春醒是一个真正奋进的学生，虽然她有时不断说自己无望，说自己消沉。她经常用"干活"来激励自己。日记 8 说："要有挫折和苦难的磨砺，才会造就一个人，能战胜他们的人就会懂得真正的生命。我是未经风吹过的湖面，是未被火炼过的原矿。我渴望着、武装着、准备着。"她贪婪地阅读了大量的书籍：哲学、文学、语言学，什么都读。她希望与袁民并肩齐行。她思考着人生的意义，思考着"永恒与有限"、生与死等问题。日记 7 说："我活着，我存在，因为这是有限的，所以对于我才有无限的意义，一切才有意义。"日记 32 说："信仰对于人们来说，是十分重要的精神支柱。我会找到一种信仰吗？"张春醒是一个有着很高自我期许的学生，她有着当作家的理想，也有着很好的文学潜质。她对于"润"的一次舞会观察的记载，她在小餐馆吃"金黄的葱油煎饼"和"素米粉"的描写，她看到一个老太太牵着小孙女时的联想，她梦中所作"深秋，猎户星座落入了我家的花园"的诗性语句，都显示了她的良好的观察能力和艺术感觉。她对大自然有着特殊的敏感。冷空气来袭，她非常激动，她将寒冷的冬天看作她的"季节"，在这个季节里，她有了"新的生机"，心中充满"柔情和欢乐"。有时为了体验美好的风景，她甚至率性地逃学。日记 7 说："走在逃学的路上，我快乐得几乎发疯，看看阳光下的花草树木、路上行人，一切的一切似乎都明白我的狂喜，也在这美好的天气中低首微笑，爽爽地泛着光彩。"

张春醒也看到自己的不足。日记 8 记载她看了小说《月亮船》的时候，感叹作家们的"文字锤炼多么好，艺术感觉这么强，总在一定程度上超出了常人的感觉"。她知道自己"还不成熟，经历太浅，对生活、对人、对世界懂得还太少。"但她并不自卑，说："还好，我有自己，极鲜明的自己。"这说明张春醒认识到作家独特的个性对于作品的重要性。除此之外，她说还有读书和生活："我有一个优势——书。我要多从书中学习、感觉、体会。光有书不够，更重要的是生活。生活的滋味是活过了才能知道的，以身试过，方知个中三昧，方能写得出来。……我也希望写出来，不止我的生活，而是我同时代的人，我所代表的阶层的人们的生活。我活着，我不仅用我的生命和存在来证实，也要用文字来说明"。而现在，她还没有准备好自己的武器与本领。她渴望给她一片深广浩瀚的大海，这种渴望已经深入了她的潜意识。日记21记梦："接连梦几次游泳，不知何意。而且总梦到在不深的水中游，不自在。水只有一米多深，为何呢？"

具有如此一种心智、才华和追求的张春醒，显然与刘言不合。日记11说她与刘言在一起总感觉到"心底却有一个虚空，这虚空遂生成一阵强风，刮得我摇摆不定"。她渴望自我的重塑："我希望一个大力量毁了我。我格外地冲动起来。""我渴望大风暴，渴望毁灭，渴望地狱的炼火，渴望天堂的雷击，渴望人间的抛弃！总要发生些什么吧，我暗暗执着地想，执着地等。总要发生些什么来击碎我的现在终日无所谓的冷傲的面孔，来烧灼我这麻木迟钝的心，来刺穿我的肌肤直捣我灵魂的深处，叫它发出惨叫来。"然而，现实生活中的另外的那个她，却总是不能抵御一些诱惑。她将裙摆打开所形成的一朵"圆圆的黑色的花"作为诱惑的隐喻，说："可怕的黑色，像要将人无穷无尽地吸了进去，头昏目眩。……一瓣是一种诱惑。"她批判自己在这种黑色面前，斤斤计较，过于市侩。

她心目中真正的男子，一个她愿意嫁其为妻的男子，在日记9中借一次梦境揭示了出来。她是在南山下闲荡的时候，与清风共吟、百兽嬉游的时候，看到了她的男人的。而她则是"世上唯一的女子，容貌美丽，品德淑贤"。当她的男人吻她的时候，她感觉到"一缕阳光忽然射入我的心里"。他们开头的生活很安宁："他狩猎，我在家中做饭洗衣。"可是有一天，太阳不见了！太阳是一切生命的希望。"为了你，为了所有人，我要出发去寻找这生命的光源啊。"她的夫君如是说。于是他出发了。她等待着，等待着。"终有一天，太阳又升起来啦！"可是她的夫君并没有回来。他"渴死了。他化作了山川河流，而太阳中孕育了他的精血"。而她的脸庞这时变成了花朵，始终守望着天空中行驶的太阳。"我开花，我孕育我们的孩子成千上万，并遍立各处，都以相同的姿势追随着你。人们叫我们向日葵。"《夸父逐日》的故事已经幻入了她的灵魂，成为她美丽的梦！"夸父"是她的爱情理想，可刘言不是，绝对不是！但是，在现实生活中并没有夸父，于是她只能在周围寻觅比较接近的那一位，袁民便是。她在日记35中说："想起袁民，在夜深的时候。他似乎成为一种理想"。她与袁民有着心灵相通之处，她领悟到她的禀赋个性与袁民有着一致性。但是袁民似乎总是远离她，总是"没有交谈的意思"。日记10记载一次路遇时，她想说"我们乱聊聊"，但又觉得无趣。她感觉"他不是我这个世界的人。毕竟我对他的佩服和欣赏以及我们的交往，都是属于另一个我的。在这样现实的世界中走动着的我，想起来有一种空洞苍白的感觉"。她对当下的自我"没有自信"，感到压抑。她要等到"充实一下自己后"，再真正地让灵魂说话。当她的朋友润要去找袁民时，她"心里不是没有担心和嫉妒"。这个具有"不白的小尖牙"特征的女生同样是个才女，同样是那样的独特、鲜明而敏感，张春醒生怕袁民会欣赏润超过自己，何况这个才女还阻止过她对袁民的感情。

然而，现实生活是另外一个样子，刘言还在死打烂缠地追求着她。日记13的梦境可能是她的一个隐喻，她用一系列隐晦的词汇不知在说什么事件，但这并没有给她带来情感上的升华与超越，反而莫名其妙地"突然发火"。她的心是"愣愣的"，感叹"绿兰自顾自地长得真茂盛啊！"后来的几天，她"干什么都提不起劲儿"，而且又和刘言闹，然后又是循环式地恨爱交织地冰释前嫌。她无望地说出了如下的话："因为平时太生活化，太平淡化，磨光了你爱的触觉，没有新意，一切只成了一种可怕的惯性了。这样吵吵闹闹，倒叫你历了新。"（日记14）

那么，张春醒是否已经堕落了呢？她到底是"变"了还是"没有变"？她对这个问题有话要说，但她又不知道问题的症结在哪里。日记17说："关键在于我要说的是什么？是什么在折磨我？什么事使我无法安生？什么在让我消沉？什么在作怪？"她想躲避，"但躲的是什么？如果是自己，那不是无所谓躲不躲的吗？难道说我有几个我：一个在这边，一个在那边？环境变了，我也变了？"她借第一次抽烟的经历来说当下的事："我固然也变了。而我是不要变的，是要维持以前那种情形的，……我心依旧，我情依旧。他逼我现出这个现在的形来，何必呢？为什么要打破我这个不变的旧梦？我一直不改变布景，以为这样可以不改变我的心情；即使心情已变，也可以从这个布景中找回过去的感觉。他任意挪动了这布景中的一个小椅子，于是，哗——，我的一切过往世界闪过去了，再也留不住'昨夜星辰'了。"她知道她已经变了："我一直就那么固执啊！我认为只要我坚持，一切就还会不变的。可是今天我猛地醒觉了，才发觉自己不过是一只痴迷的鸵鸟，以为沙子还是一样的，却不知道一切已经改变。"可是她不甘心于她的改变："啊，这是怎样的一串乱麻！我必毁自己于此吗？不甘心！"她要等待："等吧！Wait for the doom. The doom is at hand。"这种矛盾的纠结，这种徘徊的情绪，这种"变"与"不变"的思辨，使她"裂成了两半"，变成了"两个我"。"于是我终于泪涟涟，而泪水中仍是痛苦，仍然是迷惘。""这夜路格外的长，长得像个噩梦。""我的心都要被绞杀死了。"（日记18）这种痛苦使她"感到一种彻底的疲惫，甚至没有失望，没有想法了。不想哭，也不想笑"（日记20）。

　　而只有当她与袁民坐在一起的时候，她感觉到的是一种不可置信的愉悦、平静乃至陶醉。日记23说："月亮沉下去了，而我，竟以为它是要升起，自西向东。"日记24说："不知为什么，我摆脱不开袁民的印象。他的形象总是那样模糊不清，但像空气一样，在我的一呼一吸中可以感到。我无时无刻地感到他在注视着我，尽管他可能专注于别的什么，可我仍然没有一秒钟感到过他的视线离开了我。这双看不见的眼睛似乎无处不在，又潜入了我的心底。于是无论我做什么，都有了一种和以往决然不同的感觉。我想它有一种力量。"又说："一切是那样的自然，似乎我本就该这样的。我在这时，明明白白看到了我的爱，也看到了不可避免的日后的别离，但我的心中是这样平和，不惊奇，也不悲伤。我掉下去了，一直下坠下坠，终于有了落到实地上的平静。"日记25记载她将象征自己的"绿兰"送给袁民了，并叮嘱他好好照顾。日记27记载她见到袁民时"心中蓦地有种感动。……我愿逆流而上……依偎在……"于是，她的"心中安乐极了"。日记29又说见到袁民时"有一种特别得意的感觉，像是水母在水中伸展开须爪，那么随意，那么自在……总想和他多待会儿，那种安适得意的感觉真好"。日记31记载她对袁民的感情使她注意起自己的心跳："留心过心跳吗？扑通——，扑通——，反反复复只是唱这个调子，词却有好多。"日记33则说："和袁民的交往和感情是无法说出来的，根本没形、没源、无边、无际。"所有这些都表达了她对袁民感情的深化。

于是，在张春醒的心中，一个是形愈近心愈远，另一个则是形愈远而心愈近。日记25记载刘言给她带来的是"从少女到女人"的改变，但她爱他不够。日记28又说："他和我不一致，而且日后他对我的个人追求一定会有限制的。他需要的是那种崇拜他的女孩子，但我不是。"日记33记载刘言去外地实习没有来信时，她说："我甚至希望他就此分开好好地想清一切，把我割舍了。他太重肉欲。现在我的心情很平静，即使是想到他，也毫无牵挂。"一个重精神追求的女生与一个重肉欲的男生如何可能相匹配？故而，在两人分离的一段日子里，她已经考虑清楚最终结果；当刘言重新回到校园时，他们"彼此都有一种陌生感"（日记38）。

每当她陷于袁民与刘言的感情纠结的痛苦之中的时候，每当她心很累并且"失望和烦躁"的时候，张春醒就会想起茅。近处的不合适，理想的在远处，而茅就在不远不近处。她将茅当作心累时歇息的港湾，并希望一种平淡。"本来他就平淡，平淡，不亦乐乎。"（日记10）但这只是张春醒瞬间的自我安慰，很快她就离开了这种感觉："依润的意思，茅是对我最适合的。可是……他真的太平凡了。我并不是说不安于平凡，可是和他太少共鸣了。"（日记28）润的观点是从世俗实际出发的，但对于张春醒这种希望理想与情感合而为一的女生来说，显然是不满足的。而且，这个现实的港湾也并不宁静，茅有时也会责问她，使她无言以对，只能采取"不再去信""马上睡觉""让它空此一隅"的回避态度（日记12）。

第二节 "袁民—刘言—茅"[①]

1991年

39. 12月4日

"像个孩子似的。"袁民笑说道，然后说，"再见！"

"像个孩子似的"，我回过头来仔仔细细地审视自己。为什么像个孩子呢？真是个孩子才好，那么我不必了解这么多，不必理智，整个社会所有的观念不过是玩具，我可以轻松一挥，将他们统统毁掉。但现在？"我怎么办呢？"明知道不该问你，可还是问了你。我真的迷惑，找不到出路。而这世界原来竟是有路的吗？我不敢用我的思想了！

要为他录一盘磁带。可我说什么呢？

下午又去找他，没有见着。我问那棵小树，小树害怕得一动不动。为什么怕呢？我的样子很凶很凶吗？走上台阶，走上台阶，会失望吗？可本来没有抱希望，我又怎么会失望？我还没对你说再见，你怎么能走呢？我怎么办呢？

袁民，袁民，袁民；不思，不想，不惑。我要化成木头。

袁民，这正在考"人哲"，多么可笑啊！我们大家简直成了复印机，稀里哗啦地抄成一片。考试成为一种欺骗，自欺欺人——人世最惯用的伎俩。我因看得厌恶，匆匆地交了卷。连我也不明白，自己在这考试的流感中呓语了些什么。我根本不能同意教材中板着面孔的说教，而考试又只能按照课本来。荒诞！我——不——！

考得我心里很烦。今晚我不要做梦了，以示抗议。

[①] 第二本日记共15则，时间：1991年12月4日至1991年12月23日。

袁民，我意识到自己的急躁心理，胡啃乱嚼，到头来，胃里是满了，消化不了，营养还是上不来，大脑里仍然是混乱加空洞。今天将《西方现代派文学与艺术》结合《外国现代派作品选》来看。我很佩服荒诞派先锋的探索及反叛行为，他们敢于冒天下之大不韪对传统戏剧说"不"。这是一种创新。在"二战"后文明、信仰被摧毁的废墟上，以这种新的形式、新的语言来揭示这时人心的空虚、灵魂的扭曲、世界的怪诞，来求一个新的存在。"他们在试，在试着'存在'。"福斯卡如是说。

那天你十分惊奇地说："你也在看康德的《纯粹理性批判》？"其实我从很早起，就买了这本书，后来只是受情感的支配看这本书。我说过我们在精神上、人格上是平等的。只要当我们灵魂相对时，我可以与你在任何一个领域找到共同的探讨兴趣。我有着小小的骄傲和虚荣心，希望得到你的重视，不论哪个方面。我原来看这书真是感觉头痛，现在不了。今天我又认真读了一遍《纯粹理性批判》的第一版和第二版两篇序文，很高兴地发现这些字句有序地、清晰地出现在我眼前。我有了兴趣，接下去要认真地啃这本书。目前仍然是在大量阅读的过程中，不可能那么快就产生什么自己的观点。我要在观察、学习、比较、思考中找到我关注的焦点。

等一下，起床的铃响了！音乐响了，让我们听完第一支曲子，袁民。

晚上和刘言出去散步，又吵了！他说："傻瓜！处久了，感情凝固了。吵架是调节剂，吵完后，又重新觉出对方的好。"我麻木！

袁民，我真的很累，而你只能远远地看着，甚至连看都不看。怎么啦，我？我怎么抱怨你呢？这一切不是我所明白的吗？可我真恨自己明白了这一切。我还是可以自控的，我会好的，会重新平静下来。其实，袁民，我只是个平凡的女子，我要求什么呢？如果有一份情义，在它之中，就已经蕴含了人世间一切的智慧和神秘，我相信。哦！不说了，我会好好读书的。刚刚又拿到了一本《达罗卫夫人》和一本《到灯塔去》，我要好好看看。

又是夜深了，你在干什么呢？什么时候才会收到你的信呢？晚安，晚安！

40. 12 月 5 日

袁民，远天的云层变幻无穷，在燃烧中默默地隐忍着。飞过的孤雁和我的口哨声一应一和。骑坐在板凳上，从高高的图书馆的平台上四处逡巡着。东湖一片氤氲。手中抓着《安徒生童话》，一个一个故事流过我的脑海……。我佩服安徒生，他的故事不仅有一种孩童眼中世界的醇美，更有一种寓意和哲理。以后我要自己养三个孩子，不管他（她）胖胖的还是瘦瘦的，我都爱他（她），从小给他（她）讲安徒生的故事。

学习！什么都还来得及，只要我抓紧。

沃尔芙的艺术感觉真是好，《达罗卫夫人》这么一个中篇，对于声、色、意识的把握既准确又独到。真该从她那学些什么。其中有一句"爱意味着孤独"留在了我的心里；又云"情到深处人孤独"，现在我就是孤独而平静。

袁民，你和我一起上自习，我们认真地各学各的。你真是个孩子，我心里有一种属于母性的温热。有眼睛盯着我——这个美丽的我，一双、两双……；但另一个我冷漠地看着这些眼睛，一如看着不远的桌椅。你什么时候来信呢？

41. 12 月 7—9 日

那夜的云，我还记得。

说了什么话，对你，我却已遗忘；

我什么也不记得，

除了夜雨敲窗。

托着腮，听那音乐，望着窗外的冬天。我没有听清唱的什么，只是让心随着那音乐高低迂回，泪水从我年轻的脸庞缓缓地流下，但并没有任何伤心的感觉。一切都很好：窗外的冬天，窗内的我；心中的河流，耳内的音乐。远方有多远？远方有多远？请你、请你告诉我。

我不要什么，只要一份小爱情。总以为只要执着，一切都会有个结果。所以，那歌手反反复复地唱："给我一切的答案，给我一切的答案。"所以，夸父去追赶太阳，他以为他可以赶得上，赶上了就可以挽得住。所以，人类一直认认真真地上演一幕又一幕戏剧，不管重复多少次，不管内容有多么荒唐。我们以为自己执着，一切都可以阐释。

袁民，天气一下子转冷了，冬风怪笑地恶作剧，扑上来抱住我。嗨，我以为你不来了，我笑。怎么会呢？你又掠到梧桐树上，使劲地摇着树叶。我拾起一枚悠然落下的大片黄色的秋，谢谢。

让早上的雾给冻化了，这回干脆哭了出来。一阵疾雨打到窗户玻璃上，斜斜的几十个叹号。车子是开回家去的，家不会有雨，那儿总是阳光和水果香。还以为今年没有冬天了呢。我的头发，轻佻的家伙们，一下子扑到冬风怀里，乱扭着向它献媚。会下雪的，我相信冬风的话。

回到寝室，看到桌上有妈妈的信，有些担心，会有什么事吗？原来妈妈是挂念我了，心里又想哭。我这个最小的女儿哟，一定要好好学习，为了妈妈！

本来要投信的，可看看夜这么冷，邮筒冷冰冰地、孤零零地站在那里，想想要我的信在这冻一夜，那字句间的热情、相片上的甜笑要给冻住了。我不忍心了，等明天太阳升起来的时候，再让它快快乐乐地流去吧。

看书，我要看书。现在想到语言起源问题，也怪有意思的。不过还要多走几步，看看自己天赋与能力再说。袁民，心里有个愿望：要以后可以在事业上与你携手，多好！

在看文学作品时的出入态度，应该把自己分开来：一个自我（感性），沉浸在书中情节、人的内心，去体会、去经历，以求达到共鸣；而另一个自我（理性），要保持与作品的距离，以评鉴的态度来分析其艺术特点、结构、主题等等。一个身在庐山中，察其精妙；一个在庐山上空，观其全景。刘言说："真怕你哪一天不食人间烟火了，我怎么办？"

静夜的乐曲流转，似从水底传来。

袁民，我想着你，无时无刻。这静夜的音乐，每一个音符撞击、敲打着天空的星星，偶尔有一颗划过你梦中，或你冥想的脑海中，你是否会知道我又在念着你。

盛在洁白的心形瓷盒中的蜡烛大滴大滴地落泪，袁民！

袁民，我病了，胃疼。应了你的话了，不好好吃饭。全身没力，不写了。真想你！

有意思，我在被窝里"呜呜"地哭了好一会儿。如果这是最后的时刻，我要求什么呢？袁民？

那天，去图书馆的路上，袁民，发现干枯的梅枝上凸起了千千万万个小花苞，我的心一下子满满地要溢出来。啊，它们在努力呢！……暴动……我又偷笑了。自以为是同谋的一分子，蜜蜜地笑了。

看完陈染的《角色累赘》，我的心里有一种默默的认同：人们对于自身的思考，对于自身与世界的思考。无论从任何一个方面来说，我走的都是一条平坦的路，而且至今还没有摔过跟斗。那么，我不知道，是什么赋予我的心灵那么纤细的感觉呢？我总是一直要保持自己的本色。我还是在象牙塔中，如何就已经知道世上的风雨侵人多多呢？赤橙黄绿青蓝紫，我却不知自己要选择的到底是哪一色了。我只在最初的感觉中去接触，去抚摸，去体会。怎么回事？本来要说的是看了这小说的体会，又扯到自己身上来了。哦，还是回到小说上。作者这个敏感多思没有年龄的女子，笔下的那种女性特有的纤细、敏感、独特，又有些神经质、梦幻、浪漫。揣想陈染就该是这作品中的"我"，个人色彩十分浓烈。

我就这样喜爱着现实的、活生生的东西。在文学作品上，我也倾向于现代的作品，感觉贴切，可以与之一起呼吸。而一打开传统的作品，固然风景美丽，人物栩栩如生，却总是一种图书馆的味道。

还是回到小说读后感上。不穿鞋的隐士、老Q这两个人物，可以说是现实的人，也可以说是象征：前者是理想中的一种超性别的爱，后者则是现实的、肉欲的、机器的。看到这，我又要加入自我的感情了，我不得不想到了袁民与刘言。对于袁民就是一种无欲无求的感情，没有时间性，没有空间性，也没有性别。他本人既已成为象征，我既已了解他，那么，我的这份爱如何还是一种性爱？这是一切爱的结晶。当我爱上袁民时，我爱的便是一切了。而对于刘言，他是这个现实中的。哎！不说了，理想与现实，这是无从解决的问题。如果我必须选择，我所面临的就不只是爱的选择，而是我整个人的选择，所有一切面临的一场抉择。而在现实中，我是毫无选择可言的。我的懦弱！

最后一次，让我远远地接过你掌心里的温热。
然后，我就离开，走出你那，遮拦视线的睫毛林。
请不要送行，不要和我冰冷的双手相握，不要遥远的守望。
让我们背立于晚风中，背对目光与目光的反射，
把那条寂寞的小路拉长，
留我一人享用。
如果，在一个秋天清澈的早晨，你突然醒悟，
那么，请沿着这条小路，就像那爬满青苔的石阶，
季节不带走旧日的歌。
如果，永远是黄昏等到夜晚，夜晚等到黎明，
那么，我将在荆棘中昂起头颅，以一种坚韧，以一种沉默，
像松柏挺拔于山坡。让一去不返的山风，拂过凝固成大理石的我。

啊，她其实只是个单相思的又失恋的小学生，我无由地将自己扯进去，只是因为执着！

42. 12月10日

怎么啦？又疯癫了一个中午。大约我的青春的泉水就是这样的，平静之中总有股狂暴的力量，一旦决堤，奔泻千里，痛快淋漓！

袁民，你仍然没有来信。我其实也不等待。你不来信，那是意料中的，你从来没有来过信啊！可我，真的就是这么理智、这么冷静吗？难道不是每日的目光都要望向送信人的手中，希望着竟有一天，哦，竟有一天……哦，袁民！我欲说：不要把这逃避包上什么精美的

外壳，让其甘之如饴；不要……不要这样清楚明白。一切不是这样！看看你的小女孩吧，今天她穿上大人的衣服，就这样一本正经地思考起大人的问题来了，煞有介事地背起手，皱起眉，她以为一切会得到解决的。

你会笑一笑吗？可我这时落泪纷纷了。

43. 12 月 11 日

袁民，他看了我的日记。他说就是不许他的女人三心二意。

现在的我一无所有了，包括我自己。

好冷啊！我的精力一点点地被冷气抽走，随我的热量。可我还在赖活着，还忘不了我的责任。心里这样空茫一片，什么也做不出来。我软瘫成烂泥，每天不上课只钻被窝，要不看书，也看不进。看谁谁不顺眼，真想吵一场，打个人或干些什么。可到头还是灰溜溜。我什么也不想，什么也不要求，我已死了。整天就像软壳蟹一样，缩入我的狗窝中。

分明一切都不存在了，分明一切都不存在了。可这世界还一样，还要上课、吃饭、说笑。我想哭都找不到原因。

袁民啊，我毁了一切，却不知为了什么！为了你吗？本就没有什么求的，却还是求了。真可笑，真滑稽，真荒唐。我要解决自己，这一切！要活下去。新干岛不也从废墟中建立起来了吗？我这算什么？①

44. 12 月 12 日

够啦，我对自己不耐烦！吼！别再整天这样灰溜溜地到处找骨头啃似的乱窜了，要不烂死在心里，要不埋到书中。可我还是整日地混闹，看上去整个一大傻瓜。我不知道该干些什么。定期去吃随便遇上的小吃；还有三三两两地戳毛衣，一下一下地戳，把时间戳过去；还有看书学习，大学英语听力练习……我像一个野狗似的，没家没伴没目的地。这是怎么啦？这样子也找不出发泄的理由。幸亏还有例假

---

① 从"我要解决自己"至"我这算什么"一段日记字特别大，特别潦草，作愤怒状。

不调、胃疼、长新牙让我可以请病假，但心里窝的这一大堆空洞怎么排出？这叫什么事？不好好吃饭，胡乱看书，睡觉时乱动。我终于拉肚子了，一天三四趟。想着这就好了，一下什么内心沉重会全没了；不料到最后变得人像根空心竹，一吸气，从鼻腔直凉到小腹，没了沉重感，空空荡荡的没了着落。

我和谁说去？

45. 12月14日

我一个人去逛书店，逛精品店，看录像。走在路上我大步流星。哎呀！心上的伤口是可以用透明胶粘上不再去触碰它的。花钱，我在花钱买东西中快快乐乐。在书店买了《红字》，走出来一个人到录像厅看《滚滚红尘》。韶华，韶华易逝，她那张凄美的面庞！

回到刘言身旁时我就开开心心地，做情欲的俘虏，变了样来吻他、逗他。我自己碎了，碎得迷离。

夜已很深。聊完天，看了半本《红字》终于放下。吹灭蜡烛后，滑到被窝里，合上眼，一下子跌入黑谷……猛听到有人轻轻地唤："小醒，小醒，你这个三妹！"是你吗？是你吗？今夜想起你的宝宝来，就唤到我枕边来了吗？我再倾听，余音也消失在空气中了。于是只有从记忆中挖出那熟悉的声音，在心里一遍遍揣想。袁民，我欲落泪，心里空无一物，沉沉的。我徒劳地在心里叫你有什么用呢？

我睡了去，夜梦里没有你。就是一丛大红花，燃烧在黑暗中，艰难地大口呼气。夜梦里没有你。

我什么也不要想了。来，快过新年了，让我给妈妈、好友准备新年卡片吧。

46. 12月16日

今晚有梦！

袁民的信，缓缓地在我眼前拉起一层纱幕。他离我远了，而我只有在原地看他不断地远去，又永远地在那儿注视着我。甚至哭都不能够，但于一切中我仍感到欢喜。我的袁民，我的袁民啊！我怜惜地将你贴在唇上，贴在心口，温柔极了，心酸地欢喜。

和刘言在昨夜好好谈了很久。在我乱闹发狂之后，平静地有条理地谈了。我尽过心，也还会尽心。袁民，他本来无所谓什么关上大门，我几时真的在现实中踏入他的门槛了呢？现在我必须行动起来，别再耽于个人的情感中了。总有一些什么是必须执着的，总有些什么是必得放弃的。别，好姑娘！这么多爱你的人都在看你。快动身吧！天边那颗星星不是在召唤你启程吗？开步——走——！（请允许我再小声地说一次：我爱袁民！）

茅在哪里？在远方。他是我的一个朋友，离我不远不近。

47. 12月17日

在这冻得透明的冬夜的大街上，我和刘言一如每对热恋的年青人，旁若无人地拥抱，大声说笑，我们快乐得似伊甸园里的亚当与夏娃。刘言，我不可爱吗？他吻我的唇以示回答。这一刻我愿意承诺一切，但，我没有说什么。

我不知道现在哪里还可以存有那个最真的我？不是这里，也不是心里。心已被所有的事情所充斥，我不在那里。

夜在游荡着。风在邀请我：小丫头，走吧，我们一起去天国花园，去采食那颗智慧的果实，这样你的头脑中会开出新的奇异花。我披着白色的睡纱，赤足走到玻璃门前，月光在玻璃上跳起舞来。我手抚在一本大书上，这书面上大大的一个"人"字。跪在荆棘丛中，鲜血开成天鹅绒的大丽花。

咄！何来花？何来情？"我自不开花，免撩蜂与蝶。"

你以为无花果的花心就不会言语吗？你以为无花的果真是无粉而孕吗？

我的无花果！

48. 12月18日

故意扭曲刘言和陆芳，我猥琐地笑着。但心里却自我反感：怎么可以这样？我压根不关心、不在乎他们的事，而且希望他们有事。可我偏偏做这种不齿的事，偏让别人难受。我的内心斗成一片狼藉，明白自己天生有一种俗气，但同时又天生有一种真诚和向往，在争斗撕扯中我幻成不同的面孔。袁民如果看到我这个，他作何感想？我在自责中将头埋进被中，深了，深了。

　　有人偷看了你——我的心录。我先是愤然，"娘希匹"一句甩出去，而后感到的是更深的悲哀与累。何苦呢？这儿没有任何别人想得到的东西，对谁也无益无害。我仅有的一点自留地还要来插上一足！不可能对刘言说，他会教训我："看，我早就说过……"口气比老妈还老妈。也不可能像高二那次那样查出是谁而后狠狠地冷冷刺伤她，并让她孤独。这已是无意义了。我已非当日好斗的我，何况也无所谓得失的。我只是深深地累了。

　　送洪飞燕，何静兰请酒。杯盏交错，蓝旺旺的酒精火舌，红晕晕的面颊，粗俗地大声叫令。我的舌头吃多了麻麻的辨不出味道。面前有晶蓝小杯中纯清的白酒，但我并不想放纵自己，只干了两杯就埋头吃菜以及对别人的问话报以得体的微笑。酒虽不多，我的头开始疼起来……透过双手的肉栅栏，我凝视着什么也不是的一点。头痛得一跳一跳，跑八面敬酒真要我的命。她们纷纷地涌来，夹着各自的问询。啊，够了，心大喊：我讨厌这一切的关心，留我孤独，留我头痛，留我无力地面对自己的虚弱。但"没什么，多谢关心了，没什么，真的"是我浅笑下的回答。该哭了，该崩溃了，撑不下去了吧？八面耗去了体力，心跳加速，面色惨红。撑不下去了吧？垮成一摊无意识的泪。但我没有，我也不会。"这两天像只鬼。"孙慧聪说。她是关心我吧，但我不要关心的。我要关心但不接受关心，像只鬼吗？我又嬉笑地和她玩了一组文字游戏，亦真亦假。当别人在乎我的存在时，我倒要遁形了，许是已不再善于直抒胸臆，快乐悲苦我都愿用捶胸大叫来代替语言。语言永远是我的大敌，袁民不就藉了它们来把我关在了柴扉之外？

　　酒意还是有的，我在月华如洗的平台上放声高歌。中国的，外国的，一支接一支，真的是放歌！月儿的美丽是我歌声的韵律。我唱，唱支歌落在这夜晚中。

这时，由不得我、真是由不得我不想起袁民，从心底的深深处。他的目光还在注视着我吗？

仗着兴致，吹口琴，想若有心事的女孩子枕上闻见，会潸然泪下（我的心为自己的设想所打动）。而月光悄悄地揭开黑色面纱，叫一切纤毫毕现。她微微颤动的鼻翅，泪一颗将落未落悬在睫上。

"我还要涂高级雪花膏呢。"这是我对孙慧聪邀我同寝的笑侃。真的，我怎么这么滑腔油嘴？现在还有什么武器不精通？撒谎，打花腔，明里一套暗里一套，除了阿谀奉承还不曾为之，还有什么不精通？以前我可是个心口如一的好姑娘。以前——，以前是再也回不去的世界，不如多想想尘世的实在。只有在袁民面前才可以摘下所有的面具。真的吗？在袁民面前就是真性情了吗？我可敢在他面前火一样的辣、水一样的柔？这叫我夜半想来心痛鼻酸。啊——，噫——，学京戏中的哭腔，拖得老长老长，哀哀戚戚。

真假！在成人的世界中多是黑与白之间的中间色，再无什么雪雪白、漆漆黑的事，就好像中国人的眸与发并非墨一般黑。你执着什么？王朔小说中的男子全都是这种时代的高级产品，不入流的、不雅不俗，不中不西，不真不假，就那么活着。你说是实在吗？我却摇头。说话中间滑油带多了，血液一流动渐渐全身都带了这种润滑作用，包括大的眼睛。于是地球成了个亦方亦圆的烂玩意儿。

你立足于此，四围一看，啊，怎的突然来到了绝境？四边是悬崖，而末路于迷蒙中看不清晰。你于是大哭起来。

灯熄了。

49. 12 月 19 日

茅很温和地问我："到底去哪里玩呢？"山上的雾。红叶，说是采了送萍的。还有一种灿烂的白花吗？一切旋转起来，我嗫嚅着拼命要说出那到底是何处，却仍只吐出无意义的语词。"玉龙潭吗？"茅迟疑地问。"对了，就是玉龙潭。"

他向前冲去，跑着跑着眼看不见了。急急地问路人，却都不知他跑到了何处。一辆卡车呼啸而来，我一咬牙，纵身抓住车后的门杠，吊在上面，让车子怒吼地带我向前冲。转弯处车速慢下来，因不知要去的目的地是哪个弯道，我松开手，因惯性在地下打了个滚。

嗨，怎么走啊？

转这个弯，再左转一个弯，就到了。

哦，谢了！

哗啦，雨伞下的我看着一群老友骑单车冲来。怎么，你们也是同路的人？

青——！我撕心裂肺地叫起来。路那边灰色雨衣下一张圆圆的脸上的眸也一下子睁大了，豆啊——

"有多久没见了？"在我拥抱中是谁问的一句？"十年了。"轻松的一句话，似水流年。青卷毛下圆脸那么清晰地向我笑着，涩涩然地竟不知问候些什么。青啊——十年了。

（梦断）

琼说："让我们来办一份自己的刊物。"

"我们俩？"

"嗯。"

但我现在什么也写不出来，自己觉得真正有内容的变不成词句。现在心中早已硬化，说出来的连我都不信。

50. 12月19日

"总觉得你不太像这个寝室的人。"耿莉笑道。

过客，是个过客。除了我的生命，对一切我只是个过客。

袁民，让我静静地蛰伏于你的门前吧，不求入室，不过也别拂开我。我是怕了身边的人们和那些无意义的喧嚣。袁民啊，摒除我内心的杂质，重新塑一个我，在我原有的泥模上完成一件真实的作品。袁民，我辗转反侧地呼唤你！

51. 12月20日

下楼时，润正上楼。一抬头见我真开心。

"在楼下呢。"润说。

我急急地下楼梯,嗵——嗵——嗵——,楼前一堆行李。他坐在一个小包上,面前一大箱子铺的是一大堆纸和笔,还有书。他瘦了些,还长了胡子,那双眼睛一样的清亮、镇定。

我不言语,只看牢他。我说什么呢?

将目光从他的面上移开,啊,怎么这漫山遍野的竹子全开花了?

竹子开花,啰喂!

"我自不开花,免撩蜂与蝶。"袁民,可竹子开花了呀,漫山遍野!

竹子一开花它的生命就要完结了!

我在追求一刹那的美丽。我在永生的青春中迷失了,而在迷失中双脚早已载我随人潮卷过了这个十字路口。可我的心为何还要徘徊,徘徊在这已成为过去的十字路口?为了一遍又一遍重温新鲜的痛楚吗?也许我私下以为为了不可得之快乐痛苦而活也是好的。

52. 12月20日

下雪啦,夹着漫天的丝雨,白白的一片片地落下来。我走进灯光温暖的室内,使劲地跺脚:"哦,大地,你头发全白啦!"

上课的时候我什么笔记也没有记,面前摊开的是康德的《纯粹理性批判》,漫无目的乱翻乱看。

老师在上面说了什么好笑的故事吧,大家都哄笑起来。我也茫然抬起头来笑了两声。老师瞟了我一眼,说:"有的同学没有用心听啊。"我又心神涣散地低下头啃起我的指头。

袁民,你知道吗,我梦到竹子开花了,漫山遍野的花!

怎么有些忧伤?

昨夜和润的对话又乱七八糟地涌上脑来,我也说不清也不要记住了。

忧伤?为了什么呢?想我自己就这么固执:明明知道一切没有开始没有结尾,明明我并不是潇洒得不求结果,为什么还要骗自己呢?理智上我是明白、是了解、是懂得,为什么还要逼自己、逼别人呢?我做不到洒脱,因为这份情义确实在。我并不是在追求一个若有若无的东西，可对于现实来讲，这情义又是不在的。我就是这样的傻，这样的固执。

竹子开花了，开在我梦中。袁民，你以为是怎样的一种感觉呢？

我这又是在自虐，我为何不放手？如果不放手，就还是不明白。可是，可是，理智就这么能永远不败？永远统治情感吗？在这种争斗中，我感觉到血在流，橙红色的幕布升起在眼前，光怪陆离。这也是真实的。OK，只要它是真实的，再痛苦我也去承担。

我很想写些什么，可现在写不出来，什么也写不出来。但我不着急，我会蛰伏着吸收、等待。今天我所感受到的，有一天我会用文字来让别人共鸣。不，我不急，我知道，我会长大。为什么不让我经历呢？既然这是必然的磨难，我就有勇气去面对，这是我真实的生活，只有这样我才会长大，一定！

绿兰很憔悴，有几片叶子卷起来，病怏怏的。我心疼，但不愿打扰她，让她自己去挣扎，我会为她喝彩的。我等待她最终怒燃生命的绿！

53. 12月23日

我受不了啦！把自己的相片拿出来："我撕了它。"

刘言看着我："你撕嘛。"

手握住相片的中间，穿泳衣的我手搭着凉棚笑。

我撕了！

他不语。

心里是万般不愿却终于横下心来。于是我的笑容成了两半，最后大海成为碎片。

他取出他的一张，也要撕。我说："何必？"他就住手了。

何必？是啊，那我又何必呢？

刘言说起陆芳的故事。

"她哭起来真的和你不一样，那眼泪那么大，那么大，一颗一颗地往下落，她的脸伏在列车的车窗上，泪水沿车窗玻璃蜿蜒而下。"

好凄丽的一幅画，心里油然对她升起一种怜惜。

"反正我们的缘也尽了，我们最后一次……"刘言嘟嘟囔囔地说。

我擤了擤鼻子，默不作声。

"像你这种人，本不该结婚，更不该恋爱……"

是的，我是……

我在考虑，那种先委身而后希望渐渐去改造他的这一选择是否正确？我的心灵一直处在与现实这股大力量的对抗中，我的伪装和被迫顺从最后会变成一种真实？会被同化了去？那样对于今日的我是个莫大的悲剧。我是怕这样的。

刘言说我："人怎么可能光想着生命的意义、价值才去活？"

我说："你错了。我一样如你所要求那样真实地活着在形式上，但在精神上我不满足，不明白，所以要疑惑，要寻找。"

"那么，难道我们这样过就无意义了吗？不，你别抹煞你自己。"

"形式的生命虽有意义，但我坚信的是内容上的、精神上的一种真义。"

"我是比较重物质的人，精神只有通过物的表现才有意义。"

"不！不是这样！"

我们谈了许多人生问题。他说不过我，恼了，卡着我的喉咙使劲晃我的头。我仍无动于衷，坚持自己，只是喉管难受，呼噜呼噜直响。他终于松开手，沮丧地说：

"你怎么可以这样？怎么可以这样？"

也许是头被摇得发晕，伴着喉内一阵阵的痛，我扯着沙哑的声音叫着："你要怎样？你要怎样？要掐死我吗？我现在还活着！还活着！还不够吗？"此刻感到心上的压抑和肉体上的痛楚是如此地真实；但转瞬，我又平静了，说："这不是你的错。"

"那么，是谁的错？"他追问。

我摇摇头。

远天有个微笑的皱纹扇。

袁民，你是个木头人么？你是在压抑自己的内心，而外表显示出一本正经的虚伪。不过，我不会去揭你的痂口。你不是我的，我也不是你的。在这世界上人人彼此相连，又彼此独立。我在努力让自己的心情释然，从对你的个人的爱中解放出我自囚的心灵。我又何必执着于一人一事呢？

（梦中）

"袁民，我最爱花了，你爱吗？"我在漫山梅花中问你。

"不爱。"

哦，我知道了：不爱即是爱，无情原是有情的最高境界。噫，这不是自相矛盾了吗？并不存在内外之分。我不能用理想王国的尺度去衡量现实的东西，这是不同的质。

我的身心仍处在世俗中热烈地挣扎、磨炼，一种境界会使我更爱、更执着于生命的本质，只是不让心灵为一些物欲或魔障所迷。

袁民，原谅我前一刻对你的批判。我还幼小，仍需进一步悟。我的道路仍在探索中，但我有信心。

本节标题中对于三个男生的排列顺序是依据日记 46 中的叙事次序，这种次序是张春醒的潜意识中的顺序。

在第二本日记中，张春醒的青春泉水冲破了堤岸。日记 42 说："我的青春的泉水就是这样的，平静之中总有股狂暴的力量，一旦决堤，奔泻千里，痛快淋漓！"决堤以后的青春泉，自由自在地流动，不再受束缚了，她的自言自语的臆想也多了起来。她去找袁民，没有见着，她不解地问"那棵小树，小树害怕得一动不动"。她想象她和袁民已经是恋人关系，因而抱怨："我还没对你说再见，你怎么能走呢？我怎么办呢？"起床的音乐响了，她也设想与袁民共同听完第一支曲子再起床。她对教条主义的考试方式的厌恶也希望得到袁民的赞同。即使是和袁民在读同一本康德的书，她也感到骄傲与兴奋。夜深了，她在假想袁民能够听到她的声音，问道："你在干什么呢？什么时候才会收到你的信呢？"（日记 39）当袁民开玩笑地说她是孩子时，她会把自己当成"宝宝"，晚上就梦见袁民"唤到我枕边来"（日记 45）。而她也将袁民看作孩子，说："我心里有一种属于母性的温热。"她想象与袁民"一起上自习，我们认真地各学各的"场景（日记 40）。听到一首感伤的歌曲，她的"泪水从我年轻的脸庞缓缓地流下",反复追问"远方有多远?"她知道这份爱情没有答案,但她却偏偏希望有答案:"我不要什么,只要一份小爱情。……给我一切的答案,给我一切的答案。"天气转冷了,刮起了冬风,她把冬风也比作袁民,先说是对方扑过来的:"扑上来抱住我。嗨,我以为你不来了,我笑。"后来,又说是自己扑过去的:"我的头发,轻佻的家伙们,一下子扑到冬风怀里,乱扭着向它献媚。"她此时真正是"无时无刻"不想着袁民。听着静夜的音乐,她说:"每一个音符撞击、敲打着天空的星星,偶尔有一颗划过你梦中,或你冥想的脑海中,你是否会知道我又在念着你。盛在洁白的心形瓷盒中的蜡烛大滴大滴地落泪,袁民!"在病了的时刻,她遥遥地发问道:"如果这是最后的时刻,我要求什么呢?袁民?"在她努力学习力求上进时,她想:"袁民,心里有个愿望:要以后可以在事业上与你携手,多好!"(日记41)而袁民终于来信了,但却在梦中:"袁民的信,缓缓地在我眼前拉起一层纱幕。……我的袁民,我的袁民啊!我怜惜地将你贴在唇上,贴在心口,温柔极了,心酸地欢喜。"(日记46)这些没有逻辑、没有理性、乱打乱撞的话语,就是她的感情的奔涌,就是她的青春泉的倾泻。

但是这一切,都是单向的思念,最终是失望乃至绝望。她盼望着信,但她知道永远也盼不来。然而她并不甘心,深情地说:"袁民,你仍然没有来信。我其实也不等待。你不来信,那是意料中的,你从来没有来过信啊!可我,真的就是这么理智、这么冷静吗?难道不是每日的目光都要望向送信人的手中,希望着竟有一天,哦,竟有一天……看看你的小女孩吧,今天她穿上大人的衣服,就这样一本正经地思考起大人的问题来了,煞有介事地背起手,皱起眉,她以为一切会得到解决的。你会笑一笑吗?可我这时落泪纷纷了。"(日记42)有时只能自我安慰、自我释怀:"现在我必须行动起来,别再耽于个人的情感中了。总有一些什么是必须执着的,总有些什么是必得放弃的。别,好姑娘!这么多爱你的人都在看你。快动身吧!天边那颗星星不是在召唤你启程吗?开步——走——!"而即使在此种无望的时刻,她仍然要说:"请允许我再小声地说一次:我爱袁民!"(日记46)她甚至放下了她的个性与尊严,说道:"袁民,让我静静地蛰伏

于你的门前吧,不求入室,不过也别拂开我。我是怕了身边的人们和那些无意义的喧嚣。"(日记50)

张春醒的极度的单向热恋中的呓语,以及她的失望和绝望,都在向着心灵与思想的更深层延伸。她将对袁民的爱情内涵定义为"有一份情义,在它之中,就已经蕴含了人世间一切的智慧和神秘。"(日记39)于是,张春醒的情感不断向高处跃升,最终达到对爱的"智慧果"的追求。日记47说:"夜在游荡着。风在邀请我:小丫头,走吧,我们一起去天国花园,去采食那颗智慧的果实。这样你的头脑中会开出新的奇异花。我披着白色的睡纱,赤足走到玻璃门前,月光在玻璃上跳起舞来。我手抚在一本大书上,这书面上大大的一个'人'字。"与"智慧果"相伴而行,另一种想象又浮现出来,那就是"竹子开花"。在她的梦中,出现了"漫山遍野的竹子全开花了"的奇幻景象!可是,竹子一开花,生命就将完结,她说:"我在追求一刹那的美丽。我在永生的青春中迷失了。"(日记51)上课的时候,她听不见老师讲课的内容,还沉浸在梦中:"袁民,你知道吗,我梦到竹子开花了,漫山遍野的花!""竹子开花了,开在我梦中。袁民,你以为是怎样的一种感觉呢?"可是,在现实中,即使那一刹那的美丽也没有,于是她除了痛苦与忧伤,还是痛苦与忧伤:"我感觉到血在流,橙红色的幕布升起在眼前,光怪陆离。"只能用勇气去面对和承担这"必然的磨难"。然而,她终究还是不甘心,总是怀有希望,于是睹物思情:"绿兰很憔悴,有几片叶子卷起来,病恹恹的。我心疼,但不愿打扰她,让她自己去挣扎,我会为她喝彩的。我等待她最终怒燃生命的绿!"(日记52)她渴望在与袁民的爱情中,重新塑造自我:"袁民啊,摒除我内心的杂质,重新塑一个我,在我原有的泥模上完成一件真实的作品。袁民,我辗转反侧地呼唤你!"(日记50)

张春醒对于袁民与刘言有着清醒的比较。在日记41中,她借陈染的小说《角色累赘》中的人物说:"不穿鞋的隐士、老Q这两个人物,可以说是现实的人,也可以说是象征:前者是理想中的一种超性别的爱,后者则是现实的、肉欲的、机器的。看到这,我又要加入自我的感情了,我不得不想到了袁民与刘言。""对于袁民就是一种无欲无求的感情，没有时间性，没有空间性，也没有性别。他本人既已成为象征，我既已了解他，那么，我的这份爱如何还是一种性爱？这是一切爱的结晶。当我爱上袁民时，我爱的便是一切了。而对于刘言，他是这个现实中的。""我所面临的就不只是爱的选择，而是我整个人的选择。"袁民成为她所追求的理想自我的化身。

不过，虽说此时张春醒对于刘言的感情遭遇了严重危机，但尚未断裂。接下来的两场风雨的袭击，才将她的世界冲刷干净。第一场风雨是日记43所记刘言看了张春醒的日记，这些日记已经充分表露了她对袁民的爱，刘言掷地有声地告诉她："就是不许他的女人三心二意。"这是中国传统男权对于女性的刚性要求。虽然此前他与她各自早已在心里宣判了这场爱情的短命，但是男人的那种极度的自私与占有欲使他依然可以这么说话。不过，对于张春醒来说，她的人性深处的复杂性在于：即使她十分清楚刘言只是对于"肉"的需要而不是对"灵"的追求，即使她已经知道刘言与陆芳要好的消息，即使她内心早已对这场爱情彻底绝望，但当真正的事实到来哪怕只是有一些预兆的时候，她的世俗的一面又强烈地表现出来，对于失去的或即将失去的显示出狂躁不安和消沉情绪。日记43："心里这样空茫一片，什么也做不出来。我软瘫成烂泥，每天不上课只钻被窝，要不看书，也看不进。看谁谁不顺眼，真想吵一场，打个人或干些什么。可到头还是灰溜溜。我什么也不想，什么也不要求，我已死了。整天就像软壳蟹一样，缩入我的狗窝中。"日记44："我像一个野狗似的，没家没伴没目的地。这是怎么啦？这样子也找不出发泄的理由。"日记45："走在路上我大步流星。""花钱，我在花钱买东西中快快乐乐。在书店买了《红字》，走出来一个人到录像厅看《滚滚红尘》。"然而，她又重新回到刘言的身边，继续当他的肉欲的俘虏。这是张春醒的悲哀。"回到刘言身旁时我就开开心心地，做情欲的俘虏，变了样来吻他、逗他。"但是，这种屈从于世俗的回归，并不是真意，在做这些的同时，她心中极为痛苦："我自己已碎了，碎得迷离。"她的自我的确碎了，何止于迷离，简直是一塌糊涂，她失去了真正的自我。日记47："在这冻得透明的冬夜的大街上，我和刘言一如每对热恋的年青人，旁若无人地拥抱，大声说笑。我们快乐得似伊甸园里的亚当与夏娃。刘言，我不可爱吗？他吻我的唇以示回答。"她已经不知道现在哪里还可以存有那个最真的自我：在现实中不存在，甚至在"心里"也不存在。她已经缺乏自我的一致性，或者说她已经将自我遗失在某个肮脏的角落里了，剩下了一点点杂乱无章的意识碎片。在情感的万千转折中，她被撕烂了，血肉模糊。"在争斗撕扯中我幻成不同的面孔。""我在自责中将头埋进被中，深了，深了。"（日记48）

在她自己看不起自己的精神状态中，在"这两天像只鬼"的日子里，她最怕的袁民注视着她，"袁民如果看到我这个，他作何感想？"日记48记载在送别同学的酒会上，她"在月华如洗的平台上放声高歌"，但这时，"由不得我、真是由不得我不想起袁民，从心底的深深处。他的目光还在注视着我吗？"她又"仗着兴致，吹口琴"，想象着"若有心事的女孩子枕上闻见，会潸然泪下"。她感到她自己突然来到了绝境，"四边是悬崖，而末路于迷蒙中看不清晰"，于是大哭起来。张春醒正处于炼狱之中。她能重生吗？

在这种情况下，茅又出现了，出现在梦中。茅很温和地问她："到底去哪里玩呢？"她嗫嚅着拼命要说出那到底是何处，却仍只吐出无意义的语词。梦中的茅向前冲去，却"跑着跑着眼看不见了。急急地问路人，却都不知他跑到了何处。"（日记49）的确，她与茅因为没有共同的目标，不是同路人，即使在她最无望的时刻相遇，也不能同行。

第二场风雨则是暴风骤雨，将她与刘言的感情彻底卷走了，终于使她涅槃再生了。这是日记53所记载的事件，这一天是12月23日。在与刘言的闹架中，她把自己一张心爱的"穿泳衣的"相片撕了。刘言对此无动于衷，并假意要撕自己的相片，却又住手了；并且主动说起陆芳哭起来的样子。张春醒听了以后也无动于衷，只是感觉这是"好凄丽的一幅画，心里油然对她升起一种怜惜"。后来，刘言嘟嘟囔囔说了一句："反正我们的缘也尽了，我们最后一次……"这里可能是刘言提出了违背她意愿的要求。她没有回应，只是"擤了擤鼻子，默不作声"。此时她在怀疑原先采取的"那种先委身而后希望渐渐去改造他的这一选择是否正确",她已经感觉到这样做"对于今日的我是个莫大的悲剧"。于是有了下面一段彻底地展示了他们人生观、价值观的巨大鸿沟、撕裂他们之间的感情的真正的对话：

> 刘言说我："人怎么可能光想着生命的意义、价值才去活？"
> 我说："你错了。我一样如你所要求那样真实地活着在形式上，但在精神上我不满足，不明白，所以要疑惑，要寻找。"
> "那么，难道我们这样过就无意义了吗？不，你别抹煞你自己。"
> "形式的生命虽有意义，但我坚信的是内容上的、精神上的一种真义。"
> "我是比较重物质的人，精神只有通过物的表现才有意义。"
> "不！不是这样！"

这一段对话以后，这一场情感游戏已经落幕。可是刘言带有一种对猎物失去的不甘心，歇斯底里爆发了，血腥的一幕上演了：

> 我们谈了许多人生问题。他说不过我，恼了，卡着我的喉咙使劲晃我的头。我仍无动于衷，坚持自己，只是喉管难受，呼噜呼噜直响。他终于松开手，沮丧地说：
> "你怎么可以这样？怎么可以这样？"
> 也许是头被摇得发晕，伴着喉内一阵阵的痛，我扯着沙哑的声音叫着："你要怎样？你要怎样？要掐死我吗？我现在还活着！还活着！还不够吗？"此刻感到心上的压抑和肉体上的痛楚是如此地真实；但转瞬，我又平静了，说："这不是你的错。"
> "那么，是谁的错？"他追问。
> 我摇摇头。

张春醒与刘言的感情终于结束了，这种结束主要不是外部原因的冲击所造成，而是内部矛盾发展与裂变的必然结果，是一场人性的较量！

与刘言决裂后，她又开始做梦了：

"袁民，我最爱花了，你爱吗？"我在漫山梅花中问你。
"不爱。"
哦，我知道了：不爱即是爱，无情原是有情的最高境界。

她对人生、对爱有了新的认识："一种境界会使我更爱、更执着于生命的本质，只是不让心灵为一些物欲或魔障所迷。"她对袁民说："我还幼小，仍需进一步悟。我的道路仍在探索中，但我有信心。"

这预示着一个新的"张春醒"即将出现，这个新的"张春醒"的境界与面貌必然与此前迥然不同，我们看她第三本日记。

第三节 "袁民—茅—刘言"[①]

1991年

54. 12月30日

今天说起天气，大家都说因为冷的缘故，每日的单调学习日子拉得格外长。这就是时间的不是了。我想时空的概念首先是指感觉上的，是外部世界在人内心的影像，有可伸缩性。人为划分的时间是一种理性的产物，这对于规划一些活动，安排秩序有一定的作用；但从另一方面看，又有了极大的限制性。人类对于时间的感情太复杂，而他们都没想到，正是人自身的创造给自身套上了枷锁，没有钟表所划分的年、月、日、小时、分秒，只有自然的更换和相应的人的变化，顺着宇宙运动的规律，就不必分清过去、现在、未来，人的心灵的拘束岂不少一些？可以涉想的世界不就广博得多？时间也是人作为人所骄傲的一项产品吧，其实又先进了多少？骄傲什么呢？再推广言之，人类的技术、文化，一直说是一种进步，进步论的口号从很早都在培

[①] 第三本日记共18则，时间：1991年12月30日至1992年1月30日。

养人的骄傲情绪。可无数的事实又显示，人正因为"进步"而进入的樊笼越来越多。我持着怀疑、焦虑的心情来反思我自身，以真诚、不怕苦的毅力来学习、吸收，进行着质疑前人的尝试。

《小玛德兰点心》，Greet！艺术家超于常人的敏锐，"上腭所感到美妙的难以言说的快感"，执着"我向它俯身十次"，将感觉引发的回忆写得纤毫毕现，细致入微。Don't think, but look！我想起这句话来。在意识流创作中，Look 所占的成分就很重，是大脑自然看到、感到才有的自然流露，而后如实地记录下来。这种手法如此广泛地运用其意义确是重大，格外利于描述人物内心活动。这是一种内透视，直接进入人物内心，让人物自己说话，抛开一些不必要的外部刻画，真实感极强，与传统的要从外部（环境、外貌、行动、语言）来刻画人物的做法大相径庭。

1992 年

55. 1 月 2 日

从 1991 年跨入 1992 年的几分钟内，我守着这张无奈无助的泪痕斑斑的面孔，心里好不是滋味。狂欢的人群，在那欢笑的尖音中夹杂着超过快乐的嚎叫。我微寒微醉地看着这一切。

那次在与刘言冷静的争执中，他说我是神，而他是人。绕来绕去又回到不同的人生态度这个老问题上来。我真的错了吗？我的追求，我的目标，我的方法，错了吗？我与他根本的争执在于：是追求理想，还是随俗入流？惯性，他说到了惯性。当即我反驳：如果生活已成为顺惯性而流的死水，那还有何意义可言？人有权也应该自己去寻找、去选择、去决定。

新的一年了，是新的一年了！

56. 1 月 3 日

重新又见到太阳。我生机四射，到处蹦蹦跳跳，"喵喵"乱叫，看见的人忍不住笑我。

第一场雪开始融化，屋檐下整天是"嘀嗒"的水声。时间懒懒地卧到窗外的杉树枝上，一下一下地随风晃动。怎的竟叫我开始期盼春了呢？

润修长而瘦的手指在温热水盆中一下一下地搓着衣服，我有一搭没一搭地接她的话或开个玩笑。

檐下的水还是不按节拍地乱弹着，沟里的青苔被惊了好梦了吧！是一种怎样的感觉击碰了我？心如晨起的美人，在伸欠时从朦胧睡目中看这世界，挂半弯梦的微笑。

这时节就开始构想故事，构想远方的故事，睡之山谷中许许多多的传说……黑色的睫毛一弯又一弯，黑色的头发潇洒地飘起来，心成了这广阔天地中的小鸟。于这一刻，我爱！

小心翼翼将绿兰和水仙先放到对门有阳光的窗台上，想她们全部健康顽皮，不用忧郁而憔悴。只吃阳光和水分的你们若也不活好，那我这杂食的浑物更如何捱呢？爱你们，为我，好好地活。

窗外那大拱顶中间的雪沟化了，隐隐地似戈壁沙滩的河，一纹一纹岁月的痕迹。于是要去旅游，去天山，去我那小学时一板一眼念出的景色中去。真聪明，念得不错。那手拍我的头。拍我头的是哪只手呢？

这本子的缎面真好看，润说以后待我结婚，送我一件这样大红的袄子。"如果我不结婚呢？"我问。"也送，只要你想要。"她说。

邓给我寄来一张音乐卡，叮叮咚咚的小曲奏得分明而急切。

檐下仍是不住的"滴滴答答"的声音。

57. 1月4日

树下人是月，皓腕凝霜雪。

你好美哟！

心流的水溪是否也找到倾注的地方了呢？

我能理解一切，包容一切，我是大海。哗——，于是漫天的风，扯起水帘，在相撞的瞬间融合，挣扎，最后是无边的起伏和寂静的密语。

我拥有的大海，我奉献的大海。密密匝匝的樟树底下的小石凳，星星们在树缝间嘻嘻哈哈地挤着，笑着。

你给我的是一粒水滴，

对我却是全部的大海。

你给我的是一朵云彩，

对我却是整个的蓝天。

你给我的是一颗星星，——哪怕只是流星，

对我却是永远的太阳。

我又发议论，说一定要养自己的孩子，眼睛像这样，鼻子像这样。"太辛苦啦，又太痛了。"淑说，"不过真是伟大。"有的人不想要孩子，在两人之间多了个第三者；我是要的。不想要的有她们的道理，我是随我的心。"有时看见表姐们逗小孩儿，也是挺好玩的。"淑又说。我可不是为了好玩这么简单……我为痛苦……

怎么，又这样无遮拦地说自己心里的想法了？别人压根不关心，说那么多干什么？不过，真的为了那份痛苦。人生也许原是为受苦来的，生命原是痛苦，快乐是稍纵即逝的一刹那。对快乐的追求，就是痛苦的实现，生命的意义也在于此。只要是有意义的，甘之如饴。

曾经问刘言："为什么许多男人希望女人是白纸，任其涂写？而不希望她本身就是一本内容丰富的书呢？"他默然。他的默然表示了他的态度，我不言了。他确实是个男权主义者，对女人是理想主义，对自己是实用主义。

在檐下避雨。那边有一对。女孩说："你只了解我的感情而非思想。"心下默笑，恋爱中的女人总这么多隽语么？一时希望变成玫瑰花瓣飞着到处去偷听。

初恋上，浪漫；热恋中，感性；分手时，清醒。

我太富于感性，总沉溺于感情的河中会溺死我的。

58. 1月5日

早晨在梦中遨游，和相熟的几个心友一起飞，飞离某地。但总飞不高。我将翅翼使劲地煽动，上升，下滑。让我们飞起来吧，飞得更高一些。有见到的正在行路的人指指点点："这是外星人。"心于是进出浓烈的呼喊："我们是人呵，生来会飞。"但没有人听得懂我们巨鸟的嘎哑。当降落到树下栖息时，时间已流走了许多年。

"看，我仍旧美丽。"我对那没飞上天的在地上等待的男子说。

"是的。"他额上皱纹几重。

我的羽毛片片地褪落，落成个圆圆的软软的巢。丰腴而柔润的肢体又裸露在阳光下，我开始吟唱低回的小曲。

一双眼睛，湿漉漉地盯着我，密的呼吸让羽巢一起一伏。我展颜一笑⋯⋯

"七点半了！"刘芳在屋里的叫声惊醒我飞天好梦。监考！我极不情愿地起床穿衣。右脚的鞋子呢？⋯⋯抬起翅膀，⋯⋯啊呀这裤脚，⋯⋯使劲煽动，⋯⋯快帮我拾一下毛背心，⋯⋯飞向哪方，跟上队伍，⋯⋯这水太冷了，⋯⋯外星人？不，我们是人，会飞的人⋯⋯

中午重看张贤亮的《绿化树》。以前老师上课时，说明这部作品的时代背景及其价值，今日重读，有一层新景象。细细地一层一层地去体味章永璘的矛盾，仍是因理想与感情的格格不入。这个改造中的因了异性的净化的"我"，对无论是马缨花还是黄香久的情感，都因有理想上的距离而变动。苦痛着，自觉明白了他的感受。文中活生生的、实实在在的女性代表了一种爱，可是章永璘又有着理想。有重合的可能吗？当然，作品主要是挖掘下层人民中的质朴、浓得化不开的情，以及这情的力量和影响。

不写了，很是说不清，分明我看得仔细，欲辨已忘言。

明天，新的一周。

明天，好天！

59. 1月6日

昨晚上快睡着时，猛地想到我一直顺利无波，以后若真的有了苦难，我可承受得了？一时间再也睡不着，煎饼一直翻了半夜。

以前娴说过我是野苇，有的是韧性和生机。她怎的就这么默默地退到玻璃后边了呢？我也没有力气再伸手拽她出来了。我也累。

有三个男生带哭腔高唱《不了情》走过，有冷冷的敌意的目光。男人失恋了可以高呼乱喊、醉酒抽烟、打架摔东西，而且还可以被原谅；而女人，处处是陷阱，处处是祭坛，我们从古到今永远是牺牲。啊，女人苦哇！有人矫情地说："男人也苦啊！"我不想争辩。

　　钻进被窝。离开我的思绪不过几分钟，我回到现实中，考虑了一些具体的事，平静多了。我想人是不相同的，而世界在人眼中也是不同的，这是太浅显的道理。可许多人总不明白，总要别人按他们的意志行事。人本该是自然一分子，却要去做自然的主宰。可笑！这两条腿两只手的小东西，他们不自量力，也许一时一事自认为占了上风，恣意妄为；但自然的惩罚马上到来，他跑不了，逃不了，因为他们本就在自然之中。我们本该要谦虚的，却这般地自傲起来。

　　退回来，我个人的感情纠纷和悲苦还有何意义？对于人，自我，生命，我从未走到超越地带，总是非爱即恨，这使我永远有一种热烈的挣扎。我真是不甘心啊。

　　思想上辨析这么久，回到现实中，我仍是束手无策，割舍不下。这世界不是个纯粹的东西，在二元化的世界中，相对立的两者中又融合了许多的不可分离。只有回到最初的混沌中，没有区分之时，也许问题方有解决或安然相处的局面出现。可这是能够的吗？

　　从没有任何什么责怪一棵树的任意生长，而人为什么掉进这无尽的枷锁之中了呢？

60. 1月7日

　　爱应是不能追问缘由，也是没有缘由的发生。是的，也许在未爱之前是有原因，比如说外貌，比如说某一个特点，可一旦爱上，就不一样了。人们不再因为这个"某一个"而爱，而是将情感注入这个完整的杯中。本来爱应是自然界中高度和谐的一种运动，但在人的社会中，却没有超社会、超现实的爱。变形！

　　早晨醒来，周围的人还是那种漠然的一副面孔，又熟悉又陌生。自己的想法只是限于大脑皮层的分子活动，生活还是要顺着流程去做，思想和行动分隔老远。孤独的精神，不可能"我思故我在"。虽然已无这么绝对，可我之"思"对我之"在"仍有不容置疑的影响，一层一层的，越到里面越是分不清，"思"与"在"的纠缠越混杂。最外部似乎是没有受多大内心的影响，但外是因内而存在的，有附着性也有独立性。

怎样才可以圆满？也许这世界没有圆满的永恒。像月，或圆或缺；像日，东升西落。一切只听凭于自然。痛苦快乐，一切也听凭于自然。

在你的生命中，
我一直默默潜藏；
你生命的荣枯，
围绕我升腾下降。
回首已无来时的路，
一起变幻不定；
恒久的唯有，
我的不停的搏动。

61. 1月11日

我有种绝望的情绪，这无果之爱，这现实中的情，双重夹击。我抱头鼠窜，又无处可遁。

何处是天国花园？亚当可与夏娃并在？多不甘心啊！我想今夜又要乱梦了。

想落泪了，想落泪了，我想落泪了呀！

你的小女王！小公主！小姑娘！小三妹！为什么不看看这张无奈的面孔？为什么不伸出你的双手紧紧抱住？

不能够啊不能够！别为难别人为难自己！我太任性了，原谅我吧！袁民，我心……

62. 1月12日

我处在烦躁之中，绝望的感情愈陷愈深。

今天我全身骨节酸痛。写封长长的信，却诉不完我的心事。许多人爱我，本来守住一份平常的爱，任它世事如何变，与我奈何？偏我是不安生的这般躁动，打碎了水晶瓶。每一天，每一天，就这么过去了。我只是漠然，不愿意振作。别烦我！Let me be！

来休息一下！唉，才这么两天，我已变了多少？以前天真爱说爱笑爱幻想的我现在何处？脸上皱纹已有三千条。欲重新拾回那段浪漫，永远不能了！不能了！谁来救我？！

我会最终走向何处？谁来告诉我？真有个知心的人呢，却在不可触摸的镜子的背面。知心，知心，真的只有自己知心了。明明知道不可以为什么那么偏执？

忍耐痛苦是多么难啊，风中那坚韧的野苇去哪里了呢？

63. 1月13日

我的心境直接影响着我对事物的看法。由于思想上剧烈的争斗和辗转，就对那些在痛苦压制下迸出的热情之声额外欣赏。像张承志，他的痛苦更多地来自于内部，人内心的渴求、不安与惆怅。像普希金的"我只想要一碗白菜牛肉汤，碗要大"，是平平实实的话语，却更是投入心湖的石子，沉了下去，无声无息，在内里却加增了分量。

起风了！这样清朗的天空，刮些许微风，叫我如何不想他？

提笔想给茅写信，问他为什么新年一个祝福也没有，并要叫他接我的车。写了撕，撕了写，写了再撕，最后我放弃。其实这样他也许是平静了，真的。想想与他的相处，那份情义，已是前尘往事，追不回来的花季。

64. 1月14日

仰脸整个地接受阳光的抚摸，我的泪落下来了。

那双眼睛，我不敢正视它的深处，清澈、透明。你整个的面容，清晰地刻画下来，或皱眉，或展颜，或正色，或动情；同时你的面目又隐于一切之中，又包含于一切之中。

你即自然，爱上你即爱上自然。

可我不敢言语，不敢言语，奔驰着的无尽情感，泼溅到纸上只是点滴的痕迹，如何能表现出这无边的内蕴？我停笔，我倾听，我膜拜。上帝啊，这是如何的一种情感，带着浓烈的神迹。袁民，袁民，这可怎么办呢？怎么办呢？原以为一切是自然，可当自然深处向我展示其华丽的神秘时，我的心里为何是一种痛苦呢？不要想了罢，只做晨曦下那片静默的沃土，等待人来垦种，最终会孕育出丰硕果实的。

和刘言在心理上、思想上的差距本来就是很大，只是随着时间的流逝而被发现。在一起除了日常琐事和欲望外，只要谈深些就会有争执。还好，我为彼此庆幸。

今天说到语言，想到道家的悟。近来常有种倾向于内省的心理趋势，总感到语言的无力，而且有其局限性。虽然说，语言本身具有突破力，但由于这种局限是伴随突破而生的，这样看来，整个不断用语言突破的过程成了一种纯粹的文字游戏。语言是构成文化的基石，基石一旦动摇，那么整个文化的存在意义也要重新思考了。从这样一种思考上，我就对语言的能力产生了怀疑。"道可道，非常道。"于是转向悟。如果转向内省，那么各种符号形式要来何用？更深一层，悟要空、无，那么即使悟本身也是不必的了。这有什么意义不意义可言？想起以前天真地问："既然无为而治，那老子为何又有所为呢？为何要写五千言呢？"这中间蕴含了一个大矛盾。

65. 1月15日

考试成绩不错，妈妈会高兴的。

66. 1月17日

路上偶遇刘言，无所事事地走到一起，又分手。这份感情无益也无意义，现在证明我们根本不合适，尤其是思想上的隔阂和缺乏共鸣。

昨夜上了床，点了烛，又看黑孩的小集子。爱极了她奇异的感觉，看她的相片又是如此纤柔的一个女孩子。赶上她！这条路也许寂寞、艰难，我要时时地给自己打气，坚持走下去，要有毅力和耐力。

走吧，路啊路，飘满了红罂粟！

67. 1月18日

感情的事，有对错可言吗？是因为我感情上的轻浮，所以我这么地多变吗？而事实上，阻止我变和作出决定的恰恰是我的感情。而且，感情并非万能的，也非独立的。

梦到茅成了我的丈夫，抱一对孪生子。我是在急难时转向他的，牛载我去找他的。

68. 1月19日

以下记梦：

一

教室里，exam。右边的女孩帮左边的女孩写文章，要一千多字，关于拉丁美洲的爆炸文学。我坐在后面，听她们交谈。我是不参加考试的，无所事事地转动我的视线。就在我望向最后一排时，我愣住了，娴！她也在写着，知道我看她，她抬起头来，笑着说："就是要你这么痛苦！"我的泪一下子奔涌起来，这就是情的代价啊……

二

一个慈祥的女人将一个孩子抱到我面前，是怎样的一种复杂的心情：我的女儿！看啊，她长得多像我……

可是要把她送走，你无能力养育她。心底是怎样的割痛啊，但理智使我克制。再让我看看她吧，她的双目还未睁开，在她的眼中还未曾留下她母亲的印象啊。

"快些吧，河水要涨了，过渡就不方便了。"

"来，我帮你把她放好。抱好她，我送送你们吧。"

"不用了，你身子虚。"

"就送到小山坡顶处。"

在油茶丛中我挥汗工作，忽有消息传来：渡船翻了……

但我同时看到女人将我的女儿放到了一个可漂浮的容器中。她漂远了，长到不知名的人家中去了。

近来做的梦异常清晰，并记得下来，且常梦到孩子，真奇怪。不过，梦中的情形、感受记到纸上就弱多了。

69. 1月21日

一个事实，血淋淋而丑陋的事实就在面前，一切也就毁了！我不能再开口，我只有逃开！逃开！逃开这令我感到羞耻的人！逃开这个我感到恶心的人！

呆坐在枯草地上，什么也不能想。渐渐升起了恨意，它们升腾、聚集、变幻，那么迅速。刘言竟然……我无法再看他一眼了！我恨，恨极了——

再无别的感觉了，大脑麻木成一片荒漠，风反复只吹一个调：回家去，回家去。回到那个褪色的世界，不要再声响了。

70. 1月29—30日

放寒假了，这会儿回到了家。身体略有不适。早上起床去看看书店，看可有袁民要的书。

妈妈种的植物都郁郁葱葱，有平静的神态。

我感到自己长大了许多。

71. 1月30日

一个人骑车，心里想的很多。看看眼前来来往往的人，心里想的太多了就要溢出来，于是就自言自语起来。走过的那个男子回头看了看，又回头看了又看。

见到茅，很开心，就像亲人的相见。他在某种程度上真的已是我的血亲一样的亲人，因为他那种不问缘由的关爱。

家里蛮平静的。

颇觉出门读书获益匪浅。现在我除了自身内部困惑，基本上对人、事都能较冷静地有条理地去分析。

街上的女孩很娇媚，穿着十分时髦，各不相同。我迷恋于骑车在街上看美丽的女子，想得十分多。柳州是一个典型的享受城市，人人都十分容易满足，不是物质上，而是精神上。我看到的大多数人都不去想什么追求，什么人生，觉得大而空，而安守于一份实实在在的生活。我从这样的一个城市中成长出来，却与这种深层的文化相冲突。我爱这个家乡城市，但现在这份爱中有了距离感。以前爱它，只看到它的表层，现在爱它，有一种距离感，似乎我只是个旁观的欣赏者，却不能进入其中了。

听耿磊说了一些娴的消息，我感觉她变了。我变了，她也变了。有些情怯，不敢见她。

在书店里见到有普鲁斯特的《追忆似水年华》。

袁民长留心间，茅是一个亲人，刘言消失了！

过去的一切都已经完结，戏也落幕了。

今天过年呀，过年呀！

新的一年开始了！

本节的标题是依据张春醒的最后一篇日记中的"袁民长留心间，茅是一个亲人，刘言消失了"句中的顺序排列的。袁民对她最为重要，既是爱情，又是精神寄托；茅是其次的，属于一种长久的朋友与同学的友谊之情；刘言令她不齿，已经远逝，不复存在。

第三本日记除了第一篇外，都是1992年的日记。日记文风骤变，虽则依然崇尚感情，但更多的是精神世界升华后的省思。其主要内容有四个方面：一是与三位男生关系的最终定位，二是对一些问题的哲思，三是关于自我的思考，四是关于"家"的思考。

一 与三位男生关系的叙事

当张春醒与刘言的关系破裂以后，她对这场情感进行了总结与思考。日记55说到他们之间的差异在于"不同的人生态度"：她是一个有着自己的人生理想与追求的大学生，而刘言则只满足于世俗生活，是一个肉欲型的男性，而且有着强烈的男权思想和实用主义理念。当刘言将社会文化的"惯性"作为根据的时候，她当即反驳："如果生活已成为顺惯性而流的死水，那还有何意义可言？人有权也应该自己去寻找、去选择、去决定。"此时，她已经认识到他们之间"在心理上、思想上的差距本来就是很大，只是随着时间的流逝而被发现"（日记64）。她庆幸分手。日记66记载他们再次在校园里偶遇，她的情感再无波澜。"无所事事地走到一起，又分手。这份感情无益也无意义，现在证明我们根本不合适，尤其是思想上的隔阂和缺乏共鸣。"在日记69中，张春醒记载发生了一件"血淋淋而丑陋的事实"，于是"一切也就毁了"，连普通校园同学关系也不能保持了。这件事到底是怎样的一种不堪，她的日记写得很隐晦，只是说："我不能再开口，我只有逃开！逃开！逃开这令我感到羞耻的人！逃开这个我感到恶心的人！""呆坐在枯草地上，什么也不能想。渐渐升起了恨意，它们升腾、聚集、变幻，那么迅速。刘言竟然……我无法再看他一眼了！我恨，恨极了——"。从这些愤怒的言辞以及刘言的一贯的言行特征来看，读者不难猜出七八分。这个时候，张春醒对刘言已经萌生了仇恨与敌意。

张春醒将与茅的关系明确定位在"亲情"上，再无变化。日记63说："想想与他的相处，那份情义，已是前尘往事，追不回来的花季。"日记67说："梦到茅成了我的丈夫，抱一对孪生子。我是在急难时转向他的，牛载我去找他的。"正因为张春醒将茅当作"血亲一样的亲人"，所以在遇有急难时才会"转向他"。"牛载"的故事就是《南诏野史》（下卷）所记载的"辘角庄"的故事即"天婚"的故事：一位姑娘反对家庭给她安排的婚姻，坐着牛车随意走着。牛在一家门前停了下来，她就嫁给了这家的小伙子。故事的主题是服从命运安排，而不是爱情。日记71说在寒假中"见到茅，很开心，就像亲人的相见。他在某种程度上真的已是我的血亲一样的亲人。"

与袁民的关系一直以来都是她一厢情愿的单向恋情，是"无果之爱"，但在此阶段已升华为一种理想的永恒。袁民对于张春醒，并不仅仅限于"我追求我得不到的，我得到我不追求的"那种心绪，她是将他作为一种引导生命目标和寄托生命理想的人，是"全部的大海""整个的蓝天""永远的太阳"（日记57）。而且，她也设想自己也同样在袁民的生命中"一直默默潜藏"，并且"不停的搏动"（日记60）。于是，作为理想与精神化身的袁民，不仅感动着她，激励着她，而且永远在她的身边，不会离开。甚至"清朗的天空，刮些许微风"，她也会感觉他的存在（日记63）。仰着脸"接受阳光的抚摸"，她也联想到袁民而感动得落泪。她把袁民看作"自然"："你即自然，爱上你即爱上自然。"这种升华意味着她的单恋的"静默的沃土"之上，已经"孕育出丰硕果实"（日记64）。

二 对一些问题的哲思

张春醒是文学系的女生，文学学得不错；哲学是她的第二爱好，也学得不错。她"持着怀疑、焦虑的心情来反思我自身，以真诚、不怕苦的毅力来学习、吸收，进行着质疑前人的尝试"（日记54）。她的哲思是多重的、全方位的，集中显示在日记54、57、58、59、60、64共六则日记中。

日记54从对时间的思考开始。她从"每日的单调学习日子拉得格外长"这一感觉说起，进而认为"时空的概念首先是指感觉上的，是外部世界在人内心的影像，有可伸缩性。人为划分的时间是一种理性的产物，这对于规划一些活动，安排秩序有一定的作用"。一个大二本科的学生，想着这些高深的哲学和科学问题，结论竟然接近于爱因斯坦的相对论。然而她并未止步于此，又从哲学和科学转向人类学的思考："但从另一方面看，（时间）又有了极大的限制性。人类对于时间的感情太复杂，而他们都没想到，正是人自身的创造给自身套上了枷锁，没有钟表所划分的年、月、日、小时、分秒，只有自然的更换和相应的人的变化，顺着宇宙运动的规律，就不必分清过去、现在、未来，人的心灵的拘束岂不少一些？可以涉想的世界不就广博得多？"更进一步，她质疑人类创造了时间是否意味着所谓的"进步"："时间也是人作为人所骄傲的一项产品吧，其实又先进了多少？骄傲什么呢？"由此出发，她反思技术、文化的单线进化论观点："再推广言之，人类的技术、文化，一直说是一种进步，进步论的口号从很早都在培养人的骄傲情绪。可无数的事实又显示，人正因为'进步'而进入的樊笼越来越多。"这样，透过一层又一层，她的思想驰骋于许多学科的一些前沿问题之间。

作为女性，在男权社会中生活，张春醒对性别问题总是特别敏感并且有着独特的理解。日记 57 中她提出了一个问题："为什么许多男人希望女人是白纸，任其涂写？而不希望她本身就是一本内容丰富的书呢？""你只了解我的感情而非思想"，这是檐下避雨的女孩对她的男友说出的隽语，也被她借来表达自己的看法。日记 59 中她又愤慨地说："男人失恋了可以高呼乱喊、醉酒抽烟、打架摔东西，而且还可以被原谅；而女人，处处是陷阱，处处是祭坛，我们从古到今永远是牺牲。"

对于理想与感情的关系一直是她纠结于心的问题。日记 58 记述她读了张贤亮的《绿化树》的思考："细细地一层一层地去体味章永璘的矛盾，仍是因理想与感情的格格不入。这个改造中的因了异性的净化的'我'，对无论是马缨花还是黄香久的情感，都因有理想上的距离而变动。"也许又是出于对袁民的思念，她追问道："有重合的可能吗？"她希望男女爱情应该建立在理想与感情重合的基础之上，而且这种爱情是和谐的。在日记 60 中，她说："爱应是不能追问缘由，也是没有缘由的发生。""本来爱应是自然界中高度和谐的一种运动，但在人的社会中，却没有超社会、超现实的爱。"对此，她批评为"变形"。

日记 59 则集中了张春醒对于个体的差异性、人与自然关系、人与社会的关系等问题的理解与质疑。她说："我想人是不相同的，而世界在人眼中也是不同的，这是太浅显的道理。可许多人总不明白，总要别人按他们的意志行事。"人的不相同，是因为个体禀赋的差异，这种自然差异本应得到尊重，但社会总是给个人带上枷锁。她反问："从没有任何什么责怪一棵树的任意生长，而人为什么掉进这无尽的枷锁之中了呢？"于此，她展开了对"人"的反思与批判："人本该是自然一分子，却要去做自然的主宰。可笑！这两条腿两只手的小东西，他们不自量力，也许一时一事自认为占了上风，恣意妄为；但自然的惩罚马上到来，他跑不了，逃不了，因为他们本就在自然之中。我们本该要谦虚的，却这般地自傲起来。"接着她又从哲学上思考人与社会、人与自然的和谐问题："相对立的两者中又融合了许多的不可分离。只有回到最初的混沌中，没有区分之时，也许问题方有解决或安然相处的局面出现。"在日记60中，她还对笛卡尔的"我思故我在"的命题进行了质疑："孤独的精神，不可能'我思故我在'。""我之'思'对我之'在'仍有不容置疑的影响，一层一层的，越到里面越是分不清，'思'与'在'的纠缠越混杂。最外部似乎是没有受多大内心的影响，但外是因内而存在的，有附着性也有独立性。"

在日记64中，张春醒对于人类的语言和文化的哲思直接接通了后现代哲学。她说："虽然说，语言本身具有突破力，但由于这种局限是伴随突破而生的，这样看来，整个不断用语言突破的过程成了一种纯粹的文字游戏。语言是构成文化的基石，基石一旦动摇，那么整个文化的存在意义也要重新思考了。从这样一种思考上，我就对语言的能力产生了怀疑。"进一步，她力图揭示老子哲学的内在矛盾："'道可道，非常道。'于是转向悟。如果转向内省，那么各种符号形式要来何用？更深一层，悟要空、无，那么即使悟本身也是不必的了。这有什么意义不意义可言？想起以前天真地问：'既然无为而治，那老子为何又有所为呢？为何要写五千言呢？'这中间蕴含了一个大矛盾。"

从上述张春醒对诸多问题的追问与质疑中，我们可以看到一个思想者在迅速成长着。

三 关于"自我"的记述

张春醒在她的大学生活经历中，不断实践着自我更新。她的日记常常惊喜于"新的一天""新的一周""新的一年"的到来，这些时间上的节点往往也成为她的自我更新的节点。1992年公历新年到来了，她说："新的一年了，是新的一年了。""重复"是一种修辞方式，表达了她的欣喜。她在早些时候的日记，总是说喜欢冬天，记述冬天的事物也较多；但在1991—1992年的时间过渡的节点上，由于她此时已经摆脱了过去，并即将开始新的生活，于是，她开始期盼春天了。她满怀激情地说："重新又见到太阳。我生机四射，到处蹦蹦跳跳，'喵喵'乱叫，看见的人忍不住笑我。第一场雪开始融化，屋檐下整天是'嘀嗒'的水声……怎的竟叫我开始期盼春了呢?"在一种喜悦之中,她"这时节就开始构想故事,构想远方的故事,睡之山谷中许许多多的传说……黑色的睫毛一弯又一弯,黑色的头发潇洒地飘起来,心成了这广阔天地中的小鸟。于这一刻,我爱!"(日记56)而在农历新年快到的时候,她的表述则更为热烈。这一年农历新年是2月4日,时值立春,但张春醒的1月30日(农历腊月廿六)的日记中就说:"今天过年呀,过年呀!新的一年开始了!"(日记71)她的"今天过年"的表述,并非将时间弄错,而是她在"过去的一切都已经完结,戏也落幕了"以后,急于表达对于新的时间分隔点快些到来的期盼。这里所谓的"过年"的"年"是心理意义上的时间,而不是历书上的时间。她将过去的自我留在旧年,她要在"新的一年"开始一个崭新的自我。

  有一个绚丽的梦,也显示了她的人生志向和她对自我的看法。在日记58所记述的梦中,她自己变成了"会飞的人"。"早晨在梦中遨游,和相熟的几个心友一起飞……我将翅翼使劲地煽动,上升,下滑……有见到的正在行路的人指指点点:'这是外星人。'心于是迸出浓烈的呼喊:'我们是人呵,生来会飞。'但没有人听得懂我们巨鸟的嘎哑。"这梦美妙迤逦,是她追寻理想的梦。而这种理想,即她所构想的"远方的故事",并非虚无缥缈,她已有具体的目标。她反复说到有当作家的理想,并且以著名作家为榜样去塑造自我。她希望学习普鲁斯特,要赶上陈染、黑孩等作家。当然,她知道她的路很长,很艰难,很寂寞,但她表示"要时时地给自己打气,坚持走下去,要有毅力和耐力"(日记66)。中学的同学娴将她比作野苇,她也自喻为野苇,"有的是韧性和生机"(日记59),并借用北岛的诗句"走吧,路啊路,飘满了红罂粟"(日记66)来勉励自己。

四 "家"的思考

  "家"这一概念对于张春醒起码有着三重内涵。
  第一种意义上的"家"是血缘家庭,首先是母亲。张春醒与母亲的血缘联系非常紧密,她体谅她的母亲,她不想辜负母亲的期望。她的考试成绩不错，想到的是"妈妈会高兴的"（日记65）。放寒假回到了家，回到了母亲的身边，她高兴地看到"妈妈种的植物都郁郁葱葱，有平静的神态"。不过，也正是在这个时候，她已经觉察出了自己的许多变化。家还是那个家，"家里蛮平静的"；而她，则"感到自己长大了许多"（日记70），已经有所不同了，这是因为"出门读书获益匪浅"的缘故（日记71）。而且就在回到家里的第二天，在"身体略有不适"的状态下，早上起床她就去了书店，"看可有袁民要的书"（日记70），也看到了自己喜欢的书。这是张春醒到家做的第一件事，这一件事具有隐喻意义：从文化意义上说，张春醒已经不再是这个血缘家庭里的原先那个孩子了，她此时与这个家庭已经有所疏离。

第二种意义上的"家"是出生之地家乡。柳州是张春醒出生的城市，是经典意义上的家乡，但她同样也已经疏离。日记71记载：当她寒假中骑车上街时，她看到"街上的女孩很娇媚，穿着十分时髦，各不相同"。她感慨："柳州是一个典型的享受城市，人人都十分容易满足，不是物质上，而是精神上。我看到的大多数人都不去想什么追求，什么人生，觉得大而空，而安守于一份实实在在的生活。"在这种对于家乡文化的观察与描述中，她已经发现了自己的变化："我从这样的一个城市中成长出来，却与这种深层的文化相冲突。我爱这个家乡城市，但现在这份爱中有了距离感。以前爱它，只看到它的表层，现在爱它，有一种距离感，似乎我只是个旁观的欣赏者，却不能进入其中了。"因为她发现家乡人只是追求物质的享受与满足，而在精神上却没有什么追求，不考虑人生的意义。她过去无意识地在这一种文化环境中生活；而现在，她变了，突然感觉到这些与她不合。

第三种意义上的"家"则是家乡的朋友与同学。"娴"是她中学时代最好的同学与闺蜜，她对袁民的心结甚至只能对娴一个人诉说。按照常理来说，张春醒在假期第一个应该去看的就是她。然而，变化了的张春醒甚至不想见娴了："听耿磊说了一些娴的消息，我感觉她变了。我变了，她也变了。有些情怯，不敢见她。"（日记71）她的精神追求显然与娴已经有了巨大的差异。

总之，张春醒在这个时候，与那个上大学之前的"她"相比，的确出现了很多变化。对于家乡的社会文化，对于"家"，她已经不能融入。她确立了自己的理想、确定了自己的人生方向，她正向着这个新的方向行进。过去的"她"已被她留在旧有的时光中，她变成了另外一个人，这是张春醒自己也清晰地意识到的。

第四节　生长的中期逻辑

我们用一种怎样的眼光来看大学阶段知识人的生长逻辑呢？如果我们将其看作是中学的承续，那么这里几乎没有任何可以值得提出来讨论的问题。的确，从表面看起来，中学与大学，都是由校园、教室、教师、学生、操场、图书馆这些基本构件组成，最多只是在知识教育水平上提高了一个层次；但是，深入内里寻觅，却可以发现学生在大学与中学的环境中的生长并非仅是获取知识"量"的多少，而是生长状态上"质"的不同。大学提供了一种知识人生长的新的环境与条件。

一个学生的大学生活一般都是在另一种文化环境中进行的，他们已经不再在出生地求学，而是去外地就读大学。离开父母、家庭，脱离家乡的社会文化环境，成为他们的一个共同特征。在进入大学之前的童年与少年时代的教育，是在家庭、幼儿园、小学、中学中完成的，他们在同一个地方生长与生活，接受同一种文化模式的规训，这使他们具有相似性，成为了同一类型的人。他们的不同的生性与禀赋尚未得到展现。而在大学阶段，学生们接触到他们以前从未接触过的其他文化模式，而且这些模式多种多样。图书馆里的大量阅读、教师讲课的开放性、各种讲座的多样性以及参加各种不同的校园活动，为他们提供了接触不同文化模式的条件。甚至人类学家关于世界各地异文化的描述，也会给他们带来惊奇与冲击。在各种不同文化的对比中，他们可以进行自由选择。由于个体生性与禀赋的相异，他们就有着不同选择。这种不同的选择就使他们获得一个新的起点，原先的父母与老师教导的正确性和唯一性不再存在。当思想被置于比较的基础之上并可以重新选择之时，更多的具有个性特征的学生就涌现出来。于是，这一时期的大学生会出现一种突然的变化，这种变化有时匪夷所思，甚至令他们的父母与他们原先的中小学老师、同学都会惊诧不已：他们"突兀地出现"了。"中学和大学之间，即严格意义上的学校学习与生活之间，如今存在的一个跳跃，一次连续性的真正中断，而非从量（年龄）到质（智力与精神的成熟）的合理阶段。"①

"突兀地出现"是借用了萨义德的一个概念，用来指知识人在大学阶段对于中小学及传统家庭教育阶段的断裂与突变，我们将其看作是知识人生长的中期逻辑。对于"突兀地出现"，萨义德在《知识分子论》中举出了两个文学作品中的例证：一个是屠格涅夫的《父与子》中的巴扎洛夫，另一个是乔伊斯的《一个年轻艺术家的画像》中的戴德勒斯。他用这两个例证说明的观点是：知识分子"不只是代表某种秘密的或巨大的社会运动，而是代表他们独有的怪异、甚至暴戾的人生风格和社会表现"②。

屠格涅夫描绘的是19世纪60年代外省的俄罗斯，这里是一种平静无事的田园式生活：有家业的年轻人继承父母的生活习惯，结婚，生儿育女，生活多多少少往前进展。而巴扎洛夫则是一个另类人物，"他与父母断绝关系，而且巴扎洛夫与其说是为人子者，不如说更像是一种自我产生的角色，挑战惯例，抨击平凡庸俗、陈词滥调"③。说巴扎洛夫是"一种自我产生的角色"，这是屠格涅夫一个相当重要的发现。所谓"突兀地出现"是指一个人对于原来的那个自己在众人的心目中彻底变了样。"屠格涅夫暗示并描绘两者的水火不容：一边是受制于家庭、爱与孝心的传承、古老自然的做事方式的俄罗斯；一边则是像巴扎洛夫这样虚无主义的破坏力，他的生平不同于这部小说中的每一个角色，似乎无法叙述。他突兀地出现，挑战。""《父与

---

① ［意］安东尼奥·葛兰西：《狱中札记》，曹雷雨等译，中国社会科学出版社2000年版，第23页。

② ［美］爱德华·W. 萨义德：《知识分子论》，单德兴译，生活·读书·新知三联书店2002年版，第19页。

③ ［美］爱德华·W. 萨义德：《知识分子论》，单德兴译，生活·读书·新知三联书店2002年版，第19页。

子》无法容纳巴扎洛夫作为叙事里的角色；他的朋友基尔沙诺夫家族，甚至他悲惨的年迈双亲，都继续过他们的生活，而身为知识分子的巴扎诺夫的专横与不驯，使他脱离了这个故事——他既不适于这个故事，而且多少不适合被驯化。"①

较之巴扎洛夫，乔伊斯笔下的年轻的戴德勒斯的情况甚至更明显地"不适于被驯化"。他的整个早年生涯是两股力量的拉锯戏：一边是教会、教书业、爱尔兰民族主义之类体制的诱惑，一边是他作为知识分子缓缓出现的顽固的自我，以魔鬼式的"我不效劳"为格言。英国其他作家如狄更斯、萨克雷、哈代、艾略特的作品中的主人翁，都不是以社会中的"心灵生命"（the life of the mind）为主要关怀。而戴德勒斯则是一个热爱思索的知识分子，对他而言，"思索是体验世界的一种模式"。"他疏离任何意识形态的规划，因为这些规划的效应将会减损他的个性和他经常是很不愉快的人格。"② 乔伊斯和屠格涅夫一样，尖锐地呈现年轻知识分子和按部就班的人二者之间的水火不容。"开始时像个传统故事：年轻人在家庭中成长，然后上学，就读大学，后来化为戴德勒斯笔记中一连串简略的摘记。知识分子不愿驯服或适应于乏味的惯常行径。"戴德勒斯的信条中"最惊人的就是肯定知识分子的自由"，他表达知识分子自由信条的语言是："我会告诉你我会做什么和不会做什么。我不会服侍我不再相信的东西，不管那是我的家、我的祖国或我的教会：我要尽可能自由地、完整地以某种生命或艺术的模式来表达自我，用我容许自己使用的仅有的武器——沉默、放逐、狡诈——来自我防卫。"③

不过，并不是每个人都会出现突兀的变化，生性与个性的差异使不同的个体有着不同的表现，对此萨义德也举出了例证。他引述了福楼拜的《情感教育》中的两个知识分子作为"突兀地出现"的反证。

---

① [美]爱德华·W. 萨义德：《知识分子论》，单德兴译，生活·读书·新知三联书店2002年版，第20页。

② [美]爱德华·W. 萨义德：《知识分子论》，单德兴译，生活·读书·新知三联书店2002年版，第21页。

③ [美]爱德华·W. 萨义德：《知识分子论》，单德兴译，生活·读书·新知三联书店2002年版，第21页。

这两个年轻人，一个叫摩罗，一个叫德思拉利尔，他们开始以公众福祉为目标，有可能成为法学家、历史学家、作家、哲学家。然而，摩罗的下场是知识分子的雄心壮志消沉，岁月流逝，他甘愿忍受心灵的懒惰和情感的迟钝。德思拉利尔则成为阿尔及利亚的殖民官吏、广告代理商。"摩罗和德思拉利尔的命运则是因为个人意志不能集中，以及近代社会需索的代价——近代社会中有无穷无尽让人分心的事，纷至沓来的各种享乐。摩罗无休无止地试图在其中获得爱情和知识的成就，却又都不断被引开以致无法达成。"①《情感教育》所表达的则是对知识分子的失望。萨义德引述这个例证，是从反面来说明知识分子在社会文化中随波逐流，放弃了自己的个性追求，听凭某种社会文化的铸塑。

在这里，我们在萨义德论述的基础上，再补充一点我们自己的解释。我们追问如下一个问题：巴扎洛夫也好，戴德勒斯也好，他们是怎么变的呢？"突兀地出现"是否意味着他们脱离了社会文化背景呢？我们认为并非如此，因为任何个体都无法独创一种文化模式；他们应该是在与各种不同的文化的接触与学习中，选择了符合他的个性与禀赋的那种文化。当然，他也可以坚守原来所接受的文化模式，这样他就不会变样；而只有那些舍弃了原有文化模式而另作选择的人，才可能变样。这就是说，一个人并不是生长于某种文化之中，他就归属于这种文化，或者他接触到某种文化，他就接受了这种文化；而是在他接触了更多的文化并通过比较之后，选择了符合于他个性的那种文化。这种主体性的自我选择的根据，则是他的特殊的生性与禀赋。而这种"选择"和"变化"的时间是在大学阶段，因为只有在这个阶段才能提供选择和变化的基本条件。戴德勒斯是"读大学"以后，才有"笔记中一连串简略的摘记"，这种摘记可以推测他是接受了契合于他自己的秉性特征的思想并与之共鸣，于是在二者的交互作用下，戴德勒斯出现了突兀的变化，表现出强烈的个性特征。因此，"突兀地出现"并不是内质的变化，而只是脱去了原先塑造他的文化

---

① ［美］爱德华·W. 萨义德：《知识分子论》，单德兴译，生活·读书·新知三联书店2002年版，第23页。

模式的外衣，按照自己心性爱好换了一套适合于自己的服装而已。

我们对于张春醒的观察与分析，印证的是巴扎洛夫和戴德勒斯以"心灵生命"为主要关怀的"突兀地出现"的逻辑。张春醒所显示出来的心路历程，与巴扎洛夫特别是戴德维斯的人生风格相类似。她开头也是在一个传统家庭中成长，然后上小学中学，就读大学。"戴德勒斯笔记中的一连串省略的摘记"与张春醒的日记颇为相似，"摘记"和"日记"是不同时空中的两个人"心灵生命"的"一连串"的印迹。张春醒在日记11中，表达了她的"完善自我"的愿望："我要学习，抓紧时间多学些……我有要完善自我的强烈愿望。我必将穷极一生追求这种完善，也要在这个过程当中对周围的人乃至更大的范围的人们产生影响，做出些贡献来。"这相当于她的"人生宣言"，同时也是她的"独立宣言"和"个性宣言"。而上一章的李文宝也有着"自我完善"的愿望，但二者是不同的。李文宝高度认同既定的、传统的社会文化规范，所印证的约略类似于摩罗和德思拉利尔按照社会文化模式塑造自我的逻辑。而张春醒的这种"完善自我"的愿望其实就是她自我依据生性的特有弧度朝着某一方向出现变化的显示。在日记35中，她和颖聊天聊到她的家乡柳州的时候，她说了如下的一段话："其实说我是属于柳州人，也不对。我不属于任何类型或种类，但我却被归入这一类中。其实自己实在不是的，回家走在大街上，我就有一种格格不入的感觉。"这段日记中的"回家走在大街上"，应该是指1991年的寒假和暑假，此时的她已经与原先的她很不相同了。日记41中，她将"干枯的梅枝上凸起了千千万万个小花苞"看作是它们在努力反抗旧的东西的暴动，并引以为"同谋"而会心地"蜜蜜地笑了"。在日记42中，张春醒用具有"狂暴的力量""奔泻千里"的"青春的泉水"隐喻她的感情，但同样可以推及她的思想、心志、学业等各个方面，这种"青春泉"冲垮了在中小学阶段的社会文化与家庭文化对于个体所构建起来的传统堤岸，流向她的生性与个性所固有的方向。日记59中她意识到"人是不相同的"，为自己独特的个性寻找依据；并且对社会文化的束缚极度不满。日记62则明确地说她冲破了社会文化的束缚："偏我是不安生的这般躁动,打碎了水晶瓶。"日记 71 又进一步说她对于文化的冲突与叛离:"我从这样的一个城市中成长出来,却与这种深层的文化相冲突……不能进入其中了。"

于是,一个新人"突兀地出现"了。这种"突兀",源于她的独特的禀赋与个性,而大学校园为她的禀赋与个性的彰显提供了条件,因为她接触到的各种不同的文化观点。这里,图书馆的功能具有特别的重要性。图书馆构成了大学教育的另一个阵地,这个阵地与课堂教育并行而立,甚至具有较之课堂教学更特殊的意义。图书馆里各种不同观点的书籍异彩纷呈,阅读何种书籍并不是被规定的,而是可以自由选取的。知识人在早期阶段基本上只接受单一文化的训导,而在大学中,他们摆脱了原先那种千篇一律的知识灌输路径,面对着各种不同的文化书籍,他们可以依据自己的个性与生性的不同,在图书馆中自由驰骋,接受不同的思想,在几乎是无限量的书籍当中,吞食那些符合他们精神需要的食粮。在多元的选择中,学生就出现了趋异性发展。本章的主人公张春醒,正是在大学的自由环境中,在课内外大量的阅读过程中,以自我特殊性与禀赋的独特性为基础,与各种思想观点激荡磨砺,进而发展出她自己的独立的思想。而在这一过程中,袁民的出现也对她起到一种促进作用。在这样的环境与条件下,张春醒对原有文化规训的模式的批判意识发展起来,朝着自我特有的方向前行。因此"突兀地出现"不是重铸,而是回归;不是变质,而是祛魅。所谓"突兀",仅仅是对于原先她所接受的文化规训而言;而对于她个体的情性而言,作为一个"新人"的张春醒并不突兀,仅仅是发现了她的"自我",并且回归了她的"自我"。

第五章 蝉变

引言 一位博士生的专业化训练自述

研究生阶段进入了专业化阶段，这是一种"特化"训练。就人类学学科而言，这种"特化"训练最重要的程序就是到异文化中去做田野工作，它被称为人类学者的"成丁礼"。我将这种"成丁礼"分解为两个阶段：一是田野工作阶段，二是田野工作完成之后的写作训练阶段。

本章的"第一主体"的讲述材料是一位博士生"山月朵"[①]提供的，她是 2008 级博士研究生，2011 年博士毕业留在高校任教，现为某重点大学的副教授，曾获该校"学术新人奖"，并被聘为"华中学者"。我修改本民族志期间，她在英国剑桥大学做访问学者。山月朵在云南大理周城白族村和云南镇沅县拉祜族苦聪人中都做过长时间的田野工作。在这种田野训练中，她曾经历了翻车事故的磨难。而她所经历的一次学术论文的写作训练，则同样是一个不断激发灵感、不断修改的艰苦搏战过程。在田野工作和学术论文写作这双重的自我训练中，她完成了一种"蝉变"，成为一名专业学术人才。

第一节 "种豆得瓜"：一次田野工作的自我磨砺[②]

我在大理周城白族村做过田野，这次去的镇沅是我的第二个田野

[①] "山月朵"为讲述者的自我命名，寓意为"苦聪山寨的野菊花"。
[②] 此为山月朵在苦聪人中田野调查的感悟，曾在研究生课堂上与同学们分享。下文根据课堂录音整理。

点，目的都是为了人类学的田野训练。我每次做田野都是一个背包。第一次田野前导师就跟我们交代："一个包走天下。"他还在黑板上写下大大的字："打倒两个包！"背一个包，两只手可以腾出来做别的事。

这次去镇沅，目的地叫木场村。先到镇沅县城再到者东镇，再找到一个先前联系好的人用摩托车载我去一个叫"老虎洞"的地方。我这次田野跟摩托车结下了不解之缘。我从早上离开镇沅县城就一直没有东西吃了，到了者东镇子上，那会儿已经是下午两点半了，也不知道累也不知道饿，手机也没有电了。碰到一个老太太在喂鸡鸭，问了路，老太太说我要找的人就在下面吃酒那一家。那个地方叫飞来寺。我正往下走，后面来了一辆摩托车，一个大伯和一个大婶，五十多岁。然后我听见他们用民族话在讲——有些词是用汉语表达的，大概就是说，前面是个大学生，是不是她？然后我就放慢脚步，车到我身边，他们一直看我，我也一直看他们。他们问我是不是那个谁介绍的，我听见"介绍"两个字，知道说的就是我了。那个时候我就松了一口气，心里想终于找到人了。他们把我送到我要找的田叔家里，已经是晚上十二点。我在田叔家歇了，准备第二天去木场村。

第二天，田叔本来要忙着挖木薯，然后要去酒精厂，但他一定把我送上木场，并且叫了一辆摩托车。早上10点左右开始吃饭，12点左右我们收拾好了之后就上路，车子带着田叔和我。导师刚才跟大家介绍说我坐摩托车翻车的经历也就是这一次。我本来想今天太好了，坐上了这辆摩托车，花不了多长时间我就可以到达目的地，然后赶快进入田野，不然在路上消耗的时间和精力太多了。田叔家住在一条河滩处的山梁上，出门要蹚过河滩的水再上公路。在蹚水的时候，摩托车轮子上面浸了水，有些打滑。上一座嵌桥的时候我已经觉得很危险了，车轮在很大的石头里面拐来拐去，而那个骑手把车子骑得飞快，龙头甩来甩去。上了嵌桥，他稳了一下，我心里希望他慢点，再慢点。上了嵌桥出来不到十米有一个大弯，他转得很急，车身也已经很斜了。我心里刚刚在想"糟糕"两个字的时候，我们连人带车已经翻出去了。

翻出去的瞬间并没有什么很大的感觉，脑子空白了至少十秒以上。田叔最先站起来，司机第二个站起来。我清醒以后发现自己已经没有力气爬起来，似乎觉得四肢已经不在了。田叔扶我都扶不起来，我就平躺在路上，并没有哪里痛，然后才发现大拇指关节破了，心想可能只是手破了吧。结果田叔把我的腿拉起来的时候，整个右腿膝盖，两层裤子从里到外都撕破了，全部都是血。我当时已经吓呆了！

田叔很有经验，他们这里经常有人坐车在山上摔跤。他就问我痛不痛，当时我感觉不到疼痛；然后他就按了一下，我就感到钻心地痛。怎么办？摩托车司机说赶快拉我去卫生所包扎。我不能走路，他们把我重新抱上摩托车。这次司机开得慢下来了，大概是十码左右的速度。然后慢慢跑到一个小街子上的卫生所简单用酒精给我消毒，弄纱布就给我包好了。田叔又给我买了很好的云南白药，还有青霉素。暂时就去不了木场了，田叔说那你怎么办？我说可能要休息一下，就又坐摩托车把我带回田叔家。后来我还不敢跟导师说有意外的事情，先给同学说了，她立马就跟导师说，不得了了，山月朵出事了。结果导师就很紧张。我们出去不管是做什么，最重要的是人身安危，这一点要考虑。况且我一旦出门就不是一个人的事情。

反正我这一次已经坐了摩托车，已经摔跤了，但却是"种豆得瓜"。你们也知道我的计划不是在这个地方，是在木场村；但是现在我没有办法，只能在田叔家所在的小河坡这个地方待着。田叔本来把我当作一个过客，心想住一晚上第二天把我送走就可以了，哪知道我摔了，就在他们家住下来了。见招拆招，把我丢到哪儿，我就在哪儿做田野吧。

其实我这个人平时生活当中是很在乎自己哪里受一点伤的。如果我是在学校的话，哪里碰到一点点，我肯定——按四川话讲就是"惊爪爪"的。当时连我自己都没有想到我在田野中的这种处事态度。我心想摔了就摔了，反正伤口已经处理过了，田野工作还得做。受了伤，我好像心马上沉了下来，坐在那个板凳上面的时候，我倒反而觉得很轻松，好像是一种享受。到了我住的那个地方，大概一个多小时后我就开始写日记，我就在想摔跤的这件事情到底是怎么回事。

大概三点半到四点之间，就有人来看我了。先来的是两口子，也是五十多岁，不会讲汉话，来了第一件事情就是摸我的伤口，那个时候血已经把纱布全部都浸透了。看了之后，那个妇女就说："大意了，大意了。"摔跤用他们的话叫"光跤"，就说："光跤了，光跤了。哎呀呀，妈妈呀。"从那一天下午开始，至少三天以内，上午一拨下午一拨，总有人来看我，基本上所有人都感慨："光跤，哎呀呀，妈妈呀！"就这样三个词语。后来我就知道，因为我摔跤了，其实正是我融入这个社区所找到的一把很好的钥匙。

导师听说了我在山里翻车，立即打电话过来，晚上其他同学也打电话来。山里面信号不好，只能站在他们那里海拔最高的地方——就是他们家的鸡圈和鸭圈之间才可以找到信号，我就在那个地方给他们打电话。打完电话之后我一抬头，望见头顶那么明澈的夜空，好多星星啊。我当时第一句话就是："啊，生命！"然后我就跟崔同学讲了我的一个感想就是："生命即田野，生活即田野。"生命即田野，就是因为我摔跤了。摔跤那一刻我自己觉得还是很惊险的，那一刻我就觉得生命很有可能就是这么一瞬间，就是说没有就没有了。再有，我们刚好是在转弯的地方摔跤，山里面大货车很多，你不知道它什么时候从那边的弯道里面冲出来，如果那个时候很不幸，后面冲出车来我们三个都逃不过。

我那个时候想，对于我来说到底什么最重要？我就想不管我经历什么样的事情，不管有什么样的感想，不管遇到什么样的事情，都是我在做田野。不是说我的目的是要去木场村我就一定是调查苦聪人的民俗信仰。我当时看着星空我就想，从我出门到现在不管我吃什么、说什么、做什么，所有的东西都是田野。继续做一个推论就是，我的整个一生，我进入人类学这个领域，然后学习了人类学，现在做人类学专业的学生，以后也许会从事人类学的研究，所有的东西在我这个人的一生当中，田野和我这个人的生活，我的生命就完全融合在一起。

"见招拆招，把我丢到哪儿，我就在哪儿做田野。"这是我今天说的第一句重要的话。"生命即田野，生活即田野。"这是最重要的第二句话。这一次对我刺激还有一个很重要的,就是我要讲的第三句话。当时遇到这个事情的时候我总结了四句话给导师讲了,我觉得其中最重要的就是"人最残忍!"这是我要讲的最重要的第三句话。

很偶然,我去了之后——后来才跟导师说——他们家死了三只鸡,死了一头小猪,死了两头大肥猪。导师说你怎么不早点跟我说,我心里想这个事有什么重要性?导师说:"你有没有想过他们那个地方常年没有外人进去这个问题?"我才想到我一个人从外地进去,也许我真的带了什么病菌给他们,因为我真的帮他们喂过鸡,喂过鸭,还喂过猪。所以也许真的是因为它们吃了我的东西,然后就……死了三只鸡,鸡很贵,鸡是他们除了猪和牛之外最重要的家禽。一只鸡两斤左右,大概可以卖到五六十块钱。所以因为我去了死了三只鸡,那就一百多块呢!然后一头小猪,我问过,那头小猪已经三四个月大了,值三四百块钱。两头大猪最贵,能卖四千多块钱。鸡嘛,一旦发现它不吃东西了,然后就把它杀掉,作为我们的盘中餐了。房东田叔倒是很高兴,因为他最喜欢吃肉。因为我生病他们杀了一只鸡,然后那天我只吃了一两块,所有的鸡都给田叔。我看田叔特别爱吃肉,估计他们家平时都不会吃。反正不管什么东西,我发现家里的人都没有怎么吃,都留给田叔吃。

1月6号晚上七点,田叔挖了木薯回来,他们家阿奶就很着急地跟田叔说,她说两头大肥猪不吃东西了。那个时候,鸡已经死过了,然后那头小猪也已经死了,死了小猪就让他们已经很郁闷了。因为快要过年了,已经进入腊月,一般西南的地方叫杀年猪,这个时候进入腊月十九号二十号左右就要开始杀年猪,很重要的事情。小猪死了他们已经很郁闷了,然后阿奶说两头大猪也不吃东西了,晚上大家一起吃晚饭嘻嘻哈哈很欢乐的气氛一下子就凝固起来。然后所有的人,包括他的邻居还有我,我们所有的人全部都去猪圈看那两头大猪,两头大猪病恹恹地趴在那儿,你不管给它弄什么它都不吃。然后田叔的妻子就问要不要打针,田叔说,如果要医它的话,第一就是打针,第二就是拿草药喂它。如果打针的话,一旦打了针,他们就知道这个猪肉就不好吃了,也不好卖了;如果喂草药,草药至少要三天才能见效,还不知道到底能不能好。不管是打针还是吃草药，一个是耗时间，一个是肉质不好了，也不能卖了，那就白白损失掉了。最后他们家邻居，一个老爷子就说，我给你提一个建议，你今天晚上就把它弄（杀）了。田叔开始还不愿意，猪莫名其妙死掉了，他很难受。最后一家人商量大概有半个小时，七点半的时候田叔说没办法了，那就今天晚上杀。今天晚上杀怎么办呢？那天刚好碰到镇沅县停电。反正就是很奇怪，我去了之后每两天停一次电，1月6号那一个晚上又恰逢要停电。而且他们这个地方这几个山梁子，每一个山梁子就住三四家人，要杀猪就需要人手，你还要去找人。一头猪大概是三百多斤，两头猪杀下来是六百多斤。还有水啊、火啊、灶啊这些，全部都要弄齐。他们这个地方，后来调查时我数了一共是12户人，每家算4—5个人口的话，大概50—60个人。所有的人都出动，包括我。

我为什么说人残忍，就是我也加入了杀猪的行列。你要去帮端水，你要去拾柴，你要去帮他们借锅，然后他们有什么拿不到的，你要马上递过去。家里面手电筒也不够，柴火也不够，反正那一天什么事情都堆在一起。田叔连着好几天都一直在地里忙着挖木薯，到了1月6号，他之前捡拾的柴火基本上已经不剩几根了。大概只剩了五根这么长的柴，根本不够烧。七点半的时候，田叔扒了几口饭，马上就叫上那个摔了我的摩托车司机，到山梁子去叫人。过了一会，男男女女，大大小小全部都来了，有三十个人左右吧，二十几肯定有，成年男子。最后捆猪的时候，我数了一下，捆第一个猪是9个人，捆第二个猪是11个人。反正杀一个猪，我现在跟你们说的时候，脑子里面就是那种混乱，人挤人、人喊人、到处都是火光、到处都是刀光那种情景。然后到处是猪血，那种血腥是一种酸酸的味道，我现在想起来还是那种。我今天中午在想的时候，还是那种酸味儿。不知道为什么，在忙的时候我脑子里面没有想过什么事情；只是看如果他们缺柴，我就去捡柴，如果他们看不见，我就用我的电筒给他们照。后来我发现我的电筒发挥了很重要的作用，因为柴很快会烧完，然后房东他们家的电筒都不是很有电。头一天我知道要停电，特别把电筒充满了电，然后杀猪的时候就用我的电筒。我站在离它大概三十厘米的地方给他们举高，给他们照明。进行到中间的时候，一下子就飙了一股血，从我的头一直到我的脚，到我的鞋，溅了我一身。血溅到我身上的时候，我当时就觉得我自己是个杀人凶手那样的一种感觉，有那种罪恶感。

然后就这么一直忙，那种臭气、酸气伴着吵吵闹闹。杀完猪之后有人提议要把刚刚搞下来的肉烧烤了吃。我很多事情都是半夜之后，或者是第二天才知道的，因为那么吵闹的环境下你没有什么思考的空间。差不多到两点，最后一个帮忙的人，他跟田叔喝了一点酒，我坐在那个地方听他们两个聊天。杀猪夜从七点半一直到第二天凌晨两点。第二天我给导师发短信，我说头一天发生了一件很重要的事情。导师问是什么事情，我说杀猪。那个时候我就开始边回忆，边写日记，心里就是难受。我一直在回想，杀猪的时候我到底是什么样的感觉，我想没有其他的形容词，就是一个"难受"。以前导师讲过，他年轻的时候看见田里面耕田的那个牛，赤日炎炎的夏天，农夫用鞭子抽那个牛，他觉得很难受，然后他就再也不吃牛肉了，直到现在几十年过去了，他依然不吃牛肉。我就想我看着杀猪的时候也许没有导师感觉那么强烈，但是同样就是那种难受。然后发了四条短信给导师，第一条就是："人最残忍。"

人渐渐散去之后，然后田叔就和其中的一个男子，一个老爷子在聊天。他们就说从杀猪开始谁帮忙谁不帮忙，谁带了什么东西。你不要看表面很混乱，其实每个人心里面都装有一把尺子，用来衡量谁是最帮助他的人：谁是在里面混的人，谁在里面是真心的，谁在里面还夹带着恨——就是他还会用那种可以说是阴险、可以说害人的那种心，参与到这个里面。我一边听他们讲话，一边在我脑子里马上把所有的画面像剪切胶片一样再回顾一遍，然后把所有东西放在一起。我就想，哦，原来是这个样子的。那个时候我就觉得，人的心就像明镜一样，不管你说什么，不管你做什么，明镜都能照见。就拿我来说，我一个研究生，我在那个地方，我跟他们说过什么话，我每天在院子里面怎么走路，我跟每一个人目光相对的时候是用什么样的眼神在看他们，所有的这一切都在他们的心里。我觉得这些东西是很微妙的。

因为杀猪这个事，我还对"人为什么会联合起来"有所领悟。我想他们这种很简单的社区，一个山头只住三四家人，你要杀猪的话就要联合很多人，你要把他们召集起来。帮忙了之后，如果它是一种馈赠，如果它是一种礼物，那你又要去回馈。那些在平时生活中有隔阂甚至有仇恨的那些人，在这样一个时刻也同样来帮忙，就是基于这一点。这样说来，群体存在一种聚合的力量。但我又发现人结合起来，又存在着离心的力量；而看到了离心力量之后，又发现他们还是一个群体。

进一步的思考就是，人除了生存，还有没有别的东西？还有没有别的事情可做？我在这个地方，我的生活变得极为简单。每天一般来说没有什么肉可以吃，你觉得很香的就是闻着他们家炼出来的猪油，猪油炒饭这是吃得最好的一顿。我们平时在学校，天天上网，拿着手机，玩这个，玩那个。各种吃啊、穿啊什么都有。而在这里，我会发现，我没有城市里的那些东西，我绝对也可以过，我可以有能力不需要它们。"那么，对于人来说到底什么东西才是最重要的？"我就想这个问题。

这就是我在杀猪之夜，导师问我对此有什么领悟的时候，我想到的以上几点。我觉得这些问题对我的刺激最大。现在给你们讲这个杀猪夜，我都觉得我现在是血液沸腾、脸颊绯红，就是那种很激动的状态。当然这中间也有其他一些对比性的事件或细节。比如说我有两三次，看着他们家三个月的小牛犊在坝子里面晒太阳，它"哞——"地叫了一声，我居然哈哈哈笑起来了，莫名其妙地。阿奶都很不解，她那个时候在晒太阳打瞌睡，我的笑声就把她吵醒了，她就很莫名其妙地看着我。后来还有一次，是阿奶晚上六点左右喂鸭子，六个白鸭子，一个跟一个去水塘喝水。我看着鸭子"嘎——嘎——"很有节奏地在那儿叫的时候，我也很开心地笑。我觉得那种状态就是生命吧。我一下子想到的就是《忧郁的热带》里面，列维-斯特劳斯说"对着一块漂亮的矿石深思"，"闻一闻一朵水仙花的味道"，"与一只猫短暂的互相注目"。我觉得就是在看着牛或者是看着鸭子发呆傻笑的那个时候，我懂了，通了。可能看似没有意义，但是我觉得它才是最重要的。

（导师插话：把那个偶遇哑巴的事讲一下。）

那就把哑巴的事给大家分享一下。首要的是，我们女生一个人下去做田野一定要注意人身安全问题。我后来开始思考：第一，我觉得我自己长着娃娃脸，我可以忽视掉自己的性别；第二，从心理上来讲，我觉得性别这件事情不是很重要，没有关系。也就是开始的时候还没有意识到自己是个女性，经常会忽视掉这个问题，一直就觉得自己就是一个小孩子嘛。但是这一次，改变我的想法。就是你要知道你从生下来的那一刻你是什么样的人。当你去做田野的时候，所有人——除了你自己之外，都不是这么看的时候，你必须要去面对这个问题。

在飞来寺，这个用摩托车接我的大伯，把我接到之后，他们那天要去办酒的那家去帮忙，那我就只有跟着他们去吃酒，心想去吃酒还可以看别人怎么办婚礼。去了之后，所有人都很忙，有人跟我聊天就聊，没有人跟我聊天我就到处看。晚饭之后，年轻人就留下来闹酒。我心想，闹酒一般就比较乱，自己要谨慎一点。我就跟这个大婶说，能不能把我带走？她说："小姑娘，多热闹啊，他们待会儿还要跳歌，还要唱歌，你不是来做调查的么，你应该看看。没关系，我跟着你。"哪知道她把我带过去之后，她就不管我了，跟那些老太太一起去忙了。我就坐在那儿。有几个姑娘，大概都是二十岁左右，有抱着小孩的，也有没抱孩子的，我就跟她们坐在一起。她们就会问我从哪里来，干什么的，还说了这里的结婚风俗，大概就聊这些东西。然后突然来了一个人，一看就知道已经喝了很多很多了，嘴里咿咿呀呀的，说不清话。他往这边过来，我准备要离开，他拍拍我的肩膀，意思就是说：你跟我回去。我心里想，我要是挣脱的话，好像不太友好；再说他已经喝多了，如果我反抗的话，或者没有顺着他的话，不知道会遇到什么事。不过这个时候暂时还没有发生什么事情。然后几个少年也围过来，嘻嘻哈哈地，其中有一个25岁左右的青年，也跟他们在一起。他们几个在调笑那个男的时候我就发现，他只是"唉唉唉"，可能不会说话，我心里想也许是个哑巴。后来他就跟旁边的人比画，那些人不管是男的女的就瞧着我笑。那个时候我就觉得全身上下的汗毛都竖起来了。不能说他有恶意，但是那种气氛我们遇到的很少，所以让你很不习惯。但是我也不能做什么，因为他们用民族话在交谈，我也不知道他们在谈什么。不过你看着那些女孩子那种窃笑的表情，和那些男的那种幸灾乐祸的表情，大概可以猜出是什么意思了。我心里想，也没有把我怎么样，也无所谓吧。然后哑巴就开始非要问我叫什么名字，并让旁边的一个少年拿笔和纸过来，让旁边的人转述给我，如果不愿意说，那你是读书人，你会写，他也会写。他比比画画，意思是说他先把他的名字写下来，然后我再把我的名字也写在这张纸上面。接着他就颤抖着写着歪歪斜斜的字，大概叫陈什么，后面的字我不认识。写完了之后就把纸和笔递给我，非要我写。后来有人开始讨论他写的字到底好不好，又讨论他到底叫陈什么，就把让我要写字的这个事情岔过去了。但他不停地说要我写，我一直没有写，然后他就开始拉着我的手，不让我走。我就到处去找那个大婶，心里想："大婶，你在哪里啊，快来救我啊！"我旁边还坐着两个大概二十岁左右的姑娘，还有一个二十多岁抱着小孩的少妇。少妇的老公就坐在我的对面，和哑巴以及几个少年坐在一起。那些姑娘可能觉得这些就是她们少数民族的调笑，觉得很有意思，带着那种煽风点火、怂恿的表情，但是那个少妇也许是因为她结婚了，就显得要谨慎一些。她一直在跟她老公说，大概意思是说你赶快把这个人带走。但是她老公觉得没有关系，又没有怎么样。哑巴那个时候又一直在拽我的手，让人告诉我，一定要请我到他们家去，就是这个晚上。那个时候已经10点多了吧，我就跟他说不能去，我明天要走，我还告诉他我是来干什么的。那么乱，大家起哄的时候，根本就没有人听得进去。还是抱小孩的那个少妇，跟他们说，你们这一群都喝多了。中间有一段时间她不在，我也不知道她是不是去叫带我来的那个大婶。反正后来我终于瞧到大婶，我就用渴求的眼神一直望着她。

哑巴还一直拽着我的手，反正今天晚上一定要我去他们家。我就眼巴巴地看着周围的人，心里想，谁帮我说一下，我的妈呀。然后大婶终于来了，就给他比画，指一下我，再指一下这个小指头，然后又比了一个五（不知是不是说我才 15 岁），哑巴就摇头不听。后来，最开始跟我坐在一起的旁边几个比较小的姑娘，又给他比画，说不行，别人是来做调查的，是外面的人，不是我们这儿的人。他说没关系，说他这个人很实诚，很会干活，很会怎么样怎么样，又在那儿"哇哇哇"讲了一大堆。后来坐我旁边一直跟着起哄的那个小姑娘，反应很快，她跑过来指指我的头发，然后再比比周围的人，又指了下喉结这个地方。然后，那个哑巴马上双手遮脸，唰——，一下就逃跑掉了。我什么都还没有反应过来，而所有的女性就开始在那儿哄堂大笑。我真是懵了。等她们笑完了，刚才给他比画的小姑娘就拉着我说："我刚才告诉他，他搞错了，你是个男的，不是女的。所以他落荒而逃。"哎呀呀……

所以，你看，你在田野工作中跟当地人在一起的时候，总会发生一些你根本就想不到的事情。

再说那个醉汉。就是我大概受伤了三天左右吧，我没有下山治疗，就在田叔家里用草药敷。每天都有人来看我，关心我，跟我聊天。这挺好的嘛，每天都可以见到不同的人，问到不同的事情。来的人多了，我就看这些人到底是来干什么的。有的人是真的来看你，知道这个地方来了一个外人，她受伤了，来看看；有的人是要做别的事情路过，然后顺便跑过来；还有很多人，他们并不关心我，就是过来随便看一下，然后就去做他们的事了。有一天晚上，来了很多人，我最开始坐在田叔家的起居室里面，陪几个老太太、老爷子们聊天。然后就来了一个二十几岁的小伙子，他老是进进出出，一会儿来递烟，一会儿来递酒，而且老是盯着我。我觉得莫名其妙，也不知道他什么意思。一直等到半夜了，快 12 点了，老爷子、老太太们都散了，准备回去睡觉，然后他又过来了。他跑过来，第一次是递烟，我说我不抽烟；第二次就拿酒，我说不喝酒。他说，那跟你诓天——他们说聊天就是诓，我说没问题，你想诓什么就诓什么。他那个时候的肢体语言我一直没有读懂，他老看着我，又一直没有说话，他那种眼神我也读不懂。我想那诓啊，你讲话就可以了，但他又不说话。后来我看了一下，屋子里面还有两个老爷爷，心想是不是说话不方便。我就站起来。他也站起来，开始往前走，我就跟他走出屋子。

走到厨房一看，天哪，至少坐了四个小伙子，喝得东倒西歪。我心想，我一个女孩子，他们都喝多了，都是年轻小伙子……他们让我坐在那儿，我心想该不会非要逼着我喝酒吧？如果真是又怎么办？反正我想不管怎样，先坐过去再说。然后他们又开了好几瓶酒。田叔说不能再喝了，他们说那不行，你们家来了一个客人，也要出来见一见。可能他们之前其实已经跟田叔谈了很久了，因为我们在看电视的时候就知道可能 8 点钟就有人早早来了，田叔一直没有过来。12 点把我拉过去，看他们已经喝了很多空瓶子，那就说明这一帮人在那儿至少已经待了四个小时，一直都在喝酒。田叔很厌烦，我听他的那个土话，大概是说你们如果想跟她说什么，你们就说好了，反正你们跟我讲没有用。拉我过来的那个男的，他就开始跟我说，他说我们这一帮人老早就听说你到我们村子来了，但是我们一直很害怕、很担心，不知道怎么来找你，也不知道怎么跟你说话。其实，我早先就跟他解释，我本来是要去木场，但是因为受伤了在这个地方待着。哪知道像他们这样的年轻人，现在接触的人也多了，不是像一般人好糊弄了。他们知道有些人是通过官方下来调查的，有些人是记者，还有些人是学校来调研的，他们知道得很多。他就非要知道我背后到底是不是有人。他一直端着酒，他说你不回答，要么你就喝酒，要么你非要说清楚到底是怎么回事。我就搞不清楚这个人到底要干什么。然后他就开始追问你下来是不是要花很多很多钱，你手上是不是有很多钱，你要怎么做。后来我又想了一个办法，就提一些名字，他们可能知道的在县里当官的，是跟他们苦聪人有关的那些人的名字，意思是说我对这个地方还比较熟悉，这样会降低危险度。但很快我发现不对，反而又给我造成了困难。因为我说了这些人的名字之后，他们会更加确定我肯定有什么背景。比如我说上一次民宗局的带我下来，我去的是哪里，然后我说谁谁谁的父亲怎么样。哪知道他们听到我这些话之后，反而觉得我背后还有更大的势力。他们到底要干什么，我也搞不清楚，但我猜想他们以为我是记者，我背后有什么样的人可以帮到他们。后来那个人自己喝了好几杯之后，他终于才说你了解这个调查是不是要写什么？我说我是做学术研究，这个和你想的不一样。他说那我不管。他之前已经喝了很多，跟我说话时他又一直在喝，已经喝得一根筋要缠到底那股劲儿，实在拗不过去。他就不停地在那儿说，要跟你反映个事情。我说聊天可以，不用反映什么，这不存在反不反映。他说那我不管。我就想，那好吧，他如果真的要有什么话想跟我说，那就让他说好了。我就说是你们家有什么事情，还是这个地方有什么事情？

他就开始跟我说，他有一个远房的侄儿，贫困，念不起书，他的爸爸妈妈都死了，只有爷爷在带他，找了村委会，村委会不管，然后找教育局和学校，也都不管。他说我能不能帮他们写个什么东西，或者告诉认识的那些人帮他们把这个事情解决了。我大概花了半个小时的时间就跟他讲，我没有办法帮他解决这个问题。我听他聊天是可以的，如果他真的需要我帮他写什么东西，或者他需要我跟他一起做个证明，他们家确实有这样的情况，我说这样是可以的。但是他指望我把这个事情给他办下来，比如说他要求什么样的补助，要拿什么低保啊什么的，我就说这些事情我根本就办不到。但是，不管我怎么解释都没有用。后来大概是田叔已经听烦了，就跟他们说，他是用民族话说的，有些表达夹带了一些汉字，比如说到什么"研究""学生"之类。我大概明白他的意思就是说这个人来到这个地方，你们不能把她怎么样，因为是我哥哥介绍过来的，这是一层意思。第二，人家是外面的大学生，你们搞不清楚情况，就不要乱整。第三个意思是说，你说的这些东西都是我们村子里面内部的事情，不能随便给外人讲这些事情。后来我待久了就发现，田叔平时看上去好像大大咧咧，但实际上他是一个很谨慎的人，一旦有人想跟我说什么，他会在某种程度上阻挡。一方面，因为是他在接待我，他怕我出什么事情，他没有办法给他大哥交代。另一方面，他作为这个村子的一个成员，如果因为他带了一个外人进来，然后我了解到什么，如果发生了什么事情，那么村子里的所有人会针对他，他会给自己在村子里面惹麻烦。有的时候，我看他一个人在那儿喝闷酒，就觉得他处于那种很痛苦的状态，我就觉得很内疚。我来到这个地方，不管怎么样，我们去做田野，绝对是打扰了别人的生活，介入了别人的生活，这一点真的没有办法。你只能把这种打扰、这种介入降到最低。像导师所说的，你不能强迫人，他不愿意告诉你的，你不能像马林诺夫斯基那样抓住他的领子不让他走。比如说我们与很多人谈话，有人有不愉快的表情了，那你这个谈话也应该终止了。你不能因为你自己的某些目的非要达到而强迫别人说话和做一些事情。有的时候你宁愿不去收集田野材料，不做采访，你就是跟他坐在一起，可能什么都不说，但是坐在一起那二十分钟，等到以后可能会帮你很大的忙。

我是第二天给导师打的电话。我说昨晚发生了一件很重要的事情，有人老缠着我帮忙。因为我有一个师兄上学期也跟我们讲过村子里面的人希望帮忙，我就知道这些事情很难处理。没有想到我真的也碰到这些事情，而且还是死缠烂打这种。我就跟导师说，这种情况怎么办？导师说，你要判断两条：第一，他是清醒时说的，还是醉酒时说的。第二，他跟你到底要说什么事，又有什么样的目的？正义的事，能帮的就帮，帮不上的解释清楚。我说，这个人是喝多了。导师说以他的经验判断，要看这个人第二天的反应，也许有所改变，然后再作判断。结果第二天，他没有来找我，而且我很久都没有看到他。后来突然有一天他来了，就对我非常的客气，再也不提那天晚上跟我说的那些话。然后我就告诉导师，这个人再也没有提过。导师就说那就说明他没有强求之意，他可能第二天酒醒了之后，就后悔了，头一天晚上可能失态了。

这一次我做田野遇到了很多很多的事情，我自己回来之后想，我可以把时间推得更远，就是我长这么大，不管是上学，做什么事情，遇到什么人，真的还没有遇到过。这一次大家觉得我吃苦了，其实也不算什么。哦，伤口愈合中间还是反反复复，当时我就是有一种把自己拿去做实验的想法。我就想，既然在山里面了，既然很难下山拿到药，我也不想麻烦田叔下山帮我买药，我自己又买不到药。他问过我，他说如果有草药我摘回来你愿不愿意试？我说没关系，我相信你们，你就给我弄好了。他说那好，那我明天给你弄草药。草药摘回来之后，他就给我解释，他们祖祖辈辈都在这个地方，只要是砍伤，摔伤，就用这种草药，叫"打不死"。你把它在手里面揉烂，揉出汁水，然后用酒精做引子，把汁水弄出来滴到伤口上面一抹。这个跟青霉素一样，也做皮试：先滴一点在我的伤口周围，如果第二天发泡了，我就不能用这个草药，就要另外给我想办法；如果不发泡，就说明我跟它是合的，合的话就可以继续给我用这个药。而且这个药要用自己的尿做引子，好的更快一些。这些话都是当着坐在院子里面的所有人说的，也不管我是小姑娘，害不害羞什么的，反正就是那么说的。我真的不介意。

后来慢慢别人也发现我这个学生在那个地方确实没有什么特殊。我要走的那天，他们一大群人在那里喝酒，我说我还会来，他们说你骗人，你回去了之后你肯定就会把我们忘记了。我说我真的会来，你们在这个地方又不会走。我还跟导师感叹，去周城，我也没有待多长时间，每次导师去也好，其他同学去也好，人家都问："月朵来了没有？"唉，我就觉得，每一次去做田野，就是欠一笔人生里面你永远也还不了的债！

讲完了！

> 导师课堂点评：
>
> 今天的田野工作课，我请山月朵来讲了她在苦聪人中做田野的一段经历，她讲得非常好。她这次田野，几乎是要命的田野！她就这样处理了问题，有这种体验。她受了苦难，重要的是她的态度。她泰然处之，不感觉这个事情是太大的事情。当地人也经常摔跤，也是这个态度。她就用当地人的方法治疗腿伤。她把这个问题看得这么淡，这么透。后来我打电话问她怎么样，要不要住院，要不要停止田野？也建议她暂时停止田野工作。但她说没有什么，继续做田野工作。她不是说，我摔了，不得了了，我要去检查，我要回家，我要怎么样怎么样。她没有这样的态度。我当时在别地做田野，我说要去看她，她也坚决不让。
>
> 山月朵从苦聪做田野回来讲了这段经历，我就说这段经历可

以称作"山月朵嬗变记"。就这么一次,作为一个人类学者的基本素质就具备了,她将来可能成为一个很好的学者。这一次她完成素质的飞跃。她讲的这些问题,不知道你们听得怎样,我听得很认真,很投入。比如她说"人最残忍",她是把人类放到万物万事当中去比较,进而在这个比较中去反思人类,这个视角就很不一样。一个村庄的人的复杂性与外面的人到底有什么区别?人为什么联合起来?对于人来说到底什么东西才是最重要的?这些问题都是很有深度的人类学问题。还有听到小牛犊的叫声,听到鸭子的叫声,她能体验到生命的状态,等等。还有她关于群体的向心力与离心力的发现也很有意思。如果说一个作家要有"艺术感觉",那么人类学家要有"人类学感觉",她的"人类学感觉"就不错。

田野工作作为人类学者的成丁礼的重要意义,首先是素质上的锻炼与考验,其次才是专业上的要求。当山月朵在途中出现了翻车事故以后,她想的不是"材料收集不到怎么办""论文完不成怎么办"这一类功利性很强的问题,她对这次事故的态度更能显示她的内在素质。如她的导师所言:"重要的是她的态度。她泰然处之,不感觉这个事情是太大的事情。当地人也经常摔跤,也是这个态度。她就用当地人的方法治疗腿伤。她把这个问题看得这么淡,这么透。"其后,她就将养伤的地方作为田野工作的目的地。"我摔了,就在他们家住下来了。见招拆招,把我丢到哪儿,我就在哪儿做田野吧。""因为我摔跤了,其实正是我融入这个社区所找到的一把很好的钥匙。"她将此喻为"种豆得瓜"。这里的"豆"可以理解为具体的功利性的收获,"瓜"则是放弃功利性诉求的精神境界提升,并因此获得更大的学术上的收获。这次田野工作从翻车事件开始,接下来的是杀猪事件、哑巴事件,最后则是当地人托她办事,每一个事件都有着不同的性质。翻车事件最危险,随后在山上用草药疗伤同样是一个严峻的考验,二者都照见人类学者的素质;

杀猪事件涉及人与其他物类关系；哑巴事件涉及性别关系；当地人托她办事的事件则涉及人类学者与当地人的相互关系。这些问题都比她获取具体的材料要深刻得多。人类学所研究的"人类"问题，它并不是教科书中的所谓学科知识所能覆盖与穷尽的，因而，田野工作中所遇到的实际问题的处理，需要的是人类学者有着高远的目标以及对人类基本问题的深度关怀。

对于翻车事件，她领悟到的是："生命即田野，生活即田野。"在翻车的那一瞬间生死是不知道的，后来才知道生命还存在于躯体之内："我一抬头，望见头顶那么明澈的夜空，好多星星啊。我当时第一句话就是：'啊，生命！'""生命即田野，就是因为我摔跤了。摔跤那一刻……我就觉得生命很有可能就是这么一瞬间，就是说没有就没有了。"对于山月朵来说，"生命即田野"包含了三个层次：第一，出发前，她从课堂或书本中得到警示与提醒：做田野工作，总是充满风险的。既然已经背着背包以"孤往之勇"出发了，那么，她已经有了面对危险的心理准备。第二，遇险时，她切身体会到"生命"与"田野"的真正的、实在的联系。第三，事件后，她坚持不去医院只用草药治疗，冒着搏命的风险，将自己的身体当作试验田。对于一个习惯了生病就进大医院治疗的城市女孩来说，这种主动选择同样需要自我牺牲精神。这三个层次，形成了山月朵对于"生命即田野"的深刻体验和学术判断。

杀猪事件则是一个"叠合式"的具有丰富意义的结构：先是山月朵对具体的杀猪事件的感性体验，进而对人类行为的反思，再跃升到对人在自然中的位置的深思，这种深思也同时包含着自我批判。我们经常批判侵略者所发动的侵略战争的残酷性，但很少反思人对动物的杀戮行为的残酷性。"我也加入了杀猪的行列。你要去帮端水，你要去拾柴，你要去帮他们借锅，然后他们有什么拿不到的，你要马上递过去。""血溅到我身上的时候，我当时就觉得我自己是个杀人凶手那样的一种感觉，有那种罪恶感。"在这种血淋淋的事实面前，她领悟出"人最残忍"。她的问题就是卢梭的问题：人为什么要"残害他的狗、他的马和他的奴仆"呢？又为什么要"扰乱一切，毁伤一切东西的本来面目"呢?① 也是列维-斯特劳斯的问题：人类为什么要"成为整个世界事物秩序瓦解过程最强有力的催化剂"呢？又为什么要"不断地破坏数以亿万计的结构，把那些结构支解分裂到无法重新整合的地步"呢?② 人总是以为他非常强大，他可以主宰一切，主宰自然界，这完全是自不量力。人类学家的工作与职责之一，就是唤起人类的自我省思，使人类认识到他们对生物界的残忍，进而重新调整他们自己的实践行为。进入田野的博士生山月朵在自己的亲身经历中领悟了这一理念。

人类学者在田野工作中看到什么、想到什么、认同什么、领悟了什么，都与他的人性深度相关。人性决定他对什么事物会产生反感，又与什么事物发生共鸣。在杀猪的场景中她感受到了惊悚与残忍，而在另一种场景中她感受到的是愉悦与陶醉。一次，她"看着他们家三个月的小牛犊在坝子里面晒太阳，它'哞——'地叫了一声，我居然哈哈哈笑起来了，莫名其妙地。"又一次，"六个白鸭子，一个跟一个去水塘喝水。我看着鸭子'嘎——嘎——'很有节奏地在那儿叫的时候，我也很开心地笑。我觉得那种状态就是生命吧。"这两件看似不重要的芥豆之微的小事，却表达了人与物共鸣的体验以及和谐相处的乐趣。在这里，她又一次接触到了人类学家的哲思与情怀：人在对着"矿石"的深思中去发现，在闻着"水仙花的味道"的陶醉中去学习，在与"一只猫短暂的互相注目"③中去感受，其意义在于尊重宇宙万物、向宇宙万物学习，在于摈弃人类中心主义与自我中心主义的骄横态度与占有欲望。

也正是在"直接体验"式的田野工作中，从"成丁礼"的专业训练角度上，她对人类学学科中的一些最基本的问题有了自己的阐释视角。"人为什么会联合起来"成为一种协作关系、团结关系？"我

---

① ［法］卢梭：《爱弥儿》，李平沤译，商务印书馆1978年版，第5页。
② ［法］列维-斯特劳斯：《忧郁的热带》，王志明译，生活·读书·新知三联书店2000年版，第543页。
③ ［法］列维-斯特劳斯：《忧郁的热带》，王志明译，生活·读书·新知三联书店2000年版，第546页。

想他们这种很简单的社区，一个山头只住三四家人，你要杀猪的话就要联合很多人"。只有当地的那些山梁子上的人家团结起来，才能完成如杀猪这一类需要依靠集体力量才能完成的任务。而且，这种协作关系"是一种馈赠"，"是一种礼物"，在其他人家需要的时候，又得"回赠"。到这里为止，或许还是她从教科书上学来的某些原理的应用。然而，她并没有停留于此，她又从当地人的讲述中进一步观察到：在这一过程中，来帮助杀猪的人群之中，并不完全是一心一意的团结与互助的关系，甚至带着"恨"意的那种人同样也是参与者。而主人家对"谁帮忙谁不帮忙""谁是在里面混的人，谁在里面是真心的"这些都看得很清楚。于是，她一方面看到了"群体存在一种聚合的力量"的缘由；另一方面，也发现当人与人团结起来进行协作的时候，"又存在着离心的力量"。这就是说，她发现了社会关系的组织方式之中总是存在着张力，结构力量与解构力量并存。再进一步，她有更深层面的观察："看到了离心力量之后，又发现他们还是一个群体。"这样，在一种否定之否定思维过程中，她理解了"社会团结"中个体与社会之间矛盾性与统一性之间的层次关系。而这些，都是田野工作中的发现，在书本上是找不到的。

田野中充满了偶发事件，哑巴事件就是突如其来的。在那次参加当地宴会时，她遇到的不仅是女性的尴尬，而且是由不同文化冲突所造成的一次小小的危机。对于女性人类学者来说，在田野工作中忽略性别，是因为她们需要融入"他者"；而在田野工作中重视性别，是因为她们需要保护"自我"。哑巴偏偏看上了外来的她，并要娶她为妻。他没有知识人谈恋爱时那种遮遮掩掩、曲曲折折，而是单刀直入，用"唉唉唉""哇哇哇"的叫声说明自己的意愿。但这是山月朵所不能接受的，这倒不是因为社会地位、知识等级、地区差异等世俗原因，而可能是出于她对于爱情与婚姻有着另一种理解。当她在课堂上讲述后，有的同学和她开玩笑说："当年你如果嫁给了那个哑巴，现在我们可以'左手一只鸡，右手一只鸭'到苦聪人那里去串亲戚了。"她笑而不答。不过，深陷其中的山月朵通过这件事，也加深了对异文化的理解。她说，开头"那些女孩子那种窃笑的表情，和那些男的那种幸灾乐祸的表情"所显示的有几分恶作剧，又有几分少数民族群众观看"调笑"的旁观态度，但并没有真正的恶意。后来当事情从"调笑"转化为可能的危机时，她们中就有人出来阻止了。当她心里想"大婶，你在哪里啊，快来救我啊"的时候，那个大婶也就很快出现了。但对付这个难缠的智障哑巴青年，那个大婶似乎也没有什么好主意。这显然是一个难题，不过当地人总有智慧可以解决难题。当一个机灵的小姑娘指一指山月朵，并且比画着暗示她是一个男孩时，终于，哑巴害臊地"双手遮脸，唰——，一下就逃跑掉了"。当可能的危机彻底解除的时候，山月朵一方面收获了对于自我的性别意识的重视并决定以后"必须要去面对这个问题"，另一方面更重要的是她收获了对田野工作、对异文化的深度认识。

当山月朵的田野工作层层深入时，又遇到了新问题：人类学者在田野中到底应该是一个冷静的旁观者，还是一个热情的参与者呢？这是田野工作者的一个经典困惑。人类学者在田野工作中难道"对一个文化中的任何习俗都无法加以谴责，连残酷、不义和贫穷这些任何为之所困所苦的社会本身都会加以抗议的现象，都无法施以谴责"[①]吗？一个人类学者的情怀，是希望天下所有的问题都得到公平正义的解决，尽早实现他们心目中的理想社会的方案；但作为一个具体的田野工作者，却解决不了任何问题，因为问题比它表面上所呈现出来的现象要复杂得多，根本无法进行事实判断和价值判断。那个醉汉提出来的问题，从他的个人叙事来看，是贫困的问题，受教育的问题；人类学者当然希望能够帮助当地人解决这类问题。但是要判断这个问题到底处于怎样的情境之中极为困难。到底是属于不公、不义、不平等的问题？还是属于过多的私利要求的问题？当山月朵向她的导师咨询的时候，导师根据自己的田野经验，建议她采取一种缓兵之计测试一下水深。这个策略果然奏效。田野训练需要学习、接受、汲取多方面的智慧，包括当地人的智慧、导师与同学的智慧，等等，使自己趋向于成长与成熟，山月朵做到了这一点。在面对当地人的要求时，她

---

① ［法］列维-斯特劳斯：《忧郁的热带》，王志明译，生活·读书·新知三联书店2000年版，第502页。

的回应是得体的。

为什么田野工作被认为是人类学者的"成丁礼"？她解释说："这一次我做田野遇到了很多很多的事情，我自己回来之后想，我可以把时间推得更远，就是我长这么大，不管是上学，做什么事情，遇到什么人，真的还没有遇到过。"山月朵经过一番有意无意的灵与肉的锻炼与折磨，完成了一次成功的田野工作的自我磨砺。通过这种田野、这种自我磨砺，她既有专业上的收获，更有思想上的收获。她的田野工作成功的最重要的标志，是得到了当地人的认可并且愿意真心诚意地帮助他。而当她要离开苦聪山寨的时候，当地人恋恋不舍，希望她重新回来。"我要走的那天，他们一大群人在那里喝酒，我说我还会来，他们说你骗人，你回去了之后你肯定就会把我们忘记了。我说我真的会来，你们在这个地方又不会走。"她在白族做田野工作也同样成功："我还跟导师感叹，去周城，我也没有待多长时间，每次导师去也好，其他同学去也好，人家都问：'月朵来了没有？'唉，我就觉得，每一次去做田野，就是欠一笔人生里面你永远也还不了的债！"这种负债感是她成为一个心志与伦理同样成熟的人类学者的检验尺度。从事人类学研究决不仅仅是一种职业的选择，不只是一种专业知识的积累，它首先是一种精神，一种品质。人类学家绝不能将田野研究当作获得名利的实验场。人类学家是培养不出来的，只能靠自己生长出来。做一个人类学家，要品尝更多的艰辛，具备更大的勇气，更要无视名利的诱惑，更能放弃既得利益，更具有对人类前途的终极关怀以及为人类事业而献身的精神。这些，山月朵在这次苦聪人田野的历练中是领悟到了的。

第二节 "让文本变成一个真正的世界"：一篇学术论文的自我训练[①]

2007年1月到3月我们三个人类学硕士生跟着导师至大理周城白

[①] 本节为山月朵讲述她写作一篇学术论文的全部过程。

族村进行了第一次田野工作训练。我们三个人分别领了任务：我是市场调查，另外两个研究生"娟"与"滔"做信仰调查和家庭调查。最开始几个星期效果不好，做得不理想。后来，滔认识了段氏宗族12社段社长，从段社长那里了解到一些段氏宗族的信息。后来她把她了解到的一些情况跟导师还有我和娟分享了之后，再加上我们三个人分别做的单独的田野任务不是特别理想，在导师的建议下，就让我们三个人一起去通过段社长来了解段氏宗族。

从那以后，基本上每天等到段社长忙完他的生产生活，有了空余时间之后，一般都是晚上，他就带着我们，从他们段氏宗族的第二支开始，沿着一条街一家一家去访问，每到一家，我们就去看他们的祖先牌位，祖宗房子，然后抄他们的家谱。这中间我们除了收集到段氏宗族第二支的家谱，也接触到了一些第一支和第三支的家谱。把这些统在一起之后——至少有二十几家的信息，慢慢对比就发现他们的分支很奇怪。我们三个人那一天晚上用很大的纸把掌握到的信息都写上去，画出不同家庭之间的关系，一条线索一条线索地理。突然，几乎我们三个人是同时——我记得，最精彩的动作就是拍那个大理石的茶几，说："哎呀！原来他们的分支从族谱上看和他们话语里面所说的第一支、第二支、第三支的分支好像不一样，居然不一样。"

后来我们把这个重要发现告诉导师，导师非常高兴，用最大的热情鼓励我们三个继续调查，弄清楚到底为什么我们抄回来的族谱上面的分支和他们在平时聊天给我们介绍情况的时候说的不一样的原因。接着我们就根据已经收集的段氏宗族的族谱，又倒回去，去重访那些族谱上面的一些很重要的家庭，因为它可能占据了某个分支的节点。然后，我们还专门去找更多的第一支和第三支的人——就是他们口头上说的第一支和第三支的人。这个回访的工作和继续追踪的工作，我们三个人也有分工：滔跟着段社长去整理了第二支，我去整理的是第一支，第三支是娟去找的。我们找的过程当中因为居住的原因三个支系的寻访工作又互相有交叉，最后汇总的是我。

这个重要的发现，是我们第一次田野工作的三个人一起发现的，就是说段氏宗族他们口述里面的宗族的分支和他们每家每户收藏的族谱里面的分支是有区别的。我们发现了这个问题并去找它的原因，这个工作就留给了我，成为了我硕士论文的研究任务之一。为了完成硕士论文，我要总体性地调查段氏宗族的组织结构，于是2007年的暑假我又重新回到周城做田野。在继续调查的过程当中，更多的工作都集中在摸清楚段氏宗族的组织结构和他们的仪式实践的形式和内容，我们之前想要搞清楚为什么他们的分支有这样的一个不同层面的表述区别被搁置起来了。我的硕士毕业论文关于段氏宗族的研究其实是停留于表面的，只是一个横截面的研究、描述性的研究，而实际上他们为什么有这样的结构，我并没有在毕业论文当中说清楚。这个问题就一直留下来，后来每一次回到周城去继续做田野的时候都在不断补充、不断思考。

我能够继续调查为什么段氏宗族分支存在两个层面差异的问题，最重要的基础工作是因为前面我、娟和滔一起收集了很多属于不同分支的家庭的族谱，有了这些第一手的资料，我才能一家一家地把他们统起来。所以说我们三个人在2007年田野训练的时候，收集到的几十份族谱是非常重要的，然后我在回访的时候，就必须根据我们2007年收集到的各个家庭的资料去找回访人。

后来，我和其他师妹一起重新回到周城或者我自己单独去周城补充段氏宗族田野资料，都是以手上已经收集到的这些家庭提供的族谱为依据。当你把各个族谱归拢之后，你会发现一些关键的节点，某某家和某某家都是某一代祖先的后人，所以就去找关键的家庭。在一次又一次的回访当中，就按照这样的回溯方式，一家一家地去找。根据关键的家庭，一方面可以核实我们已经在2007年收集到的族谱，做一些补充和修正；另一方面，也同时收集了关于宗族结构的口述表达，这个非常重要。这样就可以不断对比，就是把手上掌握的族谱和回访到的宗族的具体家庭做对比，把口述和书写不断地对比。我在滔、娟和我自己2007年收集的段氏族谱的基础上，也参考了导师的段氏宗族研究成果，导师的这一份是已经整理好的，包括导师收集到的段氏宗族的族谱资料，也包括导师所访谈到的段氏宗族第二支的各个家庭人员的口述表达。这是有64个家庭的一个族谱资料。导师的这份资料，让我能够更快、更直接地发现在段氏宗族族人的口述表达中和族谱中的分支实际上是有出入的、是有差异的，这样更证实了我自己的推测。它也帮助我进一步去理清，在回访中去确定这三支到底是从哪里开始分出来的，又在哪一个阶段通过祭祖的仪式重新把大家组织起来。

不断地对比之后我发现，整个谱系记录比较久远的比如说七代以前的那些祖先，几乎每一个族人都是很清楚的，但是七代以后中间到底发生了什么事情，大家就不是那么清楚了。另外一个层面，就是目前活着的人，那些一个个具体的家庭里的人，他会告诉你，谁谁谁的家庭和他在这个宗族里面是更亲的。我把这些家庭和家庭最亲的关系理清楚了之后，发现了不同的宗族层次。为什么这些家庭和家庭之间这么清楚他们的亲疏远近关系呢？这是因为在每一年当中，宗族里面不同群体的祭祀活动，分出了大本家和小本家。通过将口述当中不同层次的表达和族谱的表达进行对照，一点一点去理顺，段氏宗族组织的结构到底是什么样子的就基本上比较清楚了。2012年的回访比较重要的是，通过对段氏宗族资格最老的宗族成员和年龄最大的一批宗族成员采访证实一件事情，就是他们的分支并不是像某个国家开国会一样的，在某个时间点开会规定我们要分开，并不是这样的。分开的原因是在仪式实践当中形成的。这次回访确定了原来段氏宗族组织的结构分支，这种宗族裂变的差异，更多的原因是他们祭祖的仪式实践导致他们现在这样的情况。仪式实践活动是一个非常重要的影响他们宗族组织结构和他们对宗族基本看法的因素。因为最开始的段氏祠堂经过了一些历史事件之后没办法用了，然后每个家庭所属的那个祖屋也不够用了，他们在长期的祭祖的各种仪式实践当中就做了一些调整，重新组成了第一支、第二支、第三支，或者叫南支、北支和中支。关于支系不同称谓也是在这个过程当中出现的。分成三个支系除了与祭祖的仪式实践有关以外，还和他们宗族如何发展壮大以及分家后家庭分开居住等情况相关。他们在生活当中所说的"南""北""中"三个支系，为什么有这样的分支，为什么是这样的支系称谓，这既有平时的日常的这些仪式实践的影响，也有在历史时期当中的经济和政治因素的影响。在回访过程中，通过族谱和大本家、小本家的不同宗族组织层次的厘清，也发现了他们的居住方位是如何呈现的。这是一个非常有意思的问题，引起我长期对于"空间"问题的强烈兴趣。

调查到了这一步的时候，就催促我要回到人类学的相关经典研究当中去寻找一些理论的依据和对话点。但是，在已有的西方关于宗族的经典研究和中国宗族的研究成果当中，都不能找到很好的理论来解释我的田野调查。在人类学关于宗族的经典研究中，普里查德是从政治的角度来讲宗族裂变的，弗里德曼是从政治—经济的角度来讲宗族裂变的，周城的宗族分支固然存在着政治与经济因素，但这两种理论却不能完全解释其原因。这个时候，导师的启发有着醍醐灌顶的效用。他会质疑："你为什么一定要用别人的理论来解释自己的田野发现？如果已有的理论不能解释，你能不能想出自己的解释观点？"他会一次次提起格尔兹，说我们每个做田野工作的人类学者应该有着与巨人并肩而立的想法，这并不仅仅是勇气问题，而应该是田野工作的常态，因为每个人在不同的田野工作中都有着他自己的独特发现。于此，我就被点通了，并想到这一个层面：仪式实践对在历史当中不断变化不断发展的宗族组织有着重要的影响。从这一点来看的话，就构成了和经典的宗族研究理论模式的一个对话关系了。那么通过段氏宗族的这个田野调查以及理论思考，我们可以提出一个新的解释模式。

在论文写作阶段有一个很重要的训练，就是在导师的课堂上，都会让我们博士生、硕士生去讲自己的读书或者是写作。像我这篇论文，也同样在课堂上将自己的思考与书写跟导师、同学一起讨论分享。课堂讨论是非常重要的一个过程，这是一个循环的而且是相辅相成的过程。这个讨论给了我两件礼物：第一，为了要很清楚地讲给别人听，让别人能听懂，所以我要不断地理清自己的思路；第二，关于"仪式容量"这个核心概念的提出，就是因为在课堂上不断地被导师追问，不断回到理论著作当中去寻找灵感，然后才有的。

"仪式容量"这一概念也不是一夜之间就这么变出来的，对比各个修改稿可以看到，初稿里面一些地域因素、政治因素和经济因素影响它们分分合合的内容都写出来了，那么现在就像一支箭就只差那个箭头，把它找出来插上就可以了。这个概念的提出实际上和理论著作的阅读有关。就当时的理论积累来说，有两位人类学家的研究对这个概念的提出帮助最大。第一个就是费孝通在他的《生育制度》里面提到了关于"容量"的说法，第二个就是莫斯在研究爱斯基摩人的季节性社会文化变迁的时候也提到了一个"容量"的问题。这两个人对"容量"的说法给予我最大的启发，应该叫作我的灵感缪斯。他们两位的"容量"概念都涉及人在有限空间或者环境内的具体行为、生存状态，而段氏宗族的裂变现象就是一个人越来越多、仪式时间固定不变、空间有限的问题。这不就是一种"容量"问题吗？不是一种因为要在有限条件下、有限空间中做仪式，人必须解决的生存状态问题吗？于是，我将"仪式"与"容量"嫁接在一起，提出了"仪式容量"这个分析性概念。找到这个概念之后肯定是很兴奋的，我第一时间就告诉导师这个好消息。这是一个杂交出来的概念，我早就发现仪式在宗族裂变中起主导作用，那么这个仪式因素到底是怎样起作用的，"容量"概念就成为一把开锁的钥匙。

有了核心概念之后，面临的一个新问题就是，你要把这个概念用于解释收集到的这些田野资料，要很有逻辑把它们演绎出来。对此，导师曾作了一个通俗的比喻：写论文就像"编篮子"。"编篮子"的意思就是提出问题、分析问题、解决问题。第一步是用一些篾条铺排好基础，这是提出问题的阶段；第二步是将这些篾条排列成不同的方向，然后进行编织，这是分析问题；第三步是将所有的篾条最后完成一个收口，形成一个"总结"，这是解决问题。对于我的这篇论文来说，就是要说清楚：第一，仪式容量到底是一个什么样的概念；第二，仪式容量到底从哪些方面，或者是哪些层面能够解释我发现的田野现象；第三，归纳总结出一个结论，与经典理论进行对话。这实际上就是需要将仪式容量分解开来，和田野当中发现的人们的行为与思维对应。于是这个编篮子在"分析问题"阶段就生出来三个方向：第一个是关于空间的，因为它是个容量，是个空间的问题；第二个涉及人的分分合合，人的行为，就是关于参与这些仪式的成员参与者；

第三个就是为什么他们会这么做，涉及的是思维的问题。我记得当时把"仪式容量"提出来，并且把它的论证完善了之后，我本人、导师还有硕博同学都非常兴奋，因为我们在一起讨论，然后分享了整个思考和写作的过程。我们一起见证了人的思维怎么能够有这样的创造力，它是怎么样来实现的，并且有一个结果的，这是一个很神奇的过程。大家都被激励了。

说到创新就会想到，"仪式容量"这个概念居然能在短短的几天之内把它想扎实了，并且把它写出来，看起来偶然性挺大，但其实与平时的个人理论兴趣相关。费孝通和莫斯的作品我个人比较偏爱。费孝通可以把很多问题用中国人都懂的、最简单的、最平常的语言表述出来，他抓住的问题都很有意思；莫斯也是这样，很平常的问题，他能找到一个很有趣的角度。费孝通和莫斯这两个人的作品和他们两个人的写作，对我无论是在创新性概念的提出，还是具体的写作表述方面，都有很大的影响。这里我想说的是，一个博士生提出一个新的概念的偶然性和必然性的关系。这种灵感的迸发真的是非常的偶然。说它偶然，是说它到底在什么地点、什么场合、什么时间迸发出来，这个是不能确定的。说它必然，是说它背后所要启发我们的就是你要不断地去和最富有思想的头脑、最富有思想的文字著作交流，这样的话才会刺激你自己去从新的角度或者是新的层面，或者是从新的一个颜色也好，温度也好，去思考你想要追寻的问题。然而，你单单找到了你的靶子，并不是一劳永逸地就解决了所有的问题，最终你还是要在树立靶子之后，要提出自己的核心问题，然后再把它们分解出来，变成你要一步一步解决、要论证的小问题。

最后还涉及在硕士到博士阶段接受训练的时候，导师提醒我们文章著作都要留出一个"气口"，这样它才能呼吸，这个东西才会是活的，而不是一个死的、僵化的东西。你去看《物种起源》也好，还有其他的我们目前人类智慧最优秀的成果，都会发现没有什么东西是完美的，是绝对的。在学术生产的时候总有一些问题是当时的智慧没有办法解决的。所以说在这个初稿写好一直到修改发表的整个过程，我也都注意到了这个概念有它不完美的地方。段氏宗族的裂变和合并是在时间进程中不断进行的,这个宗族组织是在不断地生长,不断地发展变化的,"仪式容量"是不是永远地决定着这个宗族的结构裂变,这是一个不能预测的也说不清楚的问题。从这个方面来说就是研究的"气口",就是永远存在你解决不了的这个问题。通过这个"气口",既可以"纳新",又可以"吐故",为以后的研究留下余地。这样,整个宗族研究就变成一个动态的过程,虽然是有缺陷的,但却是有活力的,可以继续发展的,故而是有生命力的。这给予我的启示在于:学术研究的魅力恰好就在于,你提出的东西并不是最完美的。就像爱因斯坦的方程一样,它也有它的一个数学条件在那个地方。我们做人类学田野调查以及学术写作,也是一样的道理。因为你是人去调查人的生活,然后人又在分析人的生活,人又在写人的生活,总有你想不通的地方,总是存在你的智慧没有办法解释的地方。这些,反而成为我们去探究人的生存,我们去探究人的生命的妙处。这大概是学术研究的魅力所在吧。

稿子在一家权威刊物上发表后,我就回想这篇文章从孕育到面世的整个知识生产的过程。这篇论文从出生、孕育、写作、交流、回访研究、补充材料,然后投稿、与编辑互动、修改发表,在这个漫长的过程当中,当地人、导师、同门师妹、外审专家、编辑都参与其中。一篇人类学作品的生产,我们可以看到这么多人、这么多事情的参与,而且同时也诞生了这些参与知识生产的人之间建立的友谊。论文发表以后,导师还邀请了编辑走到论文研究的这个田野地点,直接面对我们的田野对象。这是非常有意思的一种人类学的知识生产,它有机会连通好几个世界。先是田野工作者和田野对象,接着是田野工作者和其他田野工作者,再是论文写作者和其他人类学研究者,然后是论文写作者和评审者、编辑,最后是这个人类学作品的评阅者和编辑又直接和田野对象接触,所有的都联接起来了,形成一个圆圈,一个宇宙。不同主体因田野工作和民族志的写作能够在这个世界、这个宇宙中相遇,非常非常妙。真的像宇宙,很妙!人类学作品的生产,它不仅仅只限于人类学学术界这个狭窄的空间,我们能够让文本变成一个真正的世界。一个让人类学者与当地人、人类学者之间、人类学学科与其他学科之间可以交流的这样的一个世界,可以相互沟通可以相互理解的一个世界,这种沟通、交流、理解,既体现在作品之外,体现在作品写作之前或写作之后,同时也体现在作品之内,作品本身也能够成为一种交流、一种连接和一种相互理解的世界。

在山月朵上面的讲述中,发现问题最为重要。在田野工作中发现问题,是一个复杂的过程,既需要有着丰厚的知识积累,亦需要有某种偶然事件的灵感触发。灵感往往是对不同事物、事件、现象进行比较的结果,即"偶然的并列"的产物。所谓"偶然的并列",它被界定为"通过自然的或人为的事前不知其结果的方式,在两个或两个以上事物之间建立一种密切的空间关系,或者在两个或两个以上事物的心理形象之间建立一种密切的时间关系,作为建立上述两种关系的新器具的创造"①。在这种"并列"中,人类的心智活动将一个或一个以上的现有事物在概念上分裂成几部分,将这些部分进行改变、替换或重组,便会创造出一个新的结构。对于有灵气的学生,在异文化的冲击下,可能很快会被激发出灵感。山月朵与她的同学就是这样。她们发现问题时非常兴奋:"我们三个人那一天晚上用很大的纸把掌握到的信息都写上去,画出不同家庭之间的关系,一条线索一条线索地理。突然,几乎我们三个人是同时——我记得,最精彩的动作就是拍那个大理石的茶几,说:'哎呀!原来他们的分支从族谱上看和他们话语里面所说的第一支、第二支、第三支的分支好像不一样,居然不一样。'"我们所要强调的是:"发现"一定要学生自己发现,不能由导师替代,只有这样才有利于研究生创造性思维的培养。"后来我们把这个重要发现告诉导师,导师非常高兴,用最大的热情鼓励我们三个继续调查,弄清楚到底为什么我们抄回来的族谱上面的分支和他们在平时聊天给我们介绍情况的时候说的不一样的原因。"

从学术训练来说,有的导师往往不仅给学生规定研究问题,让他们做命题作文,甚至还要给学生指明思路,以为这样是在帮助学生。

---

① [美]格林曼:《物质文化及其组织》,转引自[美]克莱德·M.伍兹《文化变迁》,何瑞福译,河北人民出版社 1989 年版,第 24 页。

然而，这极有可能是一个误区，因为它没有彻底摆脱一种灌输式的培养方式和导师中心主义的理念，这种"方式"与"理念"不利于学生的自我成长。无论是人类学家，艺术家，还是学问家都是自我生长出来的，故而我们特别强调学生的自我训练。导师可以提供一些意见，但他只能是一个建议者的角色，而不是决定者的角色。导师的责任是判断学生的发现的价值，如果有价值，就鼓励他们继续深入找寻与追问。我们对于"导师"的基本理念是：导师对于学生的责任不在于指引道路，而在于启发他们去自己探索道路；不在于灌输知识，而在于激励他们去主动地追求知识。"导师"一词的来源，一时无法考证，但在中国历史上自认为是"导师"的，屈原大概是较早的一个。他在《离骚》中说："不抚壮而弃秽兮，何不改乎此度？乘骐骥以驰骋兮，来吾导夫先路！"在屈原看来，楚怀王已经迷了路，他可以给楚怀王当导师，为其指引正确的道路。但是当时的楚国政治统治者听信谗言，头脑混乱，根本没有听从屈原的意见。这无疑是一种启示：外在方案无论怎样美好，没有内生动力的激发，无论如何也得不到任何效果。于是，这位"举世皆浊我独清，众人皆醉我独醒"的清醒者只能忧郁地去跳汨罗江。当然这个例证中屈原的治国方案，历史学家们与文学家们认为是优良的，屈原是有政治才能的。不过，政治统治者是否昏聩是一回事，知识分子到底能不能"导夫先路"又是一回事。撇开屈原不谈，中国古代的一些知识人，总是过于自负，感觉自己怀才不遇，天天抱怨自己得不到重用。"前不见古人，后不见来者，念天地之悠悠。独怆然而涕下。"实在悲伤之极。我们怀疑的是：这些希望当"指导者"的人是不是就一定具有政治才能。研究生是知识创新者的候选人，导师如果将"指引道路"作为自己的职责，那么他只能指引出前人、时人或者他自己已经走过的道路，他不可能指出连他自己都不熟悉的道路。也就是说，他只能指引"已知"的道路，而不能指引"未知"的道路。而创新者总是未知新途的开拓者，他们的路只能靠自主性探索、用自己的脚一步一步走出来。再说，创新性路径只有到了眼前才能被辨明，也只有到了脚下才能被踩出。它并不是开头就知道的。让导师"指引方向""指引道路",这是否有违于或者有悖于知识的创造性原则？

山月朵她们自主发现了问题，极大地促进了她们的自主思考，进而发掘它的学术价值。"接着我们就根据已经收集的段氏宗族的族谱，又倒回去，去重访那些族谱上面的一些很重要的家庭，因为它可能占据了某个分支的节点。"当自主性被调动起来之后，她们就有了极大的内生兴趣与动力，很快改变了那种为调查而调查的死气沉沉的局面。

一般来说，过去人类学学科内的硕博研究生的问题意识，往往都是先在书斋中产生。学生通过研读大量的学术文献，在梳理学科史的基础上，发现新的问题，从而确定研究的方向与目标，并且设置了解决的方案和访谈提纲，然后再到田野工作中去寻找材料。这种工作模式和研究思路是为了面对答辩委员会，面对学术界，论文撰写人的目的是能够得到他所属的那个群体的认可，以便毕业以后在这个群体中获得一个适当的位置。这不失为一种研究路径，但它不能成为唯一的路径。山月朵与她的同学首先从田野的实践中发现了问题而非从书本中与课堂上发现问题，这时他们的研究目的和研究意义就发生了倒转：那种原先仅仅面对答辩委员会、面对学术界的研究，转换为既面对当地人也面对学术界的研究，并且是首先面对当地人、其次才是面对学术界的研究。山月朵的研究对于当地人是有益的，对于段氏宗族是有益的；同时，她也可以写成学术论文，对于学术界也是有益的。在学科高度分化的现代社会中的知识人，特别是大学校园中的知识人，总是有着学科背景，他们将来需要在这个学科内工作，找到一个位置。田野中的问题、当地人的问题是否能够与学科领域中的问题接通，是作为博士研究生的山月朵需要考虑的。因此，她需要将田野问题转换为学术问题。"2012 年的回访比较重要的是，通过对段氏宗族资格最老的宗族成员和年龄最大的一批宗族成员采访证实一件事情，就是他们的分支并不是像某个国家开国会一样的，在某个时间点开会规定我们要分开，并不是这样的。分开的原因是在仪式实践当中形成的。""这是一个非常有意思的问题，引起我长期对于'空间'问题的强烈兴趣。"在这些表述中的"宗族裂变""仪式实践""宗族组织""空间"等概念都是人类学的话语,山月朵完成了从田野中的现实问题到学术问题的转换。

发现一个学术问题是研究的第一步,还要确定这个学术问题在相关研究领域中的位置,其重要性是否值得去研究。值得去研究的问题,必须是本学科在历史发展中所没有解决的问题,或者是对于本学科的传统问题有所推进、有所补益的问题,或者是可以形成与本学科内的某种理论进行对话的问题。这个时候就需要学科史的梳理。对于这一过程,山月朵说:"调查到了这一步的时候,就催促我要回到人类学的相关经典研究当中去寻找一些理论的依据和对话点。"于此,她发现,在已有的西方关于宗族的经典研究和中国宗族的研究成果当中,都不能找到很好的理论来解释她的田野调查。此时,"导师的启发有着醍醐灌顶的效用。他会质疑:'你为什么一定要用别人的理论来解释自己的田野发现?如果已有的理论不能解释,你能不能想出自己的解释观点?'……于此,我就被点通了,并想到这一个层面:仪式实践对在历史当中不断变化不断发展的宗族组织有着重要的影响。从这一点来看的话,就构成了和经典的宗族研究理论模式的一个对话的关系了。那么通过段氏宗族的这个田野调查以及理论思考,我们可以提出一个新的解释模式"。新的解释模式有两个问题需要解决:一是仪式实践在宗族组织的历史变迁中的重要影响需要上升为一个学术概念;二是学科史上的传统的视角与新发现的解释视角到底区别在何处。对于第一个问题,她的"初稿里面一些地域因素、政治因素和经济因素影响它们分分合合的内容都写出来了,那么现在就像一支箭就只差那个箭头,把它找出来插上就可以了"。这支"箭头"就是论文写作中最重要的也是最难找到的"分析性概念"。分析性概念需要有理论含量,那么只有到理论著作中去寻找灵感。有两位人类学家的研究对她的概念的提出帮助最大。第一个就是费孝通在他的《生育制度》里面提到了关于"容量"的说法,第二个就是莫斯在研究爱斯基摩人的季节性社会文化变迁的时候也提到了"容量"问题。她将其看作是灵感缪斯。"于是,我将'仪式'与'容量'嫁接在一起,提出了'仪式容量'这个分析性概念。"对于第二个问题,她发现在人类学关于宗族的经典研究中，普里查德是从政治的角度来讲宗族裂变的，弗里德曼是从政治—经济的角度来讲宗族裂变的，而"仪式容量"这个概念在关注到政治角度与政治—经济角度的同时，从仪式实践这个角度来讲宗族裂变问题，这个新的解释视角有助于推进学术研究。这两个问题解决以后，对话的机制就形成了。创造性思维只要有了一个灵魂与主题，有了一个分析性概念，就会像一块磁石，材料的碎片都会自动被吸附上来。剩下的就是写作的问题了。

当论文完成并且被一家权威杂志接受与发表以后，山月朵对这一写作过程又进行了多重反思，最重要的反思是关于在知识生产的复杂过程当中多元主体的互动问题。"这篇论文从孕育、出生、写作、交流、回访研究、补充材料，然后投稿、与编辑互动、修改发表，在这个漫长的过程当中，当地人、导师、同门师妹、外审专家、编辑都参与其中。"一篇人类学作品的生产，多个主体都参与了，"而且同时也诞生了这些参与知识生产的人之间建立的友谊。论文发表以后，导师还邀请了编辑走到论文研究的这个田野地点，直接面对我们的田野对象"。山月朵总结了从田野中发现问题，到一系列分析问题、解决问题的程序，再到论文的写作与发表，领悟到："这是非常有意思的一种人类学的知识生产，它有机会连通好几个世界。先是田野工作者和田野对象，接着是田野工作者和其他田野工作者，再是论文写作者和其他人类学研究者，然后是论文写作者和评审者、编辑，最后是这个人类学作品的评阅者和编辑又直接和田野对象接触，所有的都联接起来了，形成一个圆圈，一个宇宙。"一部民族志作品，是"三重主体叙事"的结果，即作为当地人的第一主体，作为民族志者的第二主体，作为导师、同学、评审者、编辑的第三主体三个方面的共同努力产生的。她说："不同主体因田野工作和民族志的写作能够在这个世界、这个宇宙中相遇，非常非常妙。真的像宇宙，很妙！人类学作品的生产，它不仅仅只限于人类学学术界这个狭窄的空间，我们能够让文本变成一个真正的世界。一个让人类学者与当地人、人类学者之间、人类学学科与其他学科之间可以交流的这样的一个世界，可以相互沟通可以相互理解的一个世界。"而且这种沟通和理解"既体现在作品之外","同时也体现在作品之内"。

以上的全部历程,都是山月朵自己的主体性的实践展示。山月朵的论文写作最重要的经验是:作为知识生产的学术论文的写作训练,应该是一种独创性的自主训练,虽然这种独创性有着各种因素的共同扶持,存在着知识生产各个要素之间的相互作用,但是研究生的自我主体性是贯穿全部过程和各个要素的主导要素。专业化训练阶段的最主要的目的是培养学生"各有灵苗各自探"的自主学术意识和自主研究能力。经过这一阶段的训练,山月朵作为一个学者已经初具雏形。同时,山月朵的田野工作与论文写作经验还使我们获得另一个重要启示:她是在当地发现问题的,她的知识生产也是面对当地民众的,并将此问题与学科史上的问题进行对接;于此,山月朵的研究既有利于当地人的认知,亦有利于学科内某一问题研究的进展,这种田野工作与写作进路,也许正是消除雅各比所批判的那种校园知识分子弱点的有效途径,它可以使知识人重新面对大众,从而避免当代知识分子成为"最后的知识分子"的窘迫之境。

第三节 "为什么是人类学呢?":个体情性与人类学关联的自我解释[①]

我自己读书一直读到博士,现在是高校里面的一名副教授,从事人类学专业的教学和科研工作。那为什么是人类学呢?我自己也非常好奇。现在有机会讲一讲,就像对着镜子照,看看这是情性所致还是命运的安排。

我不是一开始就读了人类学专业。高中毕业考上大学,本科念的是社会工作。我不了解这个专业,但确实是自己主动填报的。我们寝室一共七个人,六个人都是本地的,只有我是外省来的。出来读书是我主动选择的,就是故意远离家乡,出来冒险。第一次出省,我举目无亲,不过我也不担心什么。每次听到我用家乡话跟父母报平安,浓

---

① 本节为山月朵回溯她的个人情性与走上人类学道路的关系。

烈的川味儿惹得室友们时不时学点川普："哈，这个川妹子！"现在看，这简直就是人类学家的"从这里到那里"的故事嘛！寻找异文化的人，其实自己也会成为异文化的他者！

　　社会工作在整个大一只安排一门《社会工作概论》作为本专业必修课，其他好多课程都是与社会学专业合在一起上课。社会工作初入门，有一句话最打动我："它是专门帮助人的专业"。我想这是一个会直接关注到人的生存状态的专业，如果一个人的生活遇到困境，它可以提供一些改变的可能。当你再把这句话告诉不了解这个专业的人，整个人是充满力量和希望的。社会学的课呢，讲了好多概念、理论，还有研究方法。这些知识在同学们的议论中就凝练成"社会运行""社会问题""功能论""问卷"这些关键词。我们热切地讨论，想把学到的调查方法赶紧用起来，亲身体验如何考察社会现象。我们参考经典研究拟定调查方案，试着按照经典的三段论提出问题、分析原因和机制，在结论后面列出政策建议。期望经过四年的专业训练，我们就可以求得洞悉社会的学术秘术。根据大一的学习情况来看，我似乎了解社会学多一点，社会工作少一点。如果一定要我评价高低的话，其实我心里面更倾向社会工作，或者应该叫情感上更倾向于社会工作。《社会工作概论》的授课老师是在香港拿的社会工作博士学位，她会把社会工作的理念"助人自助"融入每个知识点的讲解和示范。学得越久就越让我感觉到这个专业有一种近乎宗教信仰般的献身与坚持。如果你认同这个专业，你会获得一种使命感，知道自己将投身一项理性和感性并重的事业。社会学呢？有一些概念让我突然明白日常生活的琐碎细节里还藏着大道理，一些著名学者理论的深奥程度确实让人钦佩不已。我知道初学之时不应该妄下判断，但是一提到"社会"，直觉上我就总是想起它作为一种机体和结构的冰冷。概论课和方法课上教授的概念和理论没有让我读到活生生的人。学的时候我就满脑子疑问：人在这样的社会中究竟是如何生存的呢？为什么社会一定是这样的？人只能这样生存，没有别的选择了吗？那时，社会学没有给我答案。

　　当时社会上已经开始有一种趋势，大学生会被问："你学了这个专业之后将来能干什么啊？"我有点不理解，为什么刚刚开始念大学，就要想未来工作的事情。实际上，学着学着我们也不怎么在意旁边的人老问工作的事了，要临近毕业的时候这个话题才又热闹起来。社会工作学了什么，社会学学了什么，它们又能干些什么呢？社会工作很好回答，它是专门培养社会工作者的，它既是专业也是职业。就像医学和医生、法学和律师的关系，你毕业后可以选择从事与专业对应的职业。可是社会学专业没有直接对应的职业，没有一个职业叫"社会师"之类的。那怎么办呢，要转专业或者考各种职业资格证书吗？面对现实，有的同学们无奈社会工作职业待遇低、前景渺茫，有的同学发誓要学好社会统计学，憧憬着能够从事市场咨询、调研等高回报的工作。听着大家的讨论，我担心的是自己有一天会不会向生活低头。我没有那么早认定自己一定要从事什么职业，因为我确实没有那种认为因为学了什么就要做相应职业的想法。韦伯著名的演讲"以学术为业"实际上涉及所有将"学术"作为终身职业的情况。不仅是社会学、哲学、政治学、经济学，也包括人类学，如果坚持选择自己的专业，都是要在一种并没有已知职业与学科对应的前提下，要将精神、智识追求和物质生存统一起来。对于这个问题，社会上有两种对立的观点：一种认为人的精神、智识追求必须是在生存需要已经满足的条件下才能获得；另一种想法认为人的精神、智识追求与基本生存之间并不存在绝对冲突，人们在生存受到挑战的情况下仍然有能力寻求在精神层面实现自己的愿望。面对周围的压力，如果非要我选，我想一定要做自己感兴趣的、喜欢的，并且也有能力做的事情。

对于初学者来说，除了书本上教的专业理念、原则和职业规则，我还可以通过观摩任课老师在做什么来加深对学科专业的理解。社会工作的老师除了教学与科研以外，大部分精力都投入到向社会宣传、推广社会工作服务的事业中。他们承接心理咨询服务，创办社会工作机构，通过各类实务将社会福利传递给服务对象。社会学的老师会承担很多来自政府、企业的调研项目，通过提交各种调查、咨询报告来创造社会学的社会效益。有的老师确实可以通过利用专业知识与方法服务社会，同时获得较高的社会名望和可观的经济回报。不过，这就是那种理想的，能够将人的精神、智识追求与基本生存统一起来的"以学术为业"吗？某种程度上说，这些老师们是很成功的，但我意识到像韦伯所描述的那种学者似乎更能满足我对一种"爱智"状态的向往。爱智状态的学者能够将热情和工作结合起来，终身耕耘在智识和心灵的土地上；一旦灵感迸发，他们又会瞬间抓住机会，在思想的求索中一次又一次接近理想。这一类痴迷的沉思者，不能说他们是为思考而思考，他们创造"爱智"式生活的天赋是受到了某种"召唤"。这也是我对韦伯所说的学术"天职"的理解。因此，我产生了一种信念，这世间存在着一种生活或生存方式，其奥秘不在于你选择什么专业或者职业，而在于你对自己做什么采取何种态度，并能始终如一地践行它。

一种类似"神召"的声音很快出现，大二专业课里有一门"社会人类学"真的太有意思了！这个课的主讲是一位人类学教授，就是我后来的硕士、博士导师，我学术道路的引路人，我和师门里所有同学最珍贵的良师益友。他就这么一下子出现了！这一门课给我带来了全新的认识，是比第一次听到社会工作这个名词还要大的那种冲击。居然还有"人类学"这样一个学科啊！这是从知识、方法到理想、情感全方位的震撼。光说上课，和社会学、社会工作专业的课程相比，我在"社会人类学"的课堂上，整个人特别精神，仿佛打通了任督二脉。同学们都逗过我，说我上社会人类学的课就特别积极，攒足了精神听课，其他课堂我就是蔫的。社会人类学似乎把我从小对人对物的一些感觉重新激活、调动起来。我脑海里的各种幻想通过这个课交融成一个神秘深邃、五彩斑斓的世界。那些从未接触过的事物激起我的好奇，那些被别人看低、嫌弃的事物唤起我的同情，而我的叛逆似乎一直拒绝循规蹈矩、毫无风险、安逸的生活。

"社会人类学"这门课首先给我带来了知识和智识的冲击。人声称是万物之灵，根本没有意识到自身的渺小。如果不把人类放在与矿物、植物、动物当中来对待，人就无法看清自己在地球上的位置，更不用说在宇宙中的位置。再把视野转向内部，所谓"西方—东方社会""现代—传统社会"等分类都是西方知识体系的有限发明，并不是人类社会遵循的必然规律。意大利人、中国人、北美印第安人拥有不同的文化模式，它们不是线性地比较文明高低的证据，而是人类文化多样性的表现。人类学的田野工作方法是社会调查方法课上没有展开介绍的，不过我相信它一定有着更加致命的诱惑力，不然为什么社会学、新闻学、政治学、教育学的一些经典著作都强调自己运用了田野工作研究方法呢！人类学家们选定田野点，然后三个月、半年、一年，甚至是更长时间，他们要生活在一个完全不同的社会文化中，向那里的人们学习语言、生计、仪式信仰等知识，以自己的书写沟通两个完全不同的世界。我想如果真的能够做到像卡都卫欧人、努尔人，还有巴厘岛人一样生活，那就是人类学家另一次生命的唤起吧，他自身就是生命的叠合。自我和他者的生命不仅在一个机体里延续，也会通过人类群体更大范围的阅读被更多的人延续下去。这一点促使我对"理想"产生一种新的理解。就人类学家来说，他们仿佛是要跟自己的命运对抗，跟整个看似理所当然的世界对抗，偏要去寻找一些可能根本不存在的东西。这种倔强，反而让我觉得是一种力量，是一种非常强大的，可以说和宇宙奇点爆炸同等神奇的一种力量。他们即使失败了，预定的目标都没有找到，但是"寻找"这个行动本身对于人类学家自己、人类来说都是有意义的。因为这种寻找将人类自身抛向未知和不确定，同时开启了新人类（一种与原来的人类相反、相对的新人类）诞生的可能。那情感的颤动是什么呢？老师分享他"聆听上帝"的思想觉醒过程的时候，他那种受到学术神圣召唤的纯粹状态震慑住每一位同学。我喜欢听田野里的各种遭遇和邂逅，总是在故事的各种细节里流连忘返。他已经把自己的心灵和人类学学科的自我批判和反思精神融为一体，并与学生分享：蛇、朝珠花、候龙者[1]……"抉心自食"[2]，这四个字是拨动我心灵的最强音！老师还说人类学者要有对人类前途终极关怀的志向与情怀。于是，我开始向往我的田野，希望能走出自己的世界，与存在于地球上某一个点的某个人、某只动物、某棵植物相遇，体验与他们对视的珍贵瞬间，也许我也能顿

---

[1] 蛇、朝珠花、候龙者为导师讲的田野经历故事。
[2] 语出鲁迅《野草·墓碣文》，人民文学出版社1973年版，第40页。

悟式地"聆听上帝"。

说到对人的关怀、社会理想，社会工作这个专业从情感上来讲我一直觉得它是很好的。但是有一点我不太能接受，就是它的一些前提假设，比如人一定能被改变，而且会变得越来越好。起初我觉得这个理念非常好，因为特别积极向上，给人以希望。难道生活不是越来越好吗，难道人不会变得越来越好吗？后来我把这种假设看作是一种对期待的表达，也看到了特定情境中人和社会的局限。因为认为人是可以改变的，人可以变得越来越好，所以社会工作就提倡运用它的理论、方法和技巧，科学地去干预一个人。有的时候这种干预是以社会为目的，而不是为了人本身，这一点是我不能接受的。在强势干预人这个问题上面，我就和社会工作彻底分开了。甚至在毕业之后，我只留下很少的社会工作专业资料，这像是为自己表演的一场与过去的决裂。那时的我没能领悟到，如果是天生的人类学家，他会知道人的头上一直悬着一个"魔咒"：无论出生于哪个世界，都需要面对"离开这里，到达那里，又回到这里"的可能。

社会学的确研究的是人类的社会，可是这些源自西方现代社会的知识如果能够称为真理，那它们也仅仅是部分的真理，只涉及整个人类社会的一小部分。如果主动地查一查一些社会学家的著作年表，你会发现他们研究问题涉猎的范围和思想的丰富性决不是教材里展示的那样简单和表面，他们有时候也会用到一些非西方社会的资料来佐证自己的观点。说起来很有趣，像涂尔干的《宗教生活的基本形式》，韦伯的《儒教和道教》就比他们其他的代表作更吸引我。那些在经济、政治等主流领域寻找社会运行基本规律的研究似乎带着很强的目的论色彩，而那些通过跨文化比较归纳社会普适性结论的研究更能促使我拓展自己的视野，反思智识的边界。从出生来讲，我就是非西方的、非现代社会的。如果像维科所说的"起源即本性"，那么我的思维本源就是人类学的，而不是社会学的。当我在课外读到一些思想家穷尽一生研究社会，最后试图在宗教里找到某种思想归宿的时候，我就把这些现象视为社会学的悖论。不过，如果从人类学的角度把他们的社会学研究和宗教情结归结到人本身来看待，而不是将社会与宗教对立起来，那他们最后的追求或许是对人类命运的关怀。这么来看的话，社会学研究的终极追求要放在人类学里面才能继续往前走。

在最初接触的时候，和社会工作、社会学相比，人类学给我的感觉不是这么强势，后来知道了人类学的学科"黑历史"：它诞生于西方文明，它对待异文化也是很强势的，还成为殖民主义的帮凶。但是就人类学的理想来说，它不是这种强势、强制的学科。它在发展过程中不断反思自己的历史，敢于面对学科的黑暗，并努力对抗包括它自身在内的各种奴役人、束缚人的人造物。所以在本科阶段，人类学和我的生活、情感，我的智识成长能够完美地结合在一起，让我觉得学习、思考是很兴奋、很舒服的一件事情，并且我也很愿意去钻研那些与自己的常识、经验相异的问题。人类学就像无限宇宙一样，对我始终充满了致命吸引。在我的整个观念、思想里面，它永远是一个神秘的领域，代表着各种不确定，无数可能性，而且不管你怎么追求、怎么探索，都必须承认自己仅仅知道那么一点，或者说其实你什么都没有搞懂。就是这样的一种感觉：沉浸于人类学对于我来说就像探索宇宙一样。我没有办法探索宇宙，但是在人类学里面我就可以感受到，它就像在探索宇宙一样，很奇妙。

与人类学相遇，除了大学的学习经历、个人的智识追求，我想还有一些与私人特性相吻合的因素。我认为自我当中本来就存在一些"他性"，人类学可以更深地阐释"他性"的生命意义，你可以把它当作自我探寻的一种方式。

作为独生子女，我的世界只有我自己，外部世界和我之间有一种疏离感。然而，和人接触时我既想保持距离，又渴望沟通和了解。人类学为我提供了一个极佳的位置，可以浸入陌生世界学习如何做一个"人"，同时又可以由于工作和研究的原因与自己熟悉的世界保持距离。这种状态是：你在人群之中，同时你又在人群之外。像是茫茫宇宙中的一个点，你的周围几乎尽是黑暗，但是你自己在发光，而其他地方发出的光无论强弱你也接收到了。这不是哲学上划分主客观对立，也不是某些社会学家所说的将一切包括自己"客观对象化"，而是将自己彻底去中心化，你可以从你的点出发，但你的出发点的确只是无数点其中的一点。你和另一个点的关系，还有和其他很多点的关系都只是无数个点与点关系中的一种而已。

　　一个点，是属于宇宙无数点其中的一点，它同时具备着可能性和有限性。作为宇宙中的一个点存在，而不是别的什么，你有你的特质和位置，这是你的有限性。作为一个点，从内部来看你也可以是一个小的宇宙，有无限空间，你和其他点的关系由于位置的相对性也是开放的，这就是作为一个点的内外关系的可能性。在这样的前提下，你既可以把这个点当作人或者社会，也可以看作是人创造的理论，它都有这样的属性。这不能说是我到大学接触人类学之后才有的觉悟，思维的种子是一套童年积木玩具早早埋下的。它激发我探索未知世界，让我在触觉、视觉，再到形象思维，最终在抽象思维上形成对自我和世界以及对二者关系的意识。这套我珍藏的积木表面图案有一点俄罗斯风格，带着异域的那种神秘气息。它是实木做的，有正方体、长方体、圆柱体，还有它们的各种变体。我可以用这些不同形状的零件搭建出另一些新的各式各样的形状。搭出来的算建筑吧，又不能说是建筑。一直摆弄它们你就可以搭出各种奇形怪状你想要的样子，非常有意思。你可以搭出一座房子，然后抽出一些零件，这个房子居然神奇地还能保持平衡。你也可以不断地在模型上放新的零件，直到它倒塌。总之，只要你能想象出它的样子，动手搭建起来，它就会立在那个地方。你不碰它，它就不会倒。这样的游戏似乎是在提前告知我人类创造的秘密：不同的点以不同的方式组合在一起，就有机会创造出新的事物。这个新事物一经创造却不是固定不变的，它还可以被再次创造，因为其中的点可以重新组合。人类学遇到的世界也是如此，人们的创造并不是只有一个模板，因为点的组合千变万化；个别点的消失也并不意味着世界（宇宙）的坍塌。这套积木甚至还暗藏着理论创作的奥秘：你可以构建自己的理论，它会有漏洞，并不完美，但它不一定会塌。太满的搭建会在视觉上缺乏美感，也在结构上承载过多压力，也许抽掉个别零件，这个理论建筑会活过来，甚至演变出新的理论样貌。所以，未知的事物可以被拆解，散落的零件还可以重新组合，看起来我们能够再现或者复原事物，但实际上建筑的已经是新事物，处处留着你创造的痕迹。如果要我讲一讲人类学怎么观察人、解释人，摆弄小小的积木游戏就能表达出这个学科所做的一切努力。

如果我的世界是有圈层的，那越往里层还有一些更加贴近自我的内部他性。当我意识到这种内部他性，并与之共生时，我想这是一种人类学天性。学了人类学之后，我突然明白原来我的成长本身也有最经典的人类学属性，对人类学的认同来自内心深处。我出生在深秋，有秋花相伴，母亲就给我起了一种秋天植物的名字。等到我明白了这种植物特性和文化意义，我就自觉对这种植物有强烈的亲切感。人的生长确实像一棵植物的成长，他吸收自然环境中的养分又与这个环境实现一种特定关系而继续存在。和这种植物一起成长，并在与这种植物的呼应中自我生长，我认为这是一个人类学的命题，而不是社会学的命题。除此之外，我的成长还和人类学一个经典命题密切相关：甥舅关系。它对于我来说之所以是一种内部他性，一是因为它独立于我和父母的三角以外，二是因为我的这一经验与身边熟悉的其他家庭不太一样。我和舅舅一家的关系就像一些土著社会的家庭，一个孩子可以和父亲、母亲有很亲密的关系，除此之外他还会建立起与舅舅的特别联系。我读大学以前，假期都有很多的时间生活在成都，和我外婆、舅舅、舅妈、表弟生活在一起。他们家就和我们家的生活环境很不一样。他们家种了很多植物，还养了一些小动物。我舅舅和舅妈都是特别开朗特别活泼的人，会和我讲很多话，讲很多故事，带我见很多亲戚朋友，带我出去玩……这些都是和我们一家三口很不一样的一种生活状态。舅舅和舅妈带我出去，然后别人说这是你家的女儿吗？我舅妈就直接说，"对啊，都是我的孩子。"我一直感觉我和他们的亲生孩子是没有什么差别的，直到现在仍然如此。我仿佛是在两个家庭生长，这是两个很不一样但又彼此联系的环境。我的经验也是两个家庭的中和，有些内容是在舅舅家独有的。幽默、乐观的性格就是舅舅、舅妈给我最深的影响。外婆、母亲、舅舅的职业都是和种养植物有关，他们能轻易叫出各种各样植物的名字，在生活里总是与植物相伴。我身上也植入了一种亲近不同生物的基因。我想我对莫斯和涂尔干这对学者里的甥舅特别感兴趣，也是与自己的甥舅关系经验、人类学命题本身相互呼应的。这就是实践着的亲属关系啊。它在一个层次上清晰地划分出某种血缘界限，返回来又在另一个层次跨越某种界限联结着血缘。社会学一直明确家庭是最基础的社会单位，那么为什么是家庭呢，最基本的家庭又是什么呢，只有"父—母—子女"这样的一种形态吗？我在私人生活中得到了教材不可能教授的知识和体验。这样的个人成长经历又反过来加强了我对人类学的认同。"家庭"对于我来说，是一个需要反思的现象和概念，它首先是人类学的，其次才是社会学的。一个人最初获得一种超越个体的自我—他人联系，一种群体意义，并不先天地局限于父母这个群体当中。只有在人类学的思维中，我才能认清人在自我以外与他人产生最基本联系的那些规则，才能打破既定认知，从跨文化比较中理解人与人之间最基本的关系，人与人如何建立、维系最基本的关系等问题。为什么父子会反目成仇，为什么一日为师终身为父，为什么有人"亲如"姐妹？亲子关系、家庭关系、家族关系、师生关系、同事关系等等，塑造它们的究竟是分离人和人的各种界限，还是连接人与人的共同流淌的生命？而在很多年之后，在洱海边的某一亲属群体中我偶遇了第一个田野兴奋点，恰好就属于亲属关系问题，在一种冥冥之中联结着的启示下，它成为我人类学研究的起点。

山月朵在这一段讲述中，说明了她的情性、智识追求及个人特征与人类学的契合。

开始，山月朵选择的是社会工作专业，而在大一的时候，由于院系课程的安排，她接触了更多的社会学训练。在二者之间，她"心里面更倾向社会工作，或者应该叫情感上更倾向于社会工作"，其原因是"社会工作初入门，有一句话最打动我：'它是专门帮助人的专业'。我想这是一个会直接关注到人的生存状态的专业"。而且，这个专业有一种近乎宗教信仰般的献身与坚持也打动了她，"如果你认同这个专业，你会获得一种使命感，知道自己将投身一项理性和感性并重的事业"。但是，社会工作提倡运用它的理论、方法和技巧，去干预一个人，而这种干预是以某一具体的社会为目的，而不是为了

"人"本身,这一点是她所不能接受的。"在强势干预人这个问题上面,我就和社会工作彻底分开了。"在疏离了社会工作以后,山月朵没有走向社会学,因为她感到:社会学"概念和理论没有让我读到活生生的人。学的时候我就满脑子疑问:人在这样的社会中究竟是如何生存的呢?为什么社会一定是这样的?人只能这样生存,没有别的选择了吗?那时,社会学没有给我答案"。

显然,社会学和社会工作两个学科与山月朵的性情并不相合,不过,她还有其他问题需要追问,这个问题就是韦伯的问题:以学术为业到底意味着什么?当下的大学里的专业,都是为未来的职业在培养人才,储备知识;但这并不是山月朵追求的高点。她赞同韦伯关于学术的理念:对于学术或学业,应该是服从于自己内心对于"人"的关怀的一种"智识追求"。"我意识到像韦伯所描述的那种学者似乎更能满足我对一种'爱智'状态的向往。爱智状态的学者能够将热情和工作结合起来,终身耕耘在智识和心灵的土地上;一旦灵感迸发,他们又会瞬间抓住机会,在思想的求索中一次又一次接近理想。""因此,我产生了一种信念,这世间存在着一种生活或生存方式,其奥秘不在于你选择什么专业或者职业,而在于你对自己做什么采取何种态度,并能始终如一地践行它。""这也是我对韦伯所说的学术'天职'的理解。"这些表述显示山月朵对于学术的追求,并不仅仅是职业的需要,而是个人情性、心智、理想的需求,而这种需求是以对于人类前途的终极关怀为基础的。

然而,在她的理解中,她当下所选择的学科与她的追求存在差距。就在迷惘与彷徨的时候,山月朵与人类学相遇了。当她听了一位人类学教授主讲的"社会人类学"课程时,她说:"社会人类学似乎把我从小对人对物的一些感觉重新激活、调动起来。我脑海里的各种幻想通过这个课交融成一个神秘深邃、五彩斑斓的世界。""社会人类学"这门课给她带来了智识的冲击:"人声称是万物之灵,根本没有意识到自身的渺小。如果不把人类放在与矿物、植物、动物当中来对待,人就无法看清自己在地球上的位置,更不用说在宇宙中的位置。再把视野转向内部,所谓'西方—东方社会''现代—传统社会'等分类都是西方知识体系的有限发明,并不是人类社会遵循的必然规律。"她的情性、志向、与老师讲述的"人类终极关怀"产生了共鸣,又从一些田野事物那里获得了兴趣,她禀性中对于新事物的探索的欲望也在人类学学科中找到了寄托。"我开始向往我的田野,希望能走出自己的世界,与存在于地球上某一个点的某个人、某只动物、某棵植物相遇,体验与他们对视的珍贵瞬间,也许我也能顿悟式地'聆听上帝'。"而且这里她发现,如果对社会学的某些问题进行追问,就会发现存在无法解决的自相矛盾,因此她认为,"社会学研究的终极追求要放在人类学里面才能继续往前走。"

这是山月朵初期对人类学学科的认识。后来,她知道了人类学学科也有"黑历史":"它诞生于西方文明,它对待异文化也是很强势的,还成为殖民主义的帮凶。"不过,她知道,这不是学科的理想。"就人类学的理想来说,它不是这种强势、强制的学科。它在发展过程中不断反思自己的历史,敢于面对学科的黑暗,并努力对抗包括它自身在内的各种奴役人、束缚人的人造物。"所以,她坚定地选择了人类学:"在本科阶段,人类学和我的生活、情感,我的智识成长能够完美地结合在一起,让我觉得学习、思考是很兴奋、很舒服的一件事情,并且我也很愿意去钻研那些与自己的常识、经验相异的问题。"于此,她感觉到已经被"打通了任督二脉",激动地说:"人类学就像无限宇宙一样,对我始终充满了致命吸引。在我的整个观念、思想里面,它永远是一个神秘的领域,代表着各种不确定,无数可能性,而且不管你怎么追求、怎么探索,都必须承认自己仅仅知道那么一点,或者说其实你什么都没有搞懂。就是这样的一种感觉:沉浸于人类学对于我来说就像探索宇宙一样。我没有办法探索宇宙,但是在人类学里面我就可以感受到,它就像在探索宇宙一样,很奇妙。"山月朵选择了人类学,是因为她发现自己的性情、理想与人类学最为相合。

不仅如此,就个体的智识特征而言,山月朵也发现她与人类学的相合。她以童年时代所玩的"积木"为例来说明这个问题。玩积木是一种创造性的思维活动,这在第二章对于小晨的分析,我们已经指出了这一点；而在山月朵这里，也同样得到印证。山月朵认为童年玩积木的创造性，就是她后来从事人类学的创造性的初试锋芒。"思维的种子是一套童年积木玩具早早埋下的，它激发我探索未知世界，让我在触觉、视觉，再到形象思维，最终在抽象思维上形成对自我和世界以及对二者关系的意识。"山月朵由积木生发的关于文化创造的理解，已经为她对于符号的本质、人类学研究乃至于一切研究的本质提供了一些基本的、颇为深刻的理解。

另外，她还发现，即使某些"私人特性"也与人类学相吻合。"学了人类学之后，我突然明白原来我的成长本身也有最经典的人类学属性"，因此，她认为"对人类学的认同来自内心深处"。例如"取名"，这是一种特殊的、唯一的私人特征，她也认为早已与人类学接通。母亲给她取了一种秋天的植物的名字，她认为"自觉对这种植物有强烈的亲切感"，"人的生长确实像一棵植物的成长，他吸收自然环境中的养分又与这个环境实现一种特定关系而继续存在。和这种植物一起成长，并在与这种植物的呼应中自我生长，我认为这是一个人类学的命题，而不是社会学的命题"。山月朵将"在与这种植物的呼应中自我生长"看作是一个人类学的命题。她还认为，个人成长中特殊的"甥舅关系"，又是另一个与人类学吻合的私人特征，并将自己的成长本身看作是在实践着人类学"甥舅关系"的经典命题："我和舅舅一家的关系就像一些土著社会的家庭，一个孩子可以和父亲、母亲有很亲密的关系，除此之外他还会建立起与舅舅的特别联系。"她说到读大学以前，假期都有很多时间和她的外婆以及舅舅、舅妈生活在一起，舅舅和舅妈带她出去，将她看作他们的女儿，而她也感到自己"和他们的亲生孩子是没有什么差别的，直到现在仍然如此"。她仿佛是在两个家庭生长，这是两个很不一样但又彼此联系的环境。她对一些人类学论述的亲属关系感兴趣与此相关："我想我对莫斯和涂尔干这对学者里的甥舅特别感兴趣，也是与自己的甥舅关系经验、人类学命题本身相互呼应的。这就是实践着的亲属关系啊。"再进一步，她对教科书中的"家庭"概念进行了反思："社会学一直明确家庭是最基础的社会单位，那么为什么是家庭呢，最基本的家庭又是什么呢,只有'父—母—子女'这样的一种形态吗?我在私人生活中得到了教材不可能教授的知识和体验。这样的个人成长经历又反过来加强了我对人类学的认同。"恰好,她后来在洱海边白族村庄从事亲属关系的研究,正是这种关系的延伸,成为她人类学研究的起点。

第四节　生长的后期逻辑

在当代大学教育无限扩展的情势下,葛兰西将学生的"创造阶段""独立自主的研究或职业工作阶段"定位在大学阶段的情况并没有出现,而是到了研究生阶段特别是博士研究生阶段方才出现。在这一阶段,学习过程以及学生的成长过程要通过学生的主体自觉的努力来进行,然后方进入智识的成熟阶段。

如果将大学生对于中小学生看作是一个"不连续的跳跃阶段",这种不连续的跳跃可以比喻为"蛙跳";那么,研究生对于大学生的变化,"蛙跳"已不足以形容,我们用"蝉变"一词来说明。"蛙跳"是"从此处到彼处"的跨越,"蝉变"是"从爬行到飞行"的跃升。经过"蝉变",一个孩童至一个研究者的生长过程宣告完成,他已经成为一名具有职业特征的真正的知识人。"蝉变"是知识人生长的后期逻辑,同时也是完成逻辑。

较之今人居住在高楼大厦之中,对于自然事物的观察总是过眼匆匆、粗心大意,古人过着贴近自然的乐天适性生活,他们对自然事物的观察也就更为精致入微。他们观察到"蝉"这种既常见又奇特的动物,经历了一种"蜕变"的过程。"蝉蜕"一词,在司马迁《史记·屈原列传》中运用于对屈原的赞颂:"蝉蜕于浊秽,以浮游尘埃之外,不获世之滋垢,皭然泥而不滓者也。推此志也,虽与日月争光可也。"张守节《正义》说这一段"言屈平之仕浊世,去其汙垢,在尘埃之外。推此志意,虽与日月争其光明,斯亦可矣"。《淮南子·精神训》亦谓:"蝉蜕蛇解,游于太清。"司马迁和《史记》的解释者以及古代其他学者皆不仅以"蝉蜕"作为生命的不同阶段过渡的隐喻,更是强调前后两个阶段的截然不同状态以及后者对于前者的升华。我们可以将"蛇蜕"与"蝉蜕"作一比较。"蛇蜕"之变,形状(身体形态)与行状(行为方式)不变,只是完成了一种"小大之变":蜕壳之蛇形体增大;"蝉蜕"之变,形状与行状都发生了变化,完成了由"浊秽"到"太清"、从"尘埃"之内到"尘埃之外"的过程。从此,幼型变成了成型,爬行变成了飞行,地面变成了天空,无声变成了有声!蝉的幼虫不发声,而成虫则放飞自我、高声鸣叫。因此,"蝉变"是一次生命的挣脱、震颤与跨越。当"蝉变"完成之后,它成为"饮而不食者"①,即一种餐风饮露的动物。

我们将"蝉变"作为博士阶段知识人生长的后期逻辑的隐喻,它包含着精神革新和学术创造性两个方面的内涵。

对于"精神革新",山月朵是在苦聪的田野工作中完成的。在第一节,我们已经解释了她遇到了几个突发的具体事件,这些事件都在精神层面影响了她,也改变了她,并促成了她禀赋中某些方面的唤起与觉醒,使她认识了自我。"翻车事件"是一个与"生命"相关联的精神跃升。虽然她所面临的并非战场上与侵略者的生死搏战,也并非为某种崇高信仰而赴死的大义凛然,但只要考虑到她是一位长期在非常良好的城市医疗体系中生活与学习的学生以及她自愿在苦聪山寨用草药治疗所要承担的风险这一背景,我们就可以看到这一事件是她的勇敢和自我牺牲精神的呈现。经历了这件事以后,她的精神面貌焕然一新,在相当的程度上已经摒弃了学术的功利性目的,并由此领悟了人类学学科的基本精神,获得了"生活即田野"的人类学理念。"杀猪事件"是人与动物关系问题,这是许多人类学家关注与思考的一个重要问题。我们人类,一方面需要以动物为食解决身体的营养问题,另一方面又必须止步于有限索取并与动物建立和谐相处的关系,一些土著民族中的图腾崇拜就显示了这双重关系的协调。但是,现代人类已经失去了这种情怀,他们过度索取,无限制地侵吞动物。山月朵借"杀猪"事件来作为隐喻,批判人类对于动物的主宰意识。杀猪那般血腥,对于敏感的山月朵具有极大的冲击力;而冲击越巨大,反思越

---

① 《荀子·大略》。

深刻。"人最残忍",这是她的心灵喊出的最强音;而在相反的另一端,同样有一个相互呼应的最强音,那就是听着小牛犊和白鸭子的自然之声。此刻,她将自我融入了对象之中,体验着各种不同的生命形式。就像托尔斯泰看到一匹瘦骨嶙峋的老马,由于同情与难过,他感觉自己也已经变成了老马;看到一棵老树,又觉得自己就是那老树。在文学家那里,是"艺术感觉"使他融入自然;在田野工作者这里,是"学术感觉"使她融入自然。这种思考,这种融入,促使了山月朵思想的升华与精神的革新。

  对于"学术创造性",山月朵既是在田野工作中又是在其后的写作实践中完成的。这种创造性主要表现为"发现问题、分析问题、解决问题"的能力;而"发现问题"最为重要,因为它不仅为分析问题和解决问题提供了前提和基础,而且在于发现问题自身就已经寓含了分析问题和解决问题的方法。山月朵是在周城白族村的田野工作中与另外两名人类学研究生娟与滔拍着桌子的那一瞬间发现问题的。她们发现了族谱上的文本表述与日常生活中的话语表述不同,发现了理论表述与仪式实践的差异,发现仪式实践是与社会生活的"空间"密切相关。这个问题之所以重要,是因为它具有理论意义。虽然众多学者关注宗族变迁的原因分析,但是传统的经典理论要么从政治的视角去分析,如普里查德对于非洲努尔人的宗族研究,要么从政治—经济的视角(主要是经济视角)去观察,如弗里德曼对于中国东南的宗族组织的研究,而这些观察都不能解释周城白族的段氏宗族分支现状。而山月朵除了关注政治、经济因素外,从空间、场所对于仪式实践的限定的视角去观察,成为一个新的解释方式。于此,这个发现获得了它的学术价值。

  山月朵曾用童年的积木游戏与人类学研究的学术创造性相比较:"人类学怎么观察人、解释人,摆弄小小的积木游戏就能表达出这个学科所做的一切努力。"她关于游戏与学术研究的关联可以分解为如下几点:第一,文化创造是依据想象进行的,利用积木可以搭建出"你想要的"各种形状,而这些形状并不是可以指代世界上实际存在的具体事物,也不是它们的象征,而仅仅是思维的创造物。第二,对于创造的"元素",主体可以进行"挑选",挑选不同的元素,"就有机会创造出新的事物"。而且新事物的创造并不是固定不变的，它可以被再次创造。"散落的零件还可以重新组合，看起来我们能够再现或者复原事物，但实际上建筑的已经是新事物。"第三，一种被创造出来的事物，结构并不因为减损或增加某些结构要素而失去平衡。但这有个限度，当减损或增加的要素增多时，失衡就出现了。第四，理论创造也同样如此。理论建构是主体的建构，它并不是客观的反映。这种建构在某种意义上具有随意性，抽掉某个部件，"甚至演变出新的理论样貌"。理论建构还要符合美学特征，结构不能太满，简约具有视觉上的"美感"。山月朵对积木的理解亦是对学术创造性的理解。

知识人生长的后期逻辑中还有一个问题需要特别引起重视，它就是"易地长成"或"异地长成"。山月朵是在异文化中完成精神革新的，也是在异文化中获得学术创造力的。人类学到异文化之中去完成"成丁礼"的训练方式具有典型性意义，这类似于某些动植物的移植或迁徙现象。在新石器时代至今的各种农作物中，水稻的生长规律与粟、麦、豆等农作物有所不同，它是易地长成的作物。先是在秧田中撒上密度很高的稻种，等秧苗密密麻麻长到20公分左右，拔起秧苗搬离它的老家移栽到大田之中。在那里，它获得充分的营养，有着充分的空间。经过一段时间以后，它开始分蘖，从下端新生出许多分支，各个分支不断茁壮成长，然后秀穗并成熟。动物界更有许多迁徙的例证。如非洲角马、野牛每年都要迁徙几千公里，去到异地水草丰盛的地方；长江下游的鲥鱼、刀鱼在春夏之交也有着迁徙习性；空中的大雁、天鹅也同样如此。它们是一种动物界的"人类学家"，依循着"在这里——去了那里——回到这里"的路径获得生命的滋养。对于知识人个体的成长来说，"迁徙"的本质或深层意义在于个体"分蘖"式的巨变，进而获得真正的自我。人类学者在从这里走向那里的过程中，在交流中获得了"杂食"。彼处对于此处，陌生的环境与他们原来熟悉的环境并不相同，空间的转换带来的是文化模式的转换。异文化模式与本文化模式进行对比的重要性在于可以使他们获得一个新的起点，这个新起点使他们走向成熟。人类学者总是"易地长成"的。山月朵在田野中所经历的、所遇到的事情，是她"长这么大，还没有遇到过"的。"蝉变"之所以发生在"异地""异文化"之中，就是因为只有在这里，才会遇到从来没有遇到过的人与事，才会获得从来没有过的经历，才能激发精神革新，才能获得学术创造力。

同时，也只有在"异文化"之中，人类学者才能获得一种反思性，即通过理解异文化，反思自我，反思本文化，从而更加尊重异文化，认识异文化的价值。这种反思性对"精神革新"和"学术创造力"起到催化作用。在田野工作中，尊重当地人是首位的，这决不是我们为了获取田野材料而采取的策略，而是人类学者的基本素质要求以及人类学学科的基本精神要求。"我来到这个地方，不管怎么样，我们去做田野……你不能强迫人，他不愿意告诉你的，你不能像马林诺夫斯基那样抓住他的领子不让他走。……你不能因为你自己的某些目的非要达到而强迫别人说话和做一些事情。"我们并不只是为了完成硕博论文去急功近利地收集材料，而应该是抱着我们的研究对当地人也有利的目的去做田野工作。人类学者良好的素质与为当地人着想的善意与行动，反过来也成为更深入地获取田野材料的条件。刻意求之而不得，无意求之而得之。《论语·学而篇》记载了孔子的调查方法："子禽问于子贡曰：'夫子至于是邦也，必闻其政。求之与？抑与之与？'子贡曰：'夫子温、良、恭、俭、让以得之。夫子之求之也，其诸异乎人之求之与！'""求之"与"与之"这两种不同态度、不同方式所获得的材料，其质量是有高下之分的。孔子具有温良恭俭让的人格精神，即使他不开口询问，当地人也愿意主动把真实情况对他讲述。这对人类学者是一个启示：人类学者依靠自己的良好素质以及为当地人利益工作的热情与愿望所得到的材料，即使与他们当下的论文写作无关，那么，他们也在更为深层的意义上理解了异文化。这与那些仅仅将田野工作用作寻找材料服务于课题与论文的急功近利者相比，从长远来说，他们更有希望成为一名真正的人类学者。对此，山月朵有着深入领悟："有的时候你宁愿不去收集田野材料，不做采访，你就是跟他坐在一起，可能什么都不说，但是坐在一起那二十分钟，等到以后可能会帮你很大的忙。"当人类学者摈弃了功利性目的的时候，他能够取得对于人类文化与人类生活更深的理解，他的研究目的与研究手段也就统一起来、融合起来。山月朵"从爬行到飞行""从无声到有声"的"蝉变"所达到的成熟，也正是在这个意义上说的。

第六章 知识人的"教"和"育"

在以上四章中，我们通过小晨、李文宝、张春醒、山月朵四个人的日记或讲述的直接呈现及分析解释，探索了知识人从孩童至研究生诸阶段的一般性的生长过程及其逻辑。在本章中，我们将进行一个简单的总结。在此基础上，我们将对知识人的"教"与"育"的问题提出思考。

第一节 生长的"逻辑"与生成的"类型"

对于知识人的生长过程，我们将其划分为四个阶段：在尚未接受学校教育之前的初始阶段，孩子的天性得到自由发展。"劳动"与"游戏"这两种身体"活动"成为他们与外界事物直接接触的"中介"，激发了他们最初的创造力，成为他们最初的知识来源。即使此阶段家庭与幼儿园也有一些强制性的知识学习与教育，但也只是处于非制度化的松弛状态。后来，他们主要在小学与中学里接受教育，一种普遍的社会文化模式对他们进行了强制性的规训。由于他们此时还过于柔弱，他们被社会文化约束了自己的生性，只能被动地接受了知识的大量灌输与既有文化模式的塑造。如软泥被塞入了土坯，他们成为个性特征被掩盖和淹没了的大致相同的一类人。到了大学阶段，由于年龄的增长、身体的成熟以及智识的发展，他们的个性逐步显现出来；更由于在大学阶段他们离开了原有的生活与文化环境，接触到了各种各样的不同的文化样式，他们可以自由地根据各自不同的禀赋与生性特征进行不同的选择。他们会选择那些与自己生性与禀赋相吻合的那些价值观、人生观与世界观，对自己进行了重新塑造。与此同时，他们也会选择那些符合自己兴趣的知识，对原先在中小学阶段的知识进行更新。在这一阶段，他们中的许多人已经在比较中学会了反思与批判。这种重新塑造与中小学时代的被动接受完全不同，这是自我主体的主动选择与塑造。经过这种自我塑造，他们成为了一个与原先的中小学阶段并不相同的人。到了研究生阶段，他们经历了"成丁礼"的专业化训练，进行了精神革新，获得了学术创造力，"生长"过程至此结束。此后，他们成为了一个具有专业知识的、在大学校园和研究机构或其他专业机构中从事教学和科研的"知识人"。

以上，就是我们观察到的知识人生长的一般性的历时性过程，而历史与逻辑是统一的，这一时间过程同样也是逻辑过程。在孩童时代的"劳动"与"游戏"中所显露出的"生长的初始逻辑"，是在人与外部对象的直接接触中获得知识，这种方式具有"天工开智"的特征。在中小学阶段所展示的"生长的早期逻辑"，其知识获取的主要途径是社会对个体不作任何区别的填鸭式灌输，以便完成社会为自己的集团培养"有机知识分子"的"文化的规训"。在大学时代所呈现的"生长的中期逻辑"，则是否定中小学阶段的知识灌输方式、反叛原有文化模式的个性张扬，显示出一种不知从哪里冒出来、以完全不同面貌"突兀地出现"的特征。在研究生阶段所表现的"生长的后期逻辑"，最终完成了"从幼型变成了成型，从爬行变成了飞行，从地面变成了天空，从无声变成了有声"的"蝉变"。这个"天工开智—文化的规训—突兀地出现—蝉变"的过程，是一个由"正题"到"反题"再到"合题"的逻辑过程。在"天工开智"阶段，孩童既具有自我生长的可能性，同时也具有接受社会文化的可能性，但这两个基本方面尚未充分展开。如果我们将这个阶段看作是一个"正题"，那么中小学阶段和大学阶段则是由"双重螺旋线"构成的两个"反题"。中小学阶段的"文化的规训"是第一个"反题"，这个"反题"的内涵是社会压制了自我生长的可能性，强化了接受社会文化的可能性。社会无视个体的意愿，不顾一切地对个体进行塑造，强迫他们按社会规定的方向生长。此时的个体只能暂时地忍受与屈从，他们被简单化、单向化地型塑了。而大学阶段的"突兀地出现"则是第二则"反题",这个"反题"的内涵是对原先柔弱少年时代接受的外在社会文化模式的反叛,张扬了自我生长的可能性,个体禀赋的独有特征得以表现。此时,个体开始觉醒,在青春期激情的推动下,个体重新塑造"自我"的巨大热情爆发出来,固有的社会文化模式的影响在很大程度上和很大范围内被个体大大压缩了空间。到了研究生阶段的"蝉变",由于个体的知识与人格的双重成熟,他们既找到了一种对中小学与大学阶段的单向发展的批评路径,又找到了一种对于孩童时代自然发展的回归路径。这种"批评"与"回归"使其将接受社会文化的规训与按独立个体禀赋特征发展两个方面综合起来。"成丁礼"达到了将外在的文化规范与内在的个人禀赋逐渐结合起来的"合题"。

然而,上述路径并不是所有的知识人个体都遵循的路径。由于个体的禀赋类型不同,个体发展并不遵循共同的路径。就像我们这个地球上不久前还存在着国家、酋邦、部落、游群四种不同的政治类型一样,有的个体停留在此处,另一些个体则停留在彼处,于是,停留在各处的个体就并存于一个空间结构之内。例如一些生性柔弱的那些个体,可能在儿童时代和中小学时代接受了强大的社会文化全方位的型塑压力以后,就已经固化成形,到了大学阶段就不再变形。又有的个体在大学时代的个性张扬并没有找到将社会文化与个性特征结合起来的路径,于是就可能发展成为另类。如此等等。于是,知识人个体发展类型就是多种多样的。如果将全部类型设为"A—Z"轴,那么有些类型处于A端,有些类型处于Z端,更多的类型则处于"A—Z"轴之间的某一个位置上。于此,本民族志在建构知识人生长的历时性逻辑的同时,也建构了知识人共时性的类型学模式。本民族志的四个个案就是四种不同的类型。

孩童"小晨"是一个具有鲜明个性但却遭到社会文化巨大压力而暂时"屈从的类型"。小晨的生性与社会文化之间存在着巨大的张力,他的内在潜质受到文化模式的强力压制。小晨喜欢劳动,喜欢游戏,在劳动和游戏中,他得到最大的快乐。他不喜欢上学,提起上学就恐惧、就起鸡皮疙瘩,不喜欢很多门功课,成绩也不理想;但是在社会强制性的压力面前,特别是在具有亲缘关系的父亲的压力面前,他无法抵抗,违背内心极不情愿地暂时性地接受了文化模式的规训。他在初中阶段对于一些科学问题的思考,显示了他的良好的科学潜质与培养前途,可是社会却用各种他不喜欢的功课去压制他的兴趣。遗憾的是我们没有收集到他的大学日记,无法知道在大学阶段他的科学潜质是否能得到重视与培养。不过,可以推想,由于当下的教育制度根本无法针对不同禀赋的学生因材施教,小晨的潜质极有可能成为永远无法被开采的矿藏。还有一种可能就是:因为小晨的偏科,他根本就没有考上大学。社会(包括家庭)常常是在个体需要的地方并不施予,而在个体不需要的地方却强加于他。小晨本不具备当书法家的天赋,几乎从来没有写好过字,他的父亲却硬性地强迫他去学习。于是,社会与家庭为自己描绘了一幅自我讽刺的画像:一方面,社会需要科学家,却放弃了对具有科学家潜质的人才的培养;另一方面,社会也需要书法家,却将大量的资源乱掷在那些并不具备书法家潜质的人身上。社会就是这样上下左右折磨着个体,同时也在戏弄着自身。

中学生"李文宝"是一个几乎完全接受社会文化规训并且具有连续性和稳定性的"顺从的类型"。李文宝生性柔弱,面对社会巨大的模铸力量,他任其塑造。在李文宝的童年、少年、青年时代受教育的过程中,几乎没有反抗文化模式的意愿;即使有一些情绪性的反应,也只是瞬间性的,其后很快就平复了,而且在平复之后进一步强化了对社会文化的认同。"从他出生之时起,他生于其中的风俗就在塑造着他的经验与行为。到他能说话时,他就成了自己文化的小小的创造物,而当他长大成人并能参与这种文化的活动时,其文化的习惯就是他的习惯,其文化的信仰就是他的信仰,其文化的不可能性亦就是他的不可能性。"[1] 他接受文化模式的规训与塑造之后,往而不返。而他自己也已经意识到"自我"具有稳定性,前后一致,"从小看到老"一语,是他对自己全部人生的基本的判断,也是准确的判断。

---

[1] [美]露丝·本尼迪克特:《文化模式》,何锡章等译,华夏出版社1987年版,第2页。

大学生"张春醒"是一个突破社会文化模式，自我觉醒、自我重新塑造的类型。她与李文宝是相反的类型。在个体与社会文化的巨大张力中，张春醒高扬了自己的个性，反抗精神强烈。她既有哲思的深度理性，又兼具不受束缚的情感巨流。张春醒后来出国留学，发展情况无从得知；不过，她到底是否成为一位出色的学者或作家并不重要，重要的是她在大学阶段就已经成为一个健全的人，一个能够按照作为"人之所以为人"的自由意志去塑造自己的人。

博士生"山月朵"是一个能够按照自己的个体禀赋特征及性格意志发展自我、同时又得到社会文化规范认可的类型。山月朵与张春醒一样，同样是一个健全的人。她在个体禀赋自然发展与社会文化需要之间找到了结合点。人类学既成为她的社会职业，又符合她的生性与个性的自然诉求。人类学家只能生长出来，但需要在一种适合的土壤中才能生长出来，她找到了这一片土壤。她本来在其他学科中接受培养，但她却主动选择了人类学。她的情性特征和智识特征恰好与人类学学科的基本精神契合。"蝉变"有着双重意义。第一重意义强调的是"变"。从幼虫变成了成虫：外形变了；从爬行变成了飞行：行为方式变了；从地面变成了天空：活动的空间变了；从无声变成了有声：个体的社会价值变了。第二层意义强调的是"不变"。蝉蜕以后的蝉，并非变成了会飞的鸟类或会跳的蛙类，而依然是蝉，它保持着与变化之前的一致性，其内质未变，生性未变。山月朵在"生长"过程中，个体禀赋特征既得到延伸、保持和发展，又找到了与社会文化所需要的一致方向。她的专业化道路就是一种"生性—文化"模式双重铸造和双向互动的结果，这使她既成为一个对社会文化来说是有用的知识人，又是个体意志与情性得到自由发展的知识人。

至此，本民族志对于四个例证的"呈现—解释—建构"基本完成了，这是我们关于知识人"生长的逻辑"与"生成的类型"的看法。然而，就我们的研究目的来说，它仅仅是完成了一项基础性的工作，在下面的几节中，我们还有一些重要的议题需要提出讨论。

第二节 教育的合法化问题：利奥塔的质询

在无论是东方还是西方、无论是古代还是现代教育理念中，教育的合法化是一个基本前提，这个基本前提是不容置疑的，也是无法质疑的，也无人去质疑。一些关注教育的学者都是在教育合法化的前提下讨论问题的。例如葛兰西，他认为教育的目的是为了培养社会所需要的人才，因此，教育必然是按照社会文化模式对个体进行塑造、并以此规范个人性格的那样一种教育。"真正关注的是，通过接纳和吸收现代欧洲文明的文化历史，帮助人格的内在发展和个性的形成。……他们学习这些首先是为了了解希腊和罗马文明——我们现代文明的必要前提。人们在教育中要向儿童反复灌输某些习惯，如勤勉、严谨、镇定（甚至是身体的镇定）、对特定问题集中注意力等等，如果不对遵纪有序的行为机械地加以重复，就无法达到这些目的。试问如果一位四十岁的学者在儿童时期没有经过机械地强制养成正确的心理—生理习惯，又怎么能够在写字台前连续坐 16 个小时呢？如果我们希望培养大学者，那就得以此为起点并在整个教育体系中施加压力，这样才能成功地造就出成千上万或数以百计甚或是许多个具备每一种文明所必需的最高素质的学者。"① 他认为现代文明中的一切实践活动都已变得如此复杂，各门科学与日常生活日益紧密地交织在一起，这致使每一种实践活动都要为自己的管理者和专家创立一类新的学校，并且在较高的层次上，创造一批在这些学校任教的专家知识分子。在葛兰西那里，教育只是由外而内的灌输，没有由内而外的主动诉求。这种灌输式的传统教育它就在那儿，古来如此，当然是合法的。教育难道不就是用我们的文化去教育我们的孩子，使他们成为一个社会人、文化人吗？这些常识性问题难道也有什么可以讨论的余地吗？当代世界各国教育制度如此发达，大学林立，这难道不是教育的巨大进步吗？教育难道还有合法不合法的问题吗？再退一万步说，

---

① ［意］安东尼奥·葛兰西：《狱中札记》，曹雷雨等译，中国社会科学出版社 2000 年版，第 28—29 页。

当它被质疑以后,那么教育还要不要进行?怎么进行?

　　法国思想家利奥塔对教育的合法性问题提出质疑,并试图撬动这种"合法化"的阿基米德支点。利奥塔的研究采取一种逆向的思维,向着"知识"的问题本身进行反思与追问。在 1979 年出版的《后现代状态》中,利奥塔研究当下社会中的知识状态,这种状态就是叙事的"知识"出现了危机。他的基本逻辑是:科学在起源时就与叙事冲突,用科学的标准看,叙事是不科学的,是寓言;但科学总要叙事,要使叙事合法化。"科学知识不可能知道或让人知道它是真理性知识,除非它求助于另一种知识即叙事知识,但从科学知识的眼光看,叙事知识根本就不算知识。不向叙事知识求援,科学便处于一种假定自己合法的位置,并屈从于它所谴责的毛病:易招非议,依赖偏见。然而,若把叙事当作自己的权威,科学岂不也会落入同样的圈套?"[①] 于此,"知识"处于一种悖论的位置上,其合法化遭到质疑:"科学语言游戏在追求真理性陈述的同时,没有方法和能力来使得它们的真理依靠自身证明自己合法"[②]。

　　在这一前提之下,利奥塔转而讨论了教育问题。既然知识的合法性已经遭到质疑,那么,作为获得知识手段的教育的合法性,同样置于被质疑的地位。在教育的合法化遭遇了危机的背景下,当代社会的教育仅仅通过其"性能"达到合法化。人们把高等教育变成社会系统的一个子系统,用同样的性能标准来解答如下的问题:知识由谁来传递?传递什么?向谁传递?采用什么手段?通过什么形式?效果如何?大学政策是由一整套对这些问题的严密回答构成的。"预期的结果是高等教育为社会系统达到最佳性能而做出最大贡献。因此,高等教育应该培养社会系统所需的能力。"[③] 这些能力分为两大类:一类主要用来迎接世界竞争,它们随着民族国家或重要教育机构可能在世

[①] [法]让-弗朗索瓦·利奥塔:《后现代状态:关于知识的报告》,载利奥塔等《后现代主义》,赵一凡等译,社会科学文献出版社 1999 年版,第 7 页。

[②] [法]让-弗朗索瓦·利奥塔:《后现代状态:关于知识的报告》,载利奥塔等《后现代主义》,赵一凡等译,社会科学文献出版社 1999 年版,第 6 页。

[③] [法]让-弗朗索瓦·利奥塔:《后现代状态》,车槿山译,南京大学出版社 2011 年版,第 172 页。

界市场上出售的各种"特产"而变化;另外一类是根据这个总体假设,高等教育应该继续为社会系统提供符合系统自身要求的那类能力,系统自身要求是维持它的内在严密性。"在非合法化语境中,大学和高等教育机构从此需要培养的不是各种理想,而是各种能力:多少医生、多少某专业的教师、多少工程师、多少管理人员,等等。知识的传递似乎不再是为了培养能够在解放之路上引导民族的精英,而是为了向系统提供能够在体制所需的语用学岗位上恰如其分地担任角色的游戏者。"①

首先,"向谁传递知识"呢?利奥塔说:"如果说高等教育的目的是功能性质的,那受话者又是什么样的呢?大学生已经有了变化,而且还继续变化。他不再是一个来自'自由精英'的青年,他也不再或近或远地关心社会进步、人类解放的伟大任务。"② 事实上,高等教育已经发生了重大变化。这种变化既受到行政措施的影响,也受到社会需求的影响,这种来源于新用户的社会需求本身很少受到控制,它将高等教育的功能逐渐分为两大类服务:一类是职业知识分子;另一类是技术知识分子。除了这两类大学生以外,其他大部分在校青年是没有计算在求职统计表内的失业者,因为他们的数量超过了他们从事的专业(文学和人文科学)所能提供的需求。他们属于知识传递的新一类受话者。除此之外,利奥塔还列出了第四类知识分子:因为大学不仅具有这种职业功能,而且还开始或应该开始在改善系统性能的方面扮演一个新角色,即培训或成人教育。这样,知识不再是一劳永逸地全盘传递给尚未就业的年轻人,而是像点菜一样传给已经就业或即将就业的成年人。知识传递的这一种新动向,必然在履历、教学和知识检查中带来混乱,何况还有社会政治影响。性能原则带来了高等教育体制从属于权力这种总体后果。自从知识不再以理想的实现或人类的解放为自身目的,它的传递并不再属于学者和大学生

---

① [法]让-弗朗索瓦·利奥塔:《后现代状态》,车槿山译,南京大学出版社2011年版,第173页。
② [法]让-弗朗索瓦·利奥塔:《后现代状态》,车槿山译,南京大学出版社2011年版,第173页。

特有的责任了。这也就确定了"传递什么"的问题。人们目前在高等教育中传递什么呢？如果我们局限在职业化问题上，而且局限于纯粹的功能主义观点。我们可以说传递的主要是知识的有机储备。①

那么，"知识由谁来传递"呢？在上述知识的有机储备上，应用新技术将会极大地影响交流基础。交流基础并非一定是教授面对沉默的学生大声讲授一堂课。因为知识可以转译成计算机语言，所以教学可以由机器来完成，这些机器可以把传统的存储器（图书馆等）作为数据库与学生使用的智能终端连接在一起。从这个角度看，计算机基础教育应该必然成为高等储备教育的一部分。这样的传递效果当然可想而知。当我们从精神生命或人类解放这些合法化宏大叙事的角度看问题的时候，机器部分地取代教师是一种缺憾，甚至是不能容忍的。但这些合法化宏大叙事已经不再是追求知识的主要动力了。职业学生、国家或高等教育机构提出的问题无论明确与否，都不再是"这是否真实"，而是"这有什么用"。"在知识的商业化语境中，后者往往意味着：这是否可以出售？而在增加力量的语境中则意味着：这是否有效？"② 从这个角度看，知识的末日不仅没有来临，而且正好相反。那些数据库将是明天的百科全书，它们超出了每个使用者的能力。性能的增加取决于这种重新整理的想象。它或者让人采用新的招数，或者让人改变游戏规则。"如果教学不仅应该保证能力的复制，而且应该保证能力的进步，那么知识的传递就不应该限于传递信息，而应该包括学习所有的程序，这些程序可以改善那连接不同领域的能力，知识的传统结构小心翼翼地把这些领域相互隔离开来了。"③ 于是，跨学科的观念与知识的关系，不是实现精神生命或人类解放的关系，而是复杂的概念工具，物质工具的使用与工具性能的受益者的关系。他们既没有一种元语言，也没有一种元叙事来表达这种工具的目

---

① ［法］让-弗朗索瓦·利奥塔：《后现代状态》，车槿山译，南京大学出版社2011年版，第174—176页。
② ［法］让-弗朗索瓦·利奥塔：《后现代状态》，车槿山译，南京大学出版社2011年版，第177—178页。
③ ［法］让-弗朗索瓦·利奥塔：《后现代状态》，车槿山译，南京大学出版社2011年版，第179—180页。

的性和正确的用途,但他们可以通过集思广益增强工具的性能。

利奥塔进而认为,"集体工作的增值依靠的正是这种性能标准在知识中占据的优势。"① 但是,对于说出真理或规定正义而言,数量是完全无关的。只是在人们从是否更有可能成功这个角度考虑正义和真理问题,数量起一点作用。在世界各地,知识机构的发展方向,实际上把教学区分为两个方面:简单再生产和扩大再生产。这种解决办法区分了各种性质的实体。一些实体致力于职业能力的选择和复制;另一些实体致力于"想象"精神的提升和"冲动"。前者拥有的传递渠道可以被简单化、大众化,后者有权以小组的形式在贵族般的平均主义中运作,它们是否正式从属于大学这并不重要。可以确定的是,在这两种情境中,非合法化和性能优势都敲响了教师时代的丧钟:对传递确定的知识而言,教师并不比存储网络更有能力;对想象新的招数或新的游戏而言,教师也不比跨学科集体更有能力。②

在利奥塔的笔下,当代大学所谓的教育,不是用于精神生命和人类解放的关系,只是为了作为增强社会工具的性能。它没有目的,手段就是目的。这就等于说,不仅个人的理想与创造性被取消了,而且知识的精神生命和对于人类解放、人类前途的终极关怀也彻底地被取消了。剩下的就是个体和小集体的名誉的私利,物质利益的私利,职称和职位的私利,等等,这些东西,现在成为目的性的诉求。

第三节 "开始"与"重新开始"

教育需要改革,而这种改革并不是修修补补,而是从对教育获得合法性这一根本性问题的反思中来进行彻底的改革。教育要取得合法化的地位,必须对教育的最重要的、最基础的问题进行反思:教育不能从为具体的社会服务的"功能"或"性能"中获得合法性,教育

---

① [法]让-弗朗索瓦·利奥塔:《后现代状态》,车槿山译,南京大学出版社2011年版,第181页。
② [法]让-弗朗索瓦·利奥塔:《后现代状态》,车槿山译,南京大学出版社2011年版,第182页。

必须依靠其"目的"获得合法性，而教育的"目的"既高且远！

当前的教育模式，无论是东方还是西方，都"开始"于一个基本理念：用社会文化的既有模式，对所有应该接受教育的人（无论是孩童、中小学学生、大学生、研究生，甚至包括了襁褓中的婴儿）进行灌输，让他们成为他们所属的那个阶级、那个社会、那种文化模式的继承者与接班人。不仅当代教育家有着如此的理念，古代教育家同样如此。古希腊苏格拉底认为教育的目的要培养治国人才，这一类人才必须有德有才，深明事理，具有天文、几何和算术等各种知识。同样，柏拉图在《理想国》中构建了一个培养哲学王的教育体系，分出学前教育、初等教育、高等教育等阶段，也都是社会文化的灌输。亚里士多德的教育观中认为人的形成有三个因素：天性、习惯和理性，虽然他重视"天性"是一个非常重要的思想，但是，他在三个因素中，又认为通过教育，要使天性和习惯受到理性的领导。中国古代教育家孔子认为"性相近也，习相远也"①，意为生性虽然相近，但是使每个人变得不一样的，还是文化的作用。墨子说"染于苍则苍，染于黄则黄"②，而告子则认为人性"譬之湍水，决之东则东，决之西则西"③，这些都是一种"文化的决定论"思想，强调教育的外在灌输的绝对性。总之，在古今中外的教育思想史的主流那里，所谓"教育"，就是用社会文化去灌输、去统率、去规训个体的生性、改变个体的生性使之符合社会文化的需要。虽然有的思想家和哲学家们也已经关注到"性""人性""天性"问题，但总是认为这种自然的"性""人性""天性"应该在教育中被驯化，使之受制于社会文化规范。

这就是关于作为教育的"开始"的基础，这个"开始"的基础曾经被看作是千古不易的真理，而在现代思想家的质疑之下，它已经动摇了。于是，我们似乎应该寻找一个"重新开始"的新的"基础"。

---

① 《论语·阳货》。
② 《墨子·所染》。
③ 转引自王充《论衡·本性篇》。

人获得知识只能从他自己开始，人接受教育也只能从他自己开始。人是一种具有创造力的生物，他不是一种被动的造物；而只要承认人具有主动的创造性特征，那么教育的出发点就应该放在个体的内部而不应该放在外部。古人有"自经锻炼，灵性已通""人生不能学也"① 等说法，当代著名画家吴冠中在接受访谈时也曾经说过一句隽语："艺术家是培养不出来的，艺术家是生长出来的。"古今作家的类似看法，都是强调在人才培养中要注重个体禀赋特征的重要性。在"创造"与"被创造"之间的那种平衡，是以人的个体的禀赋特征为基本出发点与基本条件的，只有从人的自我主体性出发，才能理解人的创造力。从"主体"（人的自我主体）出发，而不是从客体（已经形成的社会文化规范）出发，是我们的基本观察点和出发点。这是本民族志最重要的理念。

从主体出发而不是从客体出发，我们就得到一个不同于传统教育"开始"的那一个出发点，而获得另一个作为"重新开始"的新的出发点。对于前一个"开始"，卢梭有一个很好的比喻："有些助产妇按摩新生婴儿的头，企图使他有一个更合适的脑袋样子，而人们也容许她们这样做！也许是造人的上帝把我们的头做得不好，所以，外貌要由助产妇来定它的样子，里边要由哲学家来定它的内容。"② 那么后一个"重新开始"就是让这个婴儿自然生长，任凭凹凸不平，自有奥妙存在。如果当初孔子的母亲看到孔子出生时头顶像山丘形凹进去一大片而去不断地搓揉，那么很可能就失去了一位重要的思想家和哲学家。建立这个新的基点具有特殊的重要性。一个人的成长中需要接受外来的社会文化，但是这种接受并不是被动地接受，而只能是在个体生性与禀赋结构基础上的接受。个体从生下来就是不同的，后来的发展也是不同的，个体禀赋相互区别，是个体的不同发展的依据；而无论他们接受的是相同的文化模式还是不同的文化模式，个体永远是不同的。"按照费希特的观点，存在着两种类型的人：一种人承认深刻的、有义务的自我；而另一种人否认这一点。后者认为，自我完

---

① 参见曹雪芹《红楼梦》第一回及脂评。
② ［法］卢梭：《爱弥儿》，李平沤译，商务印书馆1978年版，第15页。

全是由社会化和社会造就的；而前者相信总是有一个最核心的自我，它可以摆脱外在世界的影响，并且认为，人的尊严就存在于这种个人中心之中。……更高的自我本来就寓于人自身之中，而不是社会化或社会塑造的产物。"① 自我并没有在相关性中穷尽自身，它是超相关性的实体。"这种实体，在它与共在及客观存在的相关性中，必定会实现它的主观的隐德莱希和它的个体性的法则。和现代的'相关性决定实体、决定自我'的原则相反，后现代文化坚持自我解释，'我是一个不可分的本原的实体'。"② "斯宾诺莎相信，人的本性之于人就像马的本性之于马一样，各有各的特征。他认为，一个人的善或恶、成功或失败、幸福或痛苦、主动或被动都取决于他在何种程度上能够最佳地实现自身所特有的本性。"③

当然，个体必须在社会文化中生活，或者说，个体只有适应和掌握了某种文化才能生活，于是"生性"与"文化"之间就充满了张力。弗洛伊德心理分析一个重大贡献就是揭露了行为与性格、我的面具与后面隐藏着的真实的我之间的不一致。"我的行为与我的性格不相符合。我的性格结构、我的行为的真正动机才是我的真正的生存。我的行为可以部分反映我的生存，但是通常这只是我的一个面具，因为这对达到我自己的目的是有用的。"④ 自然科学也已经在"人脑"的研究中取得了重要成果。荷兰大脑研究专家迪克·斯瓦伯所著《我即我脑——大脑决定我是谁》一书中将个体的意识、情感特征、恋爱取向、婚姻选择乃至性别的选择等等都归结于大脑的先天的功能，社会文化无法改变。这从生物学上说明了生性论，否定了文化决定论。⑤

---

① [德] 彼得·科斯洛夫斯基：《后现代文化》，毛怡红译，中央编译出版社1999年版，第61页。
② [德] 彼得·科斯洛夫斯基：《后现代文化》，毛怡红译，中央编译出版社1999年版，第62页。
③ [美] 埃里希·弗洛姆：《占有还是生存》，关山译，生活·读书·新知三联书店1989年版，第100页。
④ [美] 埃里希·弗洛姆：《占有还是生存》，关山译，生活·读书·新知三联书店1989年版，第104页。
⑤ [荷兰] 迪克·斯瓦伯：《我即我脑——大脑决定我是谁》，陈琰璟等译，中国人民大学出版社2011年版。

我们认为个体的基本统一性的基础在于生性，个体的文化性服从于生性。从人之初到人之终，人是受文化影响的，这是毋庸置疑的；但他的内在本性决定他对文化的选择。生性为本，文化为用；生性是内在的基础，文化是外在的表现。生性为事物、为文化"编制目录"："你赋予它一种结构，能允许你来面对它、解决它。"① 生性是"内在潜力的某种既定的总体性"②。

我们可以找到许多生性不同的例证。例如波普尔在他的思想自传中就说到 16 岁的时候进行了一次"个人革命"。1918 年末，他决定离校自学，成为维也纳大学没有学籍的学生，这个阶段他的思想有着剧烈的变化。开头，他与他的朋友都有着一种共同的信仰，后来，他发现他与这些朋友并不是同一种类型的人，因为他的朋友将一种信仰看作教条，他们自以为是，以为自己是工人阶级未来的领导者，但这些同学并没有特殊的天资，他们能有发言权的就是他们对文献有所了解，甚至并不透彻。③ 这是他的生性与文化所发生的一次冲突，而在这种冲突中，个人的禀赋特征决定了他摒弃了被教条化了的某一种文化的影响，而同时，他接受了另一个文化人物爱因斯坦的影响。

芒福德和威尔逊是《最后的知识分子》的作者雅各比所赞叹的天生就极具个性的知识分子的典型例证。他们不与教授为群，在生活与写作中建立起一个远离新一代大学教授们的世界。芒福德被称为美洲最后的私人学者，在院校林立的时代芒福德不属于任何院校。他没有做一个拿薪金的编辑、研究员或教师，也很少受惠于社会基金会的资助。他设法以写作为生，他的 28 部著作组成了他个人非凡的卓越的文艺作品集。芒福德从自己的心灵出发，形成某种独特的研究专题，而不是从先辈那里继承什么。他成为一个不受社会主流文化价值观念影响的知识人。他珍视独立，唯恐一旦背上和大学签订的协议书的包

---

① ［美］爱德华·W. 萨义德：《知识分子论》，单德兴译，生活·读书·新知三联书店 2002 年版，第 127 页。
② ［美］埃里希·弗洛姆：《占有还是生存》，关山译，生活·读书·新知三联书店 1989 年版，第 216 页。
③ ［英］卡尔·波普尔：《无穷的探索——思想自传》，邱仁宗、段娟译，福建人民出版社 1984 年版，第 32—33 页。

袄，就会丧失这一种独立。① 而对于埃德蒙·威尔逊，雅各比竟然用了"爱德蒙·威尔逊永生"（Long live Edmond Wilson）的醒目标题，赞扬他是知识分子的榜样，是真正的知识分子。威尔逊不受主流文化的影响，拒绝专门化，更怀疑大学，不受巨人影响，珍惜他的独立的人格。当他博得一个很大的知名度时，他把一张预先写好的明信片寄给了那些请求他服务的人。明信片上写着："埃德蒙·威尔逊不写别人指定的书或文章；不写前言或序；不为宣传做声明；不做任何编辑工作，不做文学竞赛的裁判，不授予面试，不在广播或电视上露面；不回答调查性的问题，不参加任何学术会议。"② 威尔逊近乎故意的颓废使他和学术界知识分子疏离开来，甚至处于对抗状态。这是他的独特情性的自然呈现。

总之，个体是从那"一块有纹路的大理石"开始，然后才主动地选择和接受社会文化模式教育的，而不是如一块"白板"那样被动地任由社会文化模式塑造，这就是本民族志区别于"开始"的"重新开始"的理念。

第四节 "自然的教育"再释义

极少有教育家从社会文化之外去论述教育的，卢梭是最独特的一个。在18世纪的作品中，卢梭已经敲响起了"重新开始"的钟声。卢梭在《爱弥儿》中论述的"自然的教育"是一个伟大的思想。他认为教育要使个体成为他自己，而不是成为某一个社会集团、某一种文化模式的"公民"。他说："自然人完全是为他自己而生活的；他是数的单位，是绝对的统一体，只同他自己和他的同胞才有关系。公民只不过是一个分数的单位，是依赖于分母的，它的价值在于他同总体，即同社会的关系。好的社会制度是这样的制度：它知道如何才能

---

① [美] 拉塞尔·雅各比：《最后的知识分子》，洪洁译，江苏人民出版社2006年版，第211页。

② [美] 拉塞尔·雅各比：《最后的知识分子》，洪洁译，江苏人民出版社2006年版，第213页。

够最好地使人改变他的天性,如何才能够剥夺他的绝对的存在,而给他以相对的存在。并且把'我'转移到共同体中去,以便使各个人不再把自己看做一个独立的人,而只看做共同体的一部分。"① 西方现代社会最重要的教育机构大学中的学院同样是一个公分母,"它只能训练出一些阴险的人来,这些人成天装着事事为别人,却处处为的是他们自己。"②

卢梭认为,当代的西方教育违背了自然法则。他说:"出自造物主之手的东西,都是好的,而一到了人的手里,就全变坏了。他要强使一种土地滋生另一种土地上的东西,强使一种树木结出另一种树木的果实;他将气候、风雨、季节搞得混乱不清;他残害他的狗、他的马和他的奴仆;他扰乱一切,毁伤一切东西的本来面目;他喜爱丑陋和奇形怪状的东西;他不愿意事物天然的那个样子,甚至对人也是如此,必须把人像练马场的马那样加以训练;必须把人像花园中的树木那样,照他喜爱的样子弄得歪歪扭扭。……偏见、权威、需要、先例以及压在我们身上的一切社会制度都将扼杀他的天性,而不会给他添加什么东西。他的天性就像一株偶然生长在大路上的树苗,让行人碰来撞去,东弯西曲,不久就弄死了。"③ 西方的教育制度都是奴役,他激愤地说:"我们的一切习惯都在奴役、折磨和遏制我们。文明人在奴隶状态中生,在奴隶状态中活,在奴隶状态中死:他一生下来就被人捆在襁褓里;他一死就被人钉在棺材里;只要他还保持着人的样子,他就要受到我们的制度的束缚。"④ 卢梭的教育思想强调"天性",强调个体"禀赋的方向"。他指出:"必须在教育成一个人还是教育成一个公民之间加以选择,因为我们不能同时教育成这两种人。"⑤ 要"根据孩子的天赋和性格"去指导。卢梭认为一些强制性养成的习惯永远也不能消灭天性,他比喻说:有些被我们阻碍着不让垂直生长的植物,它们就

---

① [法]卢梭:《爱弥儿》,李平沤译,商务印书馆1978年版,第9—10页。
② [法]卢梭:《爱弥儿》,李平沤译,商务印书馆1978年版,第12页。
③ [法]卢梭:《爱弥儿》,李平沤译,商务印书馆1978年版,第5页。
④ [法]卢梭:《爱弥儿》,李平沤译,商务印书馆1978年版,第15页。
⑤ [法]卢梭:《爱弥儿》,李平沤译,商务印书馆1978年版,第9页。

具有这样的习性。自由生长的植物虽然保持着人们强制它倾斜生长的方向,但是它们的液汁并不因此就改变原来的方向,而且,如果这种植物继续发育的话,它又会直立地生长的。人的习性也是如此。只要人还处在同样的境地,他就能保持由习惯产生的习性,虽然这些习性对我们来说是最不自然的,但是只要情况一有改变,习惯就消失了,天性又恢复过来。教育确实只不过是一种习惯而已。①

卢梭的"自然的教育"思想是从他的自然哲学观点出发的。卢梭认为人生来就是平等的、自由的,在自然状态下,人人都享受着这一天赋的权利。只是在人类进入文明时代以后,才出现人与人之间的不平等、特权和奴役现象。为了改变这种不合理的状况,他主张对儿童进行适应自然发展过程的自然教育。卢梭的"自然的教育"思想的核心是"儿童中心论",他轻视对儿童进行既有的文化的驯化式的教育,主张从儿童的个人爱好和兴趣出发进行教育,从个体的自然生性与材质出发进行教育。卢梭强调,自然的教育是符合生性的顺势教育,而不是强扭生性的逆势教育;教育的目的不是为了扭曲,而是成就。卢梭的教育所要达到的目的是培养社会的平等的普通劳动者,而不是一个在等级地位中的被奴役者或奴役者。他认为,经营小块土地或者一个作坊就是一种很好的生活,不受权贵的奴役,自由自在地享受大自然赋予的权利,人人自由、平等、互助、互爱,而不需要去过那一种高官厚禄的寄生生活。

秉承卢梭的"自然的教育"的重要思想,当我们强调在知识人的生成过程中"重新开始"之时,当我们对"生性—文化"采取双重关注的态度之时,我们平时所说的"教育"的概念就可以被拆分为方向相反又相辅相成的"教"与"育"两个不同的命题,而这两个方面则是可以明确地区分,并且可以确定为不同的质。

我们从"教"与"育"这两个字的本义、基本义、引申义,来分析它们不同的语意内涵。"教"在甲骨文中是一个左右结构的字。左边分为两部分,上面是一个"×"或两个"×",是鞭打小孩子的

---

① [法]卢梭:《爱弥儿》,李平沤译,商务印书馆1978年版,第8页。

抽象符号；下面是"子"字，是被打的对象。右边是一只手拿了一根棍子。① 整个字是一个会意字，意为拿个棍子教训小孩子。这是"教"的"本义"，即用体罚的手段教训孩子。对于它的"基本义"古人说法较多：有训为"效也"，即"上所施下所效也"；有训为"训也"；有训为"诲也"；有训为"犹告也"；有训为"语也"；有训为"教者，所以知之也"；有训为"令也"；有训为"教化"；等等。② 这些语义内涵，与我们现在所使用的语义并没有太大的差别，即教诲、教化、教训、传授知识等。而"育"的语义今人却与古人的用法颇有不同。"育"同"毓"，甲骨文字形上为"母"，下为倒着的"子"③，是妇女怀孕的会意字。这是"育"之"本义"。对于"育"的"基本义"，古人训为"生也"，如《易经·渐卦》："妇孕不育"，又《诗经·邶风·谷风》"既生既育"陈奂传疏。进而训为"长也"，如《礼记·中庸》"天地位焉，万物育焉"郑玄注，又《诗经·大雅·生民》"载生载育"毛传。再进而训为"成也"，如《吕氏春秋·察贤》"则万物育矣"高诱注。④ 于此，"育"之本义与基本义是一个"孕—生—长—成"的完整的过程，而这个过程，主要的并不是外在的力量而是内生的力量使然。而将"育"训为"养也"，则是它的"引申义"。如东汉的许慎《说文解字》："育，养子使作善也。"这是在儒家思想的视界中对于"倒着的'子'字"的望形生义，是一种牵强附会的说法。清代段玉裁训释说："不从'子'，而从倒'子'者，正谓不善者可使作善也。"⑤ 而在现代汉语双音化后，"教育"二字连用，并使其词义成为一个前正后偏结构⑥，即重

---

① 徐中舒主编：《甲骨文字典》，四川辞书出版社1989年版，第347页。
② 参见宗福邦等主编《故训汇纂》所汇纂的古人对"教"之语义的训释，商务印书馆2003年版，第961—962页。
③ 徐中舒主编：《甲骨文字典》，四川辞书出版社1989年版，第1581页。
④ 参见宗福邦等主编《故训汇纂》所汇纂的古人对于"育"的语义的训释，商务印书馆2003年版，第1851页。
⑤ （清）段玉裁：《说文解字注》，上海世界书局1936年10月版，成都古籍书店1990年影印本第2版，第788页。
⑥ "前正后偏"是指词义偏于前面的字，又如"窗户"之义重在"窗"，而不在"户"（门）。

在"教"之义而非"育"之义,这是将"育"之义合并入"教"之义的结果。

我们对于"教"与"育"字义的简略考证,目的在于希望引起当代教育改革的学者们注意:教育改革必须是一种深刻而彻底的改革。我们对"自然的教育"的再释义也就是指"教"与"育"的分别释义,这种释义提示了两个完全不同的方向:所谓"教",是指社会文化对个体由外向内的"教化";所谓"育",则是指从个体的禀赋与情性的特殊性出发由内而外的自然的"生长发育"。一个知识人既需要外部文化的教化,更是个体特殊条件的自然生长,两个方面缺一不可。"教"和"育"两个方面都具有效果:"教"是思想影响,是社会文化模式的灌输与赋予;"育"是不同的个性和禀赋倾向的自然生长;"教"是外力作用,"育"是内力作用;"教"为强制,"育"为自觉。

如果要问"到底遇到了什么问题使我们关注起个体的'育'"的问题,那么不如问"到底是什么原因使既有的教育制度忽略了'育'"的问题。早期的人类都是一些小群体社会,群体社会之间具有不同的文化,并且存在着生存空间和资源的竞争关系。每一个群体社会的教育,都是为这个群体社会服务的。而自有文字社会以来,不仅社会与社会之间不同,而且同一个社会群体内部也出现了阶层分化。某一特殊的文化集团的利益决定了其教育方式,他们将群体或集团的局部利益看作最高利益,并希望用自己集团的文化模式培养接班人。知识人是社会最主要的施行教育者,他们又隶属于这一社会,于是,他们只能用他们所属的社会群体文化模式去实施灌输式的教育。"社会"这个词现在被我们用烂了,其词义似乎等同于一般意义上的"人类社会",这是一个极大的错谬。"社会"仅仅是指某一个时间、某一个地点特殊的"社会集群",例如阿拉佩什人、蒙杜古马人、德昌布利人等等就是一个"社会"。有些甚至只是几十个人组成的"游群"同样是一种小型"社会"。而在当今民族国家林立互争利益和霸权的时代,"社会"同样是指一个特殊的集群。只要人类尚未摆脱具体的地区性、尚未组成一个统一的"人类共同体","社会"永远都是局部性的利益集团。所谓教育为"社会"培养人才，就是指教育为那个局部性的利益集团培养人才。我们现在的"教育"就外部关系而言，是为了在此一人类群体与彼一人类群体之间的竞争中取得优势；就内部关系而言，是为了在此一或彼一人类群体内的个体之间的竞争中取得优势。这种教育都不将人类作为一个"类的共同体"并且具有共同利益来看待。于是，社会集群在数百万年的历史进程中，为了自己的局部利益一直处于一种竞争、斗争乃至于战争的状态之中，而在这种竞争、斗争与战争中的优胜者并没有取得长期的发展利益，相反他们都是短命鬼，不久就有新的优胜者接替其位。在这种恶性循环中，人类总是深陷灾难之中，最显著的是 20 世纪两次世界大战给人类带来的深重灾难。然而，即使如此，当下的世界并没有看到任何改变，霸权的争夺此起彼伏，从陆地到海洋，从海洋到天空，从地球到太空，无时不在，无处不在。当今的世界仍然是不得安宁的充满斗争的世界，甚至因为核武器的出现而有可能使人类在未来的战争中彻底毁灭。"对抗是一种臭名昭著的浪费。按人的价值予以衡量，它位置低下。它是一种暴虐政治，在任何文化中一旦受到鼓励，无人可以自脱。对自尊的渴念如此巨大，永远不会得到满足。对抗竞争永无尽头。"[1] 如果我们永远处于对抗与战争的状态，人类还有希望吗？而我们现在的教育模式正是为"社会"培养所需要的人才，而"社会"则是具体的社会，不是人类共同体。我们需要教育孩子对人类共同体的利益持有一种关怀，而不是将孩子们教育成获取个人或小集团最大利益的竞争者、斗争者与战争者。用某种具体的社会文化模式去替代人类共同的价值观并不利于人类的终极发展。

既然我们将"教育"理解为外在文化模式的"教化"和内在的个体自然的"生长"两个方面，那么在"教"与"育"中的"教育者"与"被教育者"的关系就不应该是强势的单向训导、教诲、灌输知识的关系。个体的生性特征以及从这种生性出发的自由创造力应该得到充分重视。虽然古代教育存在着教学相长的理念，现代大学也

---

[1] ［美］露丝·本尼迪克特：《文化模式》，何锡章等译，华夏出版社 1987 年版，第 191 页。

强调"以学生为本"的理念，但只是停留在一个表面上的、高度抽象的层面上，整个教育制度与体系并没有从根本上改变单向关系，教育的基本目的总是要强使学生在既有的知识范畴与文化规范面前乖乖就范。教育只关心有用的知识，排除人们生活体验、经历和自我创造。"任何关于教育、教学的观念，都指向其唯一的主要作用，要求学生在教育过程终结时必须掌握一种技能，这种技能作为目标是现代课程设置的基础。这种教育观忽略了教育的本来的程序。这个程序在于，要考虑知识中介过程对教育对象的副作用，要注意被教育者通过学习，在耗费精力地学习课程、改变他自己的过程中，究竟带来了什么后果。如果教育中的这种副作用及反作用并没有被一并考虑在内，学生就会被教育成木偶或只会接受知识的书呆子。"① 现代教育方式将主客体分离，不考虑主客体共在，是一种对象化、物化、疏远化的思维方式。②

综而言之，在以往或当下的教育制度中，有一个基本的事实没有改变，就是"我们"（教育者）要将"他们"（受教育者）教育成符合"我们"所希望的社会文化类型的人，主导权在"我们"手里。"我们"是规则的制定者、执行者、评判者，"我们"掌握了真理，甚至"我们"就是真理本身。这是教育的前提，是不容许讨论的问题；可以讨论的只是"我们"的教育用什么方式、手段使"他们"成为一个"我们"的社会文化的持有者。而只要这样一种沿袭至今的思维方式和思维逻辑不改变，单向教育的方式就不可能改变。人类学是研究"人类"的学科，我们希望能够唤起某种"人类共同体"的整体意识，而不是"社会集团共同体"的局部意识。我们对知识人的"教"，不只是灌输那种服从于社会集团利益的价值观与知识形态，而应该是"教"他们成为具有对人类终极前途关怀的那种人；我们对知识人的"育"，就是要从个体特殊的禀赋特征出发，循其自然生

---

① ［德］彼得·科斯洛夫斯基：《后现代文化》，毛怡红译，中央编译出版社1999年版，第8页。
② ［德］彼得·科斯洛夫斯基：《后现代文化》，毛怡红译，中央编译出版社1999年版，第45页。

长之规律,将其看作为一种"类的存在物的人",而不是仅仅按照"集团"接班人的要求对他们进行培养。这是一项无私而伟大的工作,需要成千上万的知识人唤醒自我、唤醒他人并自觉投身于这项无私而伟大的工作之中!

参考文献

《马克思恩格斯文集》第1卷，人民出版社2009年版。

［英］阿尔弗雷德·诺思·怀特海：《观念的冒险》，周邦宪译，译林出版社2012年版。

［法］埃德加·莫兰：《迷失的范式：人性研究》，陈一壮译，北京大学出版社1999年版。

［美］埃里克·沃尔夫：《欧洲与没有历史的人民》，赵丙祥等译，上海人民出版社2006年版。

［美］埃里希·弗洛姆：《占有还是生存》，关山译，生活·读书·新知三联书店1989年版。

［美］爱德华·W. 萨义德：《东方学》，王宇根译，生活·读书·新知三联书店1999年版。

［美］爱德华·W. 萨义德：《知识分子论》，单德兴译，生活·读书·新知三联书店2002年版。

［法］爱弥尔·涂尔干、马塞尔·莫斯：《原始分类》，汲喆译，上海人民出版社2000年版。

［意］安东尼奥·葛兰西：《狱中札记》，曹雷雨等译，中国社会科学出版社2000年版。

［苏］奥布霍娃：《皮亚杰的概念》，史民德译，商务印书馆1988年版。

［古希腊］柏拉图：《理想国》，郭斌和、张竹明译，商务印书馆2011年版。

［英］保尔·汤普逊：《过去的声音——口述史》，覃方明等译，辽宁

教育出版社 2000 年版。

［德］彼得·科斯洛夫斯基：《后现代文化》，毛怡红译，中央编译出版社 1999 年版。

［法］布尔迪厄：《人：学术者》，王作虹译，贵州人民出版社 2006 年版。

［美］道格拉斯·凯尔纳、斯蒂文·贝斯特：《后现代理论——批判性的质疑》，张志斌译，中央编译出版社 1999 年版。

［荷兰］迪克·斯瓦伯：《我即我脑——大脑决定我是谁》，陈琰璟等译，中国人民大学出版社 2011 年版。

［美］杜威：《经验与自然》，傅统先译，中国人民大学出版社 2012 年版。

［德］恩斯特·卡西尔：《人论》，甘阳译，上海译文出版社 1985 年版。

［瑞士］F. 弗尔达姆：《荣格心理学导论》，刘韵涵译，辽宁人民出版社 1988 年版。

［德］费希特：《全部知识学的基础》，王玖兴译，商务印书馆 2009 年版。

［美］弗兰克·戈布尔：《第三思潮：马斯洛心理学》，吕明、陈红雯译，上海译文出版社 1987 年版。

［挪威］弗雷德里克·巴特等：《人类学的四大传统》，高丙中等译，商务印书馆 2008 年版。

［美］弗雷德里克·詹姆逊：《语言的牢笼》，钱佼汝译，百花文艺出版社 1995 年版。

［美］赫伯特·马尔库塞：《单向度的人——发达工业社会意识形态研究》，刘继译，上海译文版社 1989 年版。

［英］卡尔·波普尔：《无穷的探索——思想自传》，邱仁宗、段娟译，福建人民出版社 1984 年版。

［美］克莱德·M. 伍兹：《文化变迁》，何瑞福译，河北人民出版社 1989 年版。

［美］克利福德·格尔兹：《地方性知识》，王海龙、张家瑄译，中央

编译出版社 2000 年版。

［美］克利福德·格尔兹：《论著与生活》，方静文、黄剑波译，中国人民大学出版社 2013 年版。

［法］孔狄亚克：《人类知识起源论》，洪洁求、洪丕柱译，商务印书馆 1989 年版。

［美］拉塞尔·雅各比：《最后的知识分子》，洪洁译，江苏人民出版社 2006 年版。

［美］理查德·罗蒂：《偶然、反讽与团结》，徐文瑞译，商务印书馆 2003 年版。

［苏］列维·谢苗诺维奇·维果斯基：《思维与语言》，李维译，浙江教育出版社 1997 年版。

［法］列维－斯特劳斯：《忧郁的热带》，王志明译，生活·读书·新知三联书店 2000 年版。

［美］露丝·本尼迪克特：《文化模式》，何锡章等译，华夏出版社 1987 年版。

［法］卢梭：《爱弥儿》，李平沤译，商务印书馆 1978 年版。

［法］卢梭：《论人类不平等的起源》，高煜译，广西师范大学出版社 2002 年版。

［法］路易·杜蒙：《论个体主义》，谷方译，上海人民出版社 2003 年版。

［美］罗伯特·F. 墨菲：《文化与社会人类学引论》，王卓君等译，商务印书馆 1991 年版。

［美］马尔库塞、费彻尔：《作为文化批评的人类学》，王铭铭、蓝达居译，生活·读书·新知三联书店 1998 年版。

［英］马克·柯里：《后现代叙事理论》，宁一中译，北京大学出版社 2003 年版。

［德］马克斯·霍克海默、西奥多·阿道尔诺：《启蒙辩证法》，渠敬东、曹卫东译，上海人民出版社 2006 年版。

［法］马塞尔·莫斯：《礼物》，汲喆译，上海人民出版社 2002 年版。

［美］马歇尔·萨林斯：《甜蜜的悲哀》，王铭铭、胡宗泽译，生活·

读书·新知三联书店 2000 年版。

［英］玛·博登：《发生认识论创始人——皮亚杰》，胡刚译，湖南人民出版社 1988 年版。

［法］米歇尔·福柯：《规训与惩罚》，刘北成、杨远婴译，生活·读书·新知三联书店 2012 年版。

［法］米歇米·福柯：《知识考古学》，谢强、马月译，生活·读书·新知三联书店 1998 年版。

［英］奈杰尔·巴利：《天真的人类学家》，何颖怡译，上海人民出版社 2003 年版。

［英］奈杰尔·拉波特、乔安娜·奥弗林：《社会文化人类学的关键概念》，鲍雯妍、张亚辉译，华夏出版社 2005 年版。

［英］培根：《新工具》，许宝骙译，商务印书馆 1984 年版。

［美］乔治·瑞泽尔：《后现代社会理论》，谢立中等译，华夏出版社 2003 年版。

［法］让·波德里亚：《象征交换与死亡》，车槿山译，译林出版社 2012 年版。

［瑞士］让·皮亚杰、英海尔德：《儿童心理学》，吴福元译，商务印书馆 1980 年版。

［瑞士］让·皮亚杰：《儿童的早期逻辑发展》，陆有铨译，山东教育出版社 1987 年版。

［瑞士］让·皮亚杰：《发生认识论原理》，王宪钿等译，商务印书馆 1981 年版。

［瑞士］让·皮亚杰：《人文科学认识论》，郑文彬译，中央编译出版社 1999 年版。

［法］让-弗朗索瓦·利奥塔：《后现代状态》，车槿山译，南京大学出版社 2011 年版。

［法］让-弗朗索瓦·利奥塔等：《后现代主义》，赵一凡等译，社会科学文献出版社 1999 年版。

［法］热拉尔·热奈特：《转喻》，吴康茹译，漓江出版社 2013 年版。

［美］塞缪尔·亨廷顿：《文化的冲突与世界秩序的重建》，周琪等

译,新华出版社2002年版。

［荷兰］斯宾诺莎:《知性改进论》,贺麟译,商务印书馆1960年版。

［古希腊］亚里士多德:《范畴篇 解释篇》,方书春译,商务印书馆1959年版。

［英］伊姆雷·拉卡托斯:《证明与反驳》,方刚、兰钊译,复旦大学出版社2011年版。

［法］朱利安·班达:《知识分子的背叛》,佘碧平译,上海人民出版社2017年版。